MIT LIV, MIN TRO (I)

"Jeg elsker dem,
der elsker mig; og de,
der søger mig, finder mig"
(Ordsprogenes bog 8:17).

MIT LIV, MIN TRO (I)

Dr. Jaerock Lee

URIM BOOKS

MIT LIV, MIN TRO (I) af Dr. Jaerock Lee
Udgivet af Urim Books (Repræsentant: Seongkeon Vin)
361-66, Shindaebang-Dong, Dongjak-Gu, Seoul, Korea
www.urimbooks.com

Medmindre andet bemærkes er alle citater fra Bibelen, Det Danske Bibleselskab, 1997.

Copyright © 2013 ved Dr. Jaerock Lee
ISBN: 978-89-7557-722-2, 978-89-7557-721-5(set)
Oversættelses copyright © 2009 ved Dr. Esther K. Chung. Brugt med tilladelse.

Første udgivelse april 2013

Redigeret af Eunmi Lee
Design af forlaget Urim Books
Trykt af Yewon Printing Company
For yderligere information, kontakt venligst: urimbook@hotmail.com

Dyb spirituel aroma

Det siges, at man kan få den mest velduftende rosenparfume fra roserne på Balkanbjergene. Ikke desto mindre kan man ikke få den fra hvilken som helst rose i disse bjerge. For at få parfume af den højeste kvalitet, må man udvinde essensen fra en rose, der er plukket kl. 2 om morgenen, hvilket er det koldeste og mørkeste tidspunkt.

"Mit Liv, Min Tro (I)," som er Doktor Jaerock Lee selvbiografi, leverer også den mest velduftende spirituelle aroma til sine læsere. Det skyldes, at hans liv er udvundet af kærlighed til Gud på baggrund af oplevelser af mørke bølger, tunge åg og den dybeste fortvivlelse.

Hvorfor kunne Doktor Lee ikke have fået en tid, ligesom andre unge mennesker, med drømme om et lyst og funklende liv? Der var en tid for ham, hvor han kæmpede for en dag at tage afgangseksamen ved en god læreanstalt, studere i udlandet, og blive en kultiveret og stor mand. Men ulig hans drøm, begyndte hans liv at synke ned i en dal af fortvivlelse. Hans krop blev dækket med sår af sygdom. Frem for at opnå berømmelse, blev han negligeret og set ned på at de mennesker, der stod ham nærmest. Han indså fuldt ud, hvor meningsløs kærligheden til denne verden er. Han indså betydningen af fattigdom, og hvor hjerteskærende det er at være hjælpeløs som familieoverhoved. Han forsøgte endda at begå selvmord to gange.

Mens han var i denne dal af fortvivlelse, hvor han knap kunne trække vejret, mødte han Gud. Indtil da havde han kæmpet alene i sit udmattende liv. Men den almægtige Gud, som er fuld af kærlighed, kom til ham, mødte ham, og begyndte at gå sammen med ham. Gud frelste ham fra fortvivlelse og fyldte ham med håb om det himmelske rige! "Hvordan kan jeg tilbagebetale denne forbløffende nådesgave fra Gud?" blev centrum i Doktor Lees liv. Han gjorde det, som Gud befalede. Han undlod at gøre det, som Gud forbød. Han gik, når Gud sagde "Gå." Han blev indfanget i Guds høje og store kærlighed, og hans endelige mål i dette liv blev at behage Gud Fader.

Apostlen Paulus' bekendelse af dyb kærlighed er også pastor Lees bekendelse. *"Hvem kan skille os fra Kristi kærlighed? Nød eller angst? Forfølgelse, sult eller nøgenhed? Fare eller sværd? – Som der står skrevet: "På grund af dig dræbes vi dagen lang, vi regnes for slagtefår." Men i alt dette mere end sejrer vi ved ham, som har elsket os. For jeg er vis på, at hverken liv eller død eller engle eller magter eller noget i det høje eller i det dybe eller nogen anden skabning kan skille os fra Guds kærlighed i Kristus Jesus, vor Herre"* (Romerne 8:35-39).

Som det siges i Ordsprogenes Bog 8:17: *"Jeg elsker dem, som elsker mig; og de, der søger mig, finder mig,"* hvis det var Guds vilje, svarede Doktor Lee kun med "ja" og "amen" af hele sit hjerte i alle slags situationer. Gud udstyrede ham med sin kraft og satte ham over denne verden. Hans kirke Manmin (Al skabelse) Joong-ang (central) kirke beder for alle mennesker i alle nationer som navnet "Manmin" siger. Den fuldbyrder gudsgivne visioner en efter en, og er blevet det centrale sted for forekomster af Helligåndens flammende arbejde.

Idet pastor Lee selv har lidt af så mange forskellige sygdomme, forstår han de syges smerter. Da han selv var udstødt og foragtet, forstår han de fortvivledes hjerter. Idet han har oplevet alvorlig fattigdom, forstår han hjertesorgen hos dem, som lider på grund af fattigdommens tunge åg. Dette er grunden til, at tusindvis af medlemmer af hans kirke samles omkring ham bare for at se ham ansigt til ansigt.

Pastor Lees liv er et af de mest dramatiske eksempler på, hvordan et menneskes liv kan forandre sig efter at lære Gud at kende. Hans liv viser os, hvordan et liv i komplet underkastelse for Gud og komplet hengivenhed kan bære mange frugter både spirituelt og materielt.

Gennemgangen af hans liv viser os tydeligt, at hemmeligheden bag alle disse velsignelser er at gøre sig selv så helgenagtig og ren som krystal, ligesom Gud Fader er hellig, til tider som en brølende løve, og til tider som en moders bløde og milde hånd. Ligesom Doktor Lees liv udspreder en salig duft, håber jeg at alle læsere af denne bog også vil være i stand til at udsprede en duft, der er saligere end den fra roserne i Balkanbjergene.

10. December, 2006
Doktor Esther K. Chung

Tidligere præsident for Seoul Kvindeuniversitet, Seoul, Korea
Præsident for Manmin Internationale Seminarium, Seoul, Korea
Professor ved Det Nationale Universitet i San Antonia Abad del Cusco, Peru

Fyrig prøvelse og kraft

"Mit Liv, Min Tro (I)" giver et klart svar på spørgsmålet: "Hvordan bør vi føre et kristent liv?" Og den er dermed en bog for alle, som accepterer Jesus Kristus og som tror på hans blod fra korset.

Skal jeg være ærlig, kendte jeg ikke særlig meget til Doktor Jaerock Lee, seniorpræst ved Manmin centralkirke. En dag gav en af mine kolleger mig hans bog *"Mit Liv, Min Tro (I),"* og under læsningen af bogen kunne jeg ikke undgå at tårerne sprang frem. Jeg åbnede bogen, når jeg ikke kunne sove sent om natten, og den fangede mig fuldstændig.

Jeg kunne ikke læse uden tårer om hans lidelser med alle slags sygdomme, fattigdom, og familieproblemer, hvilket kunne sammenlignes med Jobs lidelser. Der var også en slags enestående Koreansk følelse af sorg. Hans sygdomme var så alvorlige, at han var nødsaget til at drikke menneskelige efterladenskaber, og han forsøgte selvmord ved to forskellige lejligheder. Jeg har også gået igennem mange lidelser i livet, men dette var så overvældende smertefuldt, at jeg ikke kunne holde op med at græde.

De fleste koreanere, som gennemgik tiden i 50'erne og 60'erne, hvor vi havde spareprogrammer om foråret, oplevede mange lidelser. Men selv i dag er der mennesker, som ikke har råd til at sætte varme på om vinteren, eller spise tre måltider om dagen. Der er også mange, som er syge, men ikke har råd til behandling. Der er dem, som lider i midlertidige opholdssteder efter at have oplevet oversvømmelser eller andre slags katastrofer. Vi koreanere er stadig ikke blevet frigjort for fattigdom og lidelse.

Men pastor Doktor Jaerock Lees liv ændrede sig fuldstændigt efter at have overvundet alle disse lidelser og smerter, og denne bog portrætterer hver skridt, han har foretaget, på bevægende måde. Men dette betyder ikke, at denne bog er skrevet med fornemme eller floromvundne ord, og med litterær aroma. Det var nærmere de ærlige og enkle sætninger, som rørte mit hjerte.

Kunne man sige: "aromaen af sandfærdighed?" Hans bekendelse, som indeholder sandheden om Guds frelse og om at ære Jesus Kristus kan få læseren til at føle den samme nåde fra Gud.

Måske var det fordi, jeg ikke kunne finde nogen "virkelig gode bøger," men under alle omstændigheder var grunden til, at denne bog rørte mig så dybt, at hans liv var en slags symbol på mit liv og vores naboers liv, børn som er familieoverhoved, og dem som kæmper med kropslige handicaps: Et liv med fortrydelse af alle sine synder efter mødet med Jesus, med underkastelse for Guds kald og studier på præsteseminar for at blive præst, og med forsøg på at redde "bare et enkelt trækul." Efter at have læst denne bog måtte jeg i høj grad ændre kursen for mit kristne liv. Jeg tror, at pastor Jaerock Lees liv kan være et lærebogseksempel for vores kristne liv. Vi tror, at vi er hellige, når vi lytter til prædikener i kirken, men når vi går tilbage til verden, går vi på kompromis og fortsætter med at synde. Dette er den onde cirkel i vores liv i troen.

"Mit Liv, Min Tro (I)" giver et klart svar på spørgsmålet: "Hvordan bør vi føre vores kristne liv?" Pastor Doktor Jaerock Lee opfordrer os til at bryde ud i bøn gennem denne bog. "Bed for at blive helliggjort og at være brugbar for Guds formål," "Bed for at modtage Guds kraft," "Bed for at modtage adskillige gaver fra Helligånden," "Bed for din kirke, din præst, og andre tjenere for Gud," "Bed for Guds rige og retfærdighed" og "Bed for spirituel kærlighed." Hans bekendelse af tro, som udspringer af egne erfaringer, berører vores liv.

De mirakler, som fandt sted lige efter at han åbnede kirken, inklusiv de mange helbredelsesmirakler, genoplivelse af døende og endda af nogle, som allerede var døde, kunne måske gøre andre præster jaloux på ham. Han studerede på det ortodokse hellighedsseminarium og blev ordineret der, og hvorfor blev han ekskommunikeret fra denne trosretning? Den uretfærdige proces, som trossamfundet foretog, forklares også i detaljer. Vi kan se den faktiske enhed, når vi ser på frugten. I dag brænder Helligåndens flamme hver uge i Manmin Centralkirke, og mange syge mennesker med uhelbredelige sygdomme modtager helbredelse. Store kampagner er blevet afholdt i USA, Rusland, Afrika, Mellemøsten, Europa og Sydamerika, og mange mennesker fra hele verden har set tegnene og miraklerne finde sted. Korea er netop nu ved at blive "missionscentrum" for hele verden!

Selv efter at han har oprettet Manmin Centralkirke som en af de største i verden, lever han kun for bjergbønner og fastende bønner. Selv da hans datter var i livstruende situationer, og selv da han stod ved dødens dørtrin som resultat af mange dages blødning på grund af akkumuleret overanstrengelse, overvandt han alle disse prøvelser udelukkende med tro. Dog roser han sig aldrig af disse ting. Hans tro er det, vi må gå ud fra.

Det var i sig selv et mysterium, at Jesus forvandlede vand til vin ved en bryllupsfest, helbredte de blødende og de spedalske, og genoplivede den døde Lazarus. Hvorfor er der så nogle mennesker, som kritisere det helbredende arbejde og Guds kraft, som manifesteres gennem pastor Jaerock Lee? Kan man tale om 100 året for kristendommen i Korea uden at tale om helbredende arbejde?

Korea har det højeste antal kirkekors i verden. Det er et land, hvor vi kan se mennesker, som højlydt beder sammen, deres kroppe ryster i bønnen og de danser når de opofrer deres lovsigelser; kræft bliver helbredt i "Bønnebjerg" bønneseancerne, og døende mennesker bliver genoplivet. Korea har givet hverv til at højt antal af missionærer i dag. Når jeg læser pastor Jaerock Lees bog føler jeg endnu engang, at Korea er et velsignet land.

Nu om stunder prædiker pastor Jaerock Lee om "himlen" og vi ved ikke, hvornår det vil slutte. Normalt vil en person, der taler om dette emne, ikke have mere at tale om efter at have leveret budskabet et par uger. Men pastor Jaerock Lee taler om det med mere liv og flere detaljer dag for dag. Jeg tror, det er fordi han har modtaget profetiens gave og mange andre gaver, sådan at alle disse prædikener kontinuerligt fremkommer ligesom silke fremkommer af silkekokonen.

Ligesom kong Salomon sagde det i metaforen i Ordsprogenes Bog, således er også pastor Jaerock Lees budskab stille udtalt og let at forstå, og profeterer Herrens ord ligesom æbler af guld på billeder af sølv (Ordsprogenes bog 25:11). Han manifesterer miraklernes kraft efter at have gennemgået fyrige prøvelser.

Februar 2007
Yoorim Han (TV skribent)

INDHOLDSFORTEGNELSE

Kompliment

Anmeldelse

Kapitel 1
De troede, barnet var stumt

Kapitel 2
Gud er virkelig til!

Kapitel 3
Mit kald

Kapitel 4
Guds kald

INDHOLDSFORTEGNELSE

Kapitel 5
Påbegyndelse af en kirke

Kapitel 6
Kirkens vækst og prøvelser

Kapitel 7
Gud udbredte menighedens grænser

Allt är uppochnervänt och galet

Kapitel 1

De troede,
barnet var stumt

Mine forældre lærte mig godhed og retfærdighed

"Tsk, tsk... barnet er stumt. Hvorfor græder han ikke?" Idet jeg ikke græd, da jeg blev født, var mine forældre bekymrede og klapsede mig. Selv da græd jeg stadig ikke, men smilede nærmere. Min familie blev meget triste, og troede, at jeg var stum. Efter at have oplevet Guds nåde, spekulerede jeg engang over, hvorfor jeg ikke græd som baby. Måske var det fordi min ånd vidste, at jeg ville få et velsignet liv som tjener for Gud, og lede talrige sjæle til frelse. Den 20. April 1943 (ifølge månekalenderen) blev jeg født som det sidste barn (af 3 sønner og 3 døtre) af min far, Chabeom Lee, og min mor, Gamjang Cho. Mit fødselssted er en lille landsby i Haeje Myeon, Muan Gun i Jeonnam provinsen. Min far havde studeret klassisk kinesisk lærdom, og han værdsatte elegance og musik. Under det japanske styre af Korea besøgte han flere gange Japan i forretningssammenhæng, men efter at Korea blev uafhængigt, afsluttede han sine forretninger og ledte efter et stille sted at bo. Da jeg var 3 år gammel, flyttede min familie til Changsung, hvilket var en landsby ved Boon-hvang Ri, Nam Myeon, Changsung Gun. Det var en eksklusiv landsby. Folk sagde, at kun "Chun" – familie kunne bosætte sig der, men på en eller anden måde slog min familie sig ned uden problemer.

Min far – som jeg husker ham fra min barndom – var en person som mistede al kontakt med verden og læste en masse bøger i hjemmet. Til trods for dette husker jeg, at der var ret mange gæster i vores hjem. Når min far havde besøgende, skålede han med dem og reciterede gamle digte, eller de konkurrerede i de kinesiske klassikere.

Min far ønskede altid at opdrage mig til at blive en stor mand

Han plejede altid at sige til mig: "Jaerock, en mand må have troskab. Du bør blive en betydelig mand i denne verden en dag." Alle forældre ønsker formodentlig, at deres børn får succes, med hvad de end gør. Men jeg husker under min opvækst, at min far i særlig grad forsøgte at give mig en god sans for værdier, og min mor vartede altid op og ofrede sig for familien.

Min far begyndte at lære mig de *"Et Tusinde Kinesiske Tegn,"* da jeg var bare fem år. Han fortalte mig også mange historier om berømte helte. Når jeg hørte historier fra De Tre Riger om Guan Yu, Zhang Fei og Zhao Yun, som satte deres liv på spil i kampen for at beskytte deres mester Liu Bei, eller historien om Zhu Ge Lian, som fik vinden til at blæse, følte jeg mig så spændt, at mine hænder blev dækket af sved. Min far fortalte mig om læren fra vise mænd som Konfucius og Mencius, og om de store mænds integritet. Historien om Mongju Jung, som tjente Koryo dynastiet indtil den bitre ende (selv om det var dets skæbne at blive ødelagt) og med bevidstheden om, at han ville blive dræbt, og historien om Admiral Soonshin Lee, som reddede landet, da det var på ødelæggelsens rand. Disse historier har altid bevæget mit hjerte ligegyldigt hvor mange gange, jeg har hørt dem. Historier om store mænd, som fastholdt deres position og deres troskab – selv i livstruende situationer – er blevet indgraveret i hjertet på denne dreng. Ved at lytte til disse historier holdt jeg mig bevidst om, at jeg skulle respektere mine forældre, følge den rette vej, og gengælde en hver nådesbevisning, jeg fik, resten af mit liv uden at ændre mening på halvvejen.

Drømme om at blive kongresmedlem

Jeg begyndte grundskolen med drømmen om at blive kongresmedlem, og min far tog mig med til mange valgkampstaler. Vi gik ofte hele 10-15 kilometer for at komme til et valgkampssted. Han tog mig med for at se valg af provinsråd, nationale valg og valg af præsident. Han ønskede at opdrage mig til en politiker, som ville gøre et stort arbejde for landet.

På dette tidspunkt havde Frihedspartiet magten, og der var mange mennesker, som mødte op til deres taler. Talerne var meget dygtige, og de virkede som betydelige mænd. Jeg tænkte ofte: "Jeg vil være ligesom dem, når jeg bliver stor..." Mens jeg lyttede til kandidaternes taler, drømte jeg hver dag om at blive medlem af kongressen. Jeg fortsatte med at have denne drøm, indtil jeg kom i mellemskole og gymnasieskole. Jeg tog ofte selv afsted for at høre talerne og lytte til kandidaterne.

Før jeg begyndte på grundskolen, havde jeg allerede lært multiplikationstabellen og Hangul (Koreanske skrifttegn) af mine brødre og søstre, så skolen var ikke særlig interessant for mig. Jeg holdt mere af at lege med mine venner efter skoletid. Jeg kunne godt lide de noget voldelige lege, som at lege soldater, brydekampe eller at sparke. Jeg var stærkere end mine venner på samme alder, og jeg ønskede altid at vinde i alle legene. Jeg var ret stædig og meget stolt. Og jeg ville altid fortsætte en leg, indtil jeg havde vundet. Jeg var sund. Selv med økonomiske problemer gav min mor mig nærende urtemedicin, som var ret dyr. På det tidspunkt var det usædvanligt at tage den slags medicin på landet. Men min mors kærlighed til sin yngste søn var stor. Når jeg gik ud hånd i hånd med min mor, sagde de ældre mennesker i landsbyen ofte ting som: "Den dreng ser kvik ud... Han vil blive til noget i fremtiden... Jeg kan se på hans ansigt at han vil blive en betydningsfuld mand fremover... Pas godt på ham!" Når min mor hørte disse bemærkninger, kunne jeg se, at hun blev glad. Under min opvækst så jeg hende til tider besøge det buddhistiske tempel med offergaver af ris, og bønner om velsignelser for familien.

Min mor bad indtrængende

Hver aften tog min mor et bad, skiftede til sin hvide Hanbok (traditionel koreansk klædedragt), gik udenfor, satte en skål med rent vand på en stander, og bad til stjernerne. Som den yngste forsøgte jeg at holde mig vågen, indtil hun kom tilbage. Nogle nætter, når hun blev ved længere end normalt, betragtede jeg hende gennem et lille hul i papirvinduet, indtil jeg faldt i søvn.

Jeg spurgte engang: "Mor, hvorfor bøjer du dig og beder så meget?", og hun svarede: "Fordi da jeg bad til Store Bjørn, kom din bror sikkert tilbage fra Koreakrigen, og grunden til at I børn er så sunde og vokser godt, er fordi jeg har bedt så meget." Men senere i mit liv, da jeg blev syg og var dårlig i mange år, bad hun også til stjernerne for min sundhed, men hendes bønner virkede ikke mere. Og så snart hun hørte, at jeg var blevet helbredt ved Guds kraft, begyndte hun selv at gå i kirke. "Jeg bad til stjernerne og til Buddha i lang tid, men Buddha og Storebjørnen kunne ikke helbrede min søn. Da min søn er blevet helbredt i en kirke, vil jeg gå i kirke." Efter at have sagt dette, forkastede hun alle sine idoler, og blev en tillidsfuld troende, som kun tjente Gud.

Mine forældres strikte fokus på opdragelse

Som den yngste var jeg som regel lydig, så jeg blev elsket på en særlig måde af mine forældre. Mine forældre var strenge med opdragelse og disciplin på alle områder af livet. De lærte ikke alene os børn det basale i menneskelige relationer, men også almindelig etikette og høflighed, og den rette måde til at gå, tale, klæde sig, spise ved bordet, holde skeen, sove, og vågne op. De lagde også vægt på, at når vi talte, skulle vi ikke hæve stemmen; at vi ikke skulle begynde at tale, før den anden person havde talt færdig; at vi ikke skulle se ældre mennesker direkte i øjnene, når de talte til os; at vi ikke skulle forstyrre vores naboer, når vi besøgte dem; og at hvis vi fik besøg af en tigger, måtte vi ikke lade ham gå tomhændet lige meget hvor fattige vi var, osv. De lærte os at handle med godhed og tålmodighed. Jeg tror, jeg var i stand til at lade min samvittighed styre mig, selv før jeg lærte Gud at kende, fordi mine forældre opdragede mig på denne måde, og folk plejede at henvise til mig som "en mand, som ikke behøver loven." Efter at jeg har accepteret Herren, tror jeg at det var takket være mine forældres strenge opdragelsesmetoder, at jeg med lethed blev i stand til at sige "amen" og handle i overensstemmelse med enhver befaling, som kom fra Guds ord.

Som lærd i klassisk kinesisk studerede min far håndlæsning og fysiognomi, hvilket er vurdering af karakter ud fra fysiske træk. Han plejede korrekt at forudsige væsentlige hændelser, der ville finde sted i nationen, og adskillige ting, som ville ske i landsbyen. Han sagde til mig: "Jaerock, du vil blive en betydningsfuld mand. Alt ser godt ud, men din livslinje er lidt kort og brudt på midten, så det er din skæbne at dø tidligt. Dog er der en ret tynd forbindelselinje ved siden af din livslinje, så hvis det bare lykkes dig at passere 30, vil du blive en velsignelse for mange mennesker."

Min far var meget glad efter at have læst min fysiognomi og mine hænder. Han sagde, at jeg kunne dø i ung alder, men hvis jeg bare kunne passere 30, ville jeg rejse til mange dele af verden og opnå mange menneskers respekt. Da jeg var 30, var jeg gennemtrængt af sygdom. Jeg befandt mig på dødens dørtrin ved mange lejligheder. Mange gange vidste jeg end ikke, om jeg ville overleve indtil næste dag. Under disse betingelser kunne jeg ikke engang drømme om en dag at blive en betydningsfuld mand. Min far havde ondt af mig, fordi han troede, at jeg ville dø tidligt, så han gjorde sit bedste for at lære fra sig og forsyne mig med gode ting. Min mor levede også et meget flittigt og trofast liv for mig, og for hele familien.

En ulykke i grundskolen

Da jeg var barn, var jeg rigtig sund. Fordi jeg var den sidste, elskede min mor mig så meget, at hun gav mig honning med alle slags naturlige urteprodukter og ekstrakter. Så jeg var som regel stærkere end andre børn på min alder. Selv om jeg var ung, opmagasinerede jeg medaljer i Koreansk brydning, og folk kaldte mig "Den Stærke Mand." Mange børn fulgte mig rundt omkring og anså mig for deres leder.

Som børn under indflydelse af Koreakrigen, legede mine venner og jeg mange ret voldelige lege. Vi kunne godt lide at lege krig, slås med sværd, sparke, bryde og lege en leg, der hed "Sahbi," hvilken indebærer at forsøge at kvæle modstanderen, indtil han overgiver sig. Når børnene legede brydekamp med hinanden, ville de løfte hånden for at vise deres overgivelse, når først den anden havde taget kvælertag. Jeg besvimede engang, fordi jeg nægtede at overgive mig. I hvilken som helst konkurrence kæmpede jeg altid, indtil jeg vandt, fordi jeg var stolt og meget stædig. En dag i 4. klasse legede jeg med en ven i mellemskolen, og jeg fik beskadiget et ribben. Vi havde ikke råd til at tage på hospitalet på det tidspunkt, så mine forældre gav mig urtemedicin og ventede på, at det skulle hele. Men hver sommer begyndte skaden igen at gøre ondt. Jeg havde en stikkende smerte i siden, og havde svært ved at trække vejret, så jeg kunne ikke løbe. Fordi der ikke var nogen specifik kur, lagde min far to giftige slanger i "sujo" likør, og fik mig til at drikke det hver dag morgen og aften. Dermed lærte jeg at drikke i meget ung alder.

På et andet tidspunkt i 4. klasse var der en bestemt lærer på min skole. Han havde øgenavnet "den skøre lærer." Jeg legede brydekampen "sahbi" i skolegården med mine venner, og denne lærer troede, at vi sloges med hinanden. Han kaldte os ind på lærernes kontor, hvor han skældte os ud, og begyndte at slå os. Så fik han os til at slå hinanden tyve gange hver. Jeg blev ikke alene slået af læreren, men også af min ven. Som resultat svulmede mit ansigt op, og en af mine trommehinder sprang. Jeg havde væske, der kom ud af øret, og det udviklede sig til en høreskade. Læreren blev senere fyret fra skolen, men jeg led fortsat som resultat af denne hændelse.

Min ungdomsår

Jeg var indadvendt og genert. I 1959 afsluttede jeg mellemskolen i Kwangju og tog til Seoul for at gå i gymnasieskole. Jeg boede hos min ældre søster i Shindang Dong, Seongdong Gu, i Seoul, Korea. Engang i mit sidste år, mistede jeg mere end 40 skoledage, fordi jeg var syg. Og mens jeg lå i min seng, kom der en person til huset, som jeg aldrig havde set før, og begyndte at prædike evangeliet for mig og fortælle mig om Kristus. Jeg tænkte: "Hvor er han dog en tosset person! Hvor er denne Gud, som han taler om? Jeg kommer ikke til at tro på Jesus under alle omstændigheder, men hvis jeg gjorde, hvordan ville jeg så være i stand til at gå omkring og dele det gode budskab på denne måde? Jeg ville være for genert til at gøre det."

Jeg havde ondt af de mennesker, som gik rundt og fortalte andre om Jesus. Som ateist, og genert og indadvendt af natur, tænkte jeg: "Nu er der endnu en grund til, at jeg ikke ville have lyst at tro på Gud – fordi jeg ikke ville have lyst til at skulle

I mellemskolen

I gymnasieskolen

gå rundt og missionere på den måde." Min far, som var lærd i klassisk kinesisk viden, sagde: "Du er født med sådan en natur, at du ikke ville være i stand til at bede om at låne en smule salt." Selv om folk var fattige på landet på det tidspunkt, var salt dog ganske almindeligt. Det han forsøgte at sige mig var, at jeg havde en personlighedstype, som ikke tillod mig at læne mig op af andre eller besvære dem.

I grundskolen, når jeg modtog besked om betaling af undervisningen, kunne jeg ikke få mig selv til at vise den til mine forældre. Jeg nåede aldrig at betale til tiden, og min lærer skældte mig altid hårdt ud, og sagde til mig, at jeg skulle komme sammen med mine forældre. Først på dette tidspunkt viste jeg beskeden til min mor. Når hun så den, gav hun mig straks pengene. Jeg vidste, at hun ville give mig pengene, men det var meget vanskeligt for mig at bede hende om dem, så indadvendt og sky var jeg. Denne del af min personlighed påvirkede også min menighed senere hen.

Selvmordsforsøg efter tab af hukommelse

Jeg kunne ikke studere særlig godt i gymnasieskolen, fordi jeg mistede så mange dage på grund af mit dårlige helbred. Det var mit mål at tage adgangseksamen for at komme ind på ingeniørstudiet på Seouls Nationale Universitet. Jeg tog stimulerende piller hver dag for at holde mig vågen og studere mere. Men som tiden gik, udviklede jeg tolerans overfor pillerne, og måtte øge antallet af piller, som jeg indtog. Senere udviste jeg symptomer på afhængighed, og jeg var nødt til at tage dem konstant. Uden dem blev jeg letargisk, og kunne ikke koncentrere mig. Jeg sov fire timer om dagen, og jeg studerede hver dag på det

Nationale Bibliotek, som var placeret der, hvor der nu er et Lotte stormagasin. Efter at jeg havde studeret på denne måde i et år, fik jeg tillid til, at jeg kunne passerer eksamen til ingeniørskolen ved Seouls Nationale Universitet.

I november 1962, hvor eksamen nærmede sig, opdagede jeg, at jeg havde mistet hukommelsen. Jeg læste en avis i et frikvarter, og pludselig kunne jeg ikke huske navnet på den daværende Koreanske præsident, D. S. Rhee. Desuden kunne jeg hverken huske nogen af de engelske ord eller matematiske formler, som jeg havde studeret så hårdt for at memorere. Jeg kunne ikke huske noget som helst. Dette var ikke et midlertidigt fænomen. Jeg forsøgte at huske alle de ting, jeg havde studeret så hårdt for at lære, men jeg kunne ikke engang komme i tanker om det mest basale. I et stykke tid følte jeg det som om, jeg faldt og faldt i et bundløst hul. Jeg havde intet håb for fremtiden, og jeg var på randen af en dyb depression. Med min indadvendte og sky personlighed havde jeg brugt et år ekstra udelukkende på at forberede adgangseksamen, og nu stod jeg tilbage med hukommelsestab.

Hvordan kunne jeg se mine forældre i øjnene efter al deres støtte og alle de problemer, de havde gennemgået for min skyld? Jeg skammede mig for meget til at fortsætte med at leve. Jeg besluttede mig for at begå selvmord og begyndte at samle amerikanske sovepiller fra forskellige apoteker. Folk sagde, at de var de stærkeste og de mest effektive. På dette tidspunkt lejede jeg et værelse ved siden af min søsters hus for at studere, og jeg spiste hos min søster.

Jeg sagde til hende: "Søster, jeg går hen til en ven for at studere i aften. Så jeg kommer ikke for at få aftensmad. I skal ikke vente på mig."

Min søster kendte ikke min plan, og nikkede. Efter at jeg havde pakket mine ting, og skrevet et sidste brev til mine forældre, søstre og brødre, låste jeg døren indefra. Jeg lagde et tæppe i rummet, tog et stort antal piller, og lagde mig. I et stykke tid var jeg stadig ved mig selv, men på et tidspunkt mistede jeg bevidstheden. Men, som ordsproget siger: "Døden i dette liv er kun begyndelsen til det næste."

Min bror og min svoger havde en stofforretning i Dongdaemoon markedet. De lukkede normalt kl. 22, ordnede forskellige ting, og vendte hjem omkring midnat. Men mærkeligt nok besluttede min bror og min svoger at komme hjem tidligere end sædvanligt netop denne dag.

Min bror sagde til min ældre svoger: "Bror, jeg synes, vi skal lukke forretningen og tage hjem tidligt i aften."

"Virkelig? Jeg ville også gerne tidligt hjem," svarede den anden.

Så min bror lukkede sin forretning tidligt. Normalt når han ankom til min søsters hus, besøgte han aldrig mit værelse, for han ville ikke forstyrre mine studier, men netop denne dag ønskede han af en eller anden grund at se mig.

"Hvor er Jaerock?", spurgte han. "Han sagde, at han skulle hen til en ven for at studere der," svarede min søster. Ikke desto mindre kom min bror hen til mit værelse. Da han så, at døren var låst, fornemmede han, at der var sket noget. Han brød ind i rummet, og fandt at jeg allerede var blevet kold som et lig. Min bror sagde til min svoger: "Han overlever måske, hvis vi kører ham på hospitalet og udpumper hans mave." De bragte mig i hast på hospitalet, men da jeg havde taget mange piller, sagde lægen, at der var ringe håb om overlevelse. Efter adskillige dage genvandt jeg dog bevidstheden. Ikke desto mindre havde jeg som resultat af selvmordsforsøget mistet den smule hukommelse, jeg havde haft tilbage. Selv efter et år havde jeg stadig ikke genvundet hukommelsen fuldt ud. Dog lykkedes det mig at bestå adgangseksamen efter at jeg endnu engang havde studeret hårdt, og i marts 1964 kom jeg ind på Hanyang Universitets ingeniørskole.

Mit ægteskab og min skæbne

Mens jeg gik på universitetet, blev jeg indkaldt, og jeg kom ind i militæret d. 29. Oktober, 1964. Mod slutningen af militærtjenesten var der en af mine slægtninge, der præsenterede mig for en penneven, som senere skulle blive min kone.

Jeg mistede hele min arv

I maj 1967 afsluttede jeg min militærpligt og kom ud af militæret. Men noget uforudset ventede mig. Før jeg kom ind i hæren, modtog jeg på forskud andet semesters undervisningsgebyr fra mine forældre. Jeg lånte disse penge til en af mine slægtninge, som lovede, at han ville betale mig tilbage med renter, når jeg var færdig med militærpligten. Men denne slægtnings familie havde problemer, og jeg fik ikke engang grundbeløbet tilbage. Min bror og svoger opdagede situationen, og de gav mig undervisningsgebyret. Efter militærpligten mødte jeg min penneven, som nu er min kone, og jeg forelskede mig fuldstændig i hende. Vi forlovede os.

Hun var en dame med øjne som en sø, store og klare. Hun fandt ud af, at jeg havde modtaget penge til undervisningsgebyret, og bad om at låne dem et kort stykke tid. Dog kunne hun ikke betale tilbage, som hun havde lovet. Som resultat kunne jeg ikke indskrive mig på andet semester, og var nødt til at vente adskillige måneder. Til sidst besluttede jeg mig for at vende tilbage til min hjemby. Jeg sagde til mine forældre: "Mor, far, jeg gifter mig snart, vil I ikke nok give mig min arv på forskud. Så vil jeg bruge en del af den til mit ægteskab, og da min forlovede er frisør, vil vi åbne en skønhedssalon og leve af den. Jeg vil sætte resten af pengene i banken og gemme renterne. Så vil jeg studere med et legat. Og efter jeg har bestået, vil jeg tage til USA og komme tilbage med en doktorgrad." Jeg forklarede mine fremtidsplaner, som om jeg fremlagde en færdig skitse, og overbevidste mine forældre. De kunne ikke undgå at lytte til deres søn, og trods en smule modvilje gav de mig arven. Jeg tog tilbage til Seoul med drømme om en rosenrød fremtid og med den betydelige sum, som min arv udgjorde. Men tingene begyndte at gå galt. Min forlovede og jeg skulle mødes på Seoul station, men hun mødte ikke op. Jeg kunne ikke komme i kontakt med hende i en uge.

Min søster besøgte mig og sagde: "Bror, jeg har hørt, at du har modtaget din arvesum! Hvad giver banken dig i rente? En af mine venner har en handelsvirksomhed, og hvis du investerer hos hende, vil du få mange penge tilbage. Jeg giver dig også sikkerhed, så du skal ikke bekymre dig." Jeg var naiv, og lyttede til min søster. Og siden der ikke var noget nyt fra min forlovede, lejede jeg et hus, og gav resten af pengene til min søster.

Efter nogle dage viste min forlovede sig. Hendes familie gik ikke ind for vores ægteskab, så hun havde brugt tiden på at forsøge at overtale dem. Til sidst havde hun også forsøgt at begå selvmord med sovepiller. Hun var blevet kørt på hospitalet, og havde med nød og næppe overlevet. Nu var hun netop blevet udskrevet.

Min søster gav mig to måneders renter af de penge, jeg havde givet hende, og derefter var det intet nyt fra hende. Jeg ringede til hende og sagde: "Søster, jeg skal betale min undervisning for det kommende semester, vær sød at give mig mine penge tilbage." Hun svarede ikke. Efter nytår besøgte jeg min søster og bad hende om penge til at fortsætte mine studier. Hun sagde: "Bror, jeg troede, at min veninde, som jeg lånte pengene til, havde en handelsvirksomhed, men det viser sig, at hun var smugler. Hun er blevet fanget og sidder nu i fængsel. Jeg kan ikke få pengene tilbage." Jeg blev modløs og tænkte ved mig selv: "Det er frygteligt! Jeg er ikke engang blevet færdig med universitetet endnu! Hvad er det for en katastrofe?" Da min søster var ude af stand til at give mig pengene tilbage, mistede jeg hele min arv på et enkelt øjeblik. Jeg besluttede mig for at tage et arbejde for at tjene penge og gå på aftenskole. Jeg fik arbejde som journalist på en avis, og i januar 1968 blev jeg gift med min kære forlovede.

Jeg var sikker på, at jeg kunne drikke

Efter at vi blev gift i marts 1968 holdt vi housewarming en søndag. Som forberedelse til festen købte vi 40 flasker whisky

Under ansættelsen som journalist

fra Dongdaemoon, og mine venner medbragte også mange drikkevarer. Om formiddagen kom mine kolleger, om eftermiddagen mine venner i Seoul og om aftenen mine venner fra min hjemby. Jeg nød festen indtil langt ud på natten. Jeg var sikker på, at jeg havde en god alkoholtolerance, så jeg afslog ikke nogen af de drinks, som mine venner tilbød mig, selv tidligt om morgenen. Jeg må have drukket mindst 7 flasker whisky alene. Fordi jeg havde drukket så meget stærk alkohol, havde jeg alvorlige problemer med min mave. Da jeg havde taget afsked med alle mine gæster sent på natten, lå jeg i sengen med en fornemmelse af lettelse over, at jeg havde holdt en succesfuld fest.

Pludselig begyndte loftet i rummet at dreje rundt. De elektriske pærer begyndte også, og alt drejede rundt. Så begyndte jeg at kaste op. Jeg kastede så meget op, at jeg følte det som om, mine indre organer kom op gennem halsen. Min kone købte mig noget medicin på apoteket, men jeg kastede det hele op, før jeg kunne nå at sluge det. Jeg kunne ikke engang drikke vand. Jeg var i dyb smerte. Fra den dag kunne jeg ikke spise ordentligt. På grund af mine maveproblemer kunne jeg ikke fordøje maden. Jeg prøvede alt, inklusiv urtemedicin, men intet hjalp. Min kone og jeg troede, at det ville gå i orden, hvis vi gav det tid, men som tiden gik, blev det kun værre, og min krop begyndte at komme ud af kontrol.

Forsøg på at få det godt

Jeg var nødt til at opsige mit arbejde. Jeg prøvede alle slags medicin, og jeg var på adskillige hospitaler for at få en rigtige diagnose. Men udover mavesår var der ingen specifik sygdom. Dog blev jeg ved med at tabe mig, og jeg havde mange komplikationer. Efter 3-4 år var der næsten ikke nogen del af min krop, som var sund. Jeg var som et "gående storcenter af sygdomme." Jeg prøvede al den medicin, som efter sigende skulle være god, og jeg led af kløe på grund af fodsvamp om sommeren og på grund af forfrysninger om vinteren. Jeg havde eksem over hele kroppen og hver morgen var alle inflammationerne betændte, og den udsondrede væske var stivnet. Jeg havde altid hovedpine, min næse var tilstoppet, og min hukommelse blev værre og værre.

Jeg havde også problemer med lymfekirtlerne. I begyndelsen var der en lille kugle på min hals, men den voksede sig større og større, og var til sidst på størrelse med en drue. På grund af lymfeinflammationen kunne jeg ikke dreje hovedet ordentligt. Lægen i orientalsk medicin sagde, at han ikke kunne give mig en særlig medicin for lymfeproblemerne, idet jeg tog for mange andre medikamenter. Ikke alene led jeg af lymfeinflammation, men desuden af nervøst sammenbrud, søvnløshed, eksem, anæmi, mellemørebetændelse og mine indre organer, inklusiv maven, tyk-og tyndtarmen, fungerede alle dårligt.

Jeg prøvede endda at ændre mit navn

Min kone skaffede mig alle slags medicin og prøvede folkelige husråd for at helbrede mine sygdomme. Men da hendes anstrengelser viste sig at være uvirksomme efter adskillige år, vendte hun sig mod overtro. Nogle mennesker sagde til hende: "Han kan helbredes. Du skulle invitere en eksorcist og forsøge eksorcisme." Andre sagde: "Det vil hjælpe, hvis du inviterer en buddhistisk munk og uddriver dæmonen." Min kone tog afsted til berømte munke og forsøgte også eksorcisme, sådan som munkene havde instrueret. Endelig ændrede vi endda vores navne.

Nogle mennesker sagde til os, at hvis vi ændrede vores navne, så ville vores skæbne også ændre sig. Vi tænkte, at det gav mening. På dette tidspunkt var der mange navneændrings kontorer tæt ved regeringskomplekset. Tidligt om morgenen tog vi til "Bongsoo Kim Navngivningskontor." Vi måtte vente fra morgen til middag for at møde indehaveren: "Jeres navne er dårlige, hvorfor ændrer I dem ikke?" Fra da af begyndte vi at bruge de navne, som han gav os, men det hjalp ikke.

Forpintheden over en syg far

Da jeg var en meget indadvendt person, forsøgte jeg at skjule min forringede fysiske tilstand – selv for min kone. Og efterhånden som min familie satte sig dybere og dybere i gæld, kunne jeg ikke bare sidde og se på. Så jeg tog fra sted til sted for at søge arbejde. Men på grund af problemerne med mine ører kunne jeg ikke høre, så jeg kunne ikke finde job. Min hørelse blev så dårlig, at jeg ikke kunne bruge telefon, hvilket gjorde det svært for mig at blive ansat.

Jeg var nødt til at lede efter en mere uafhængig stilling. Derfor begyndte jeg at sælge små borde. Jeg gik rundt på gaderne for at sælge dem, men på grund af min sky personlighed kunne jeg ikke råbe: "Borde! Borde til salg!" Efter at have arbejdet uden succes i flere dage blev jeg langsomt mere sikker, og begyndte at sælge dem.

En dag i 1972 var jeg på vej afsted for at sælge borde. Pludselig begyndte jeg at føle en startende lammelse i mine fødder, og det blev ulidelig pinefuldt at gå. Jeg efterlod mine borde et sted i nærheden og tog hjem igen med bus. Fra da af var jeg sengebunden. Det viste sig, at jeg havde reumatisk arthritis. Jeg havde alvorlige smerter, hver gang jeg gik, og snart var jeg afhængig af en stok. Ikke desto mindre var den psykiske smerte større end den fysiske. Jeg var meget trist over, at jeg ikke kunne høre. Jeg havde allerede sprunget trommehinden i det ene øre på grund af hændelserne i grundskolen, som jeg allerede har nævnt. Og på grund af al den stærke medicin, som jeg havde taget gennem 5-6 år, var mit andet øre også blevet dårligt. Uanset hvor meget jeg forsøgte at mundaflæse, kunne jeg ikke forstå, hvad folk sagde, hvis der var megen baggrundsstøj. Jeg kunne ikke engang sige til min familie, at jeg var ved at blive døv. Jeg var bange for, at de ville sige, at jeg var handicappet. Når folk talte til mig, gav jeg dem det forkerte svar, fordi jeg ikke kunne høre dem, eller også svarede jeg slet ikke, og blev rød i hovedet af skam og mindreværdsfølelse.

Min kone havde en hård tid med at forsøge at passe mig og tilbagebetale renterne af vores gæld. Da vi lejede de billigst mulige boliger, måtte vi jævnligt flytte. Vi flyttede fra Ah-hyeong Dong til Kimpo, til Sangdo Dong, til Chongno, til Ddooksum og så videre. Nogle gange, når vi virkelig var desperate, boede vi hos min kones forældre, eller hos hendes søster. Endelig efter at have flyttet så meget, slog vi os ned i en bjerglandsby i Keumho Dong. Vores hus var lavet af mursten, og det lignede en klods. Når vi gik ud af hoveddøren, kunne vi se Han floden i det fjerne.

Min svigermor er nu gået bort, men hun har grædt meget på grund af mig. Hun tog mig på hospitalet og til urtelæge for at få akupunktur eller urtemedicin. Men da jeg ikke kunne gå, måtte mine venner bære mig på ryggen ned af bjerget, sådan at jeg kunne tage en taxa med min svigermor hen til hospitalet. På vej hjem fra hospitalet plejede min svigermor at købe mig rislikør – formodentlig fordi hun havde ondt af mig. "Søn, jeg ved, at du har smerter, men tag dig en drink, og op med humøret..."

Min kone var i en tilstand af fortvivlelse

Min kone tog fra sted til sted for at låne penge til min medicin. Imens hobede vores gæld sig op som sne. Når vi akut have brug for penge, gik hun til sine forældre, eller sine søskende for at låne. Så betalte hun de tilløbende renter af vores gæld, og brugte det, der var til overs, til min medicin. Jeg blev hurtigt stemplet som et dårligt menneske af min kones familie. Fra deres synspunkt udsatte jeg deres yngste og elskede datter for hårde strabadser, fordi jeg ikke forsørgede min familie, som en god ægtemand burde. Da jeg var blevet syg lige efter vores bryllup, kunne vi ikke engang nyde de første år af vores ægteskab som nygifte. Min kone var blevet kastet ind i begge vores roller som både forsørger og husmoder for familien. Hun måtte opdrage to døtre, mens hun havde travlt med at forsørge os. Hun var udmattet, og hendes engang venlige, bløde personlighed var begyndt at blive hård, idet den blev hærdet af forpligtelserne i det liv, hun var blevet påtvunget.

Hun havde plejet mig i 5-6 år på det tidspunkt med det eneste håb, at jeg ville genvinde helbredet, men i erkendelse af, at min tilstand kun blev værre og værre, kunne hun ikke undgå at blive fortvivlet. Hun var lidt opfarende, når hun blev frustreret over noget, og hun pakkede ofte sine ting og tog afsted til sine forældres hus.

"Jeg har ikke brug for kærlighed. Det er penge, vi har behov for lige nu. Tjen nogle penge!" Hun måtte tilbagebetale gælden til private udlånere, som havde en høj daglig rente. Og hun kunne ikke bære det, når hun blev presset til at betale, så hun forlod hjemmet, mens hun sagde, at hun ikke længere kunne klare vores ægteskab. Men efter nogle dage kom hun altid tilbage.

En dag åbnede hun med hjælp fra sin storesøster en lille snackbar i Keumho Dong markedet. Hun var en god kok, så hun havde mange kunder. Hun tog afsted for at arbejde på markedet fra tidlig morgen til sen aften. Ved midnat kom hun hjem træt og udmattet. Hun pressede sig selv for at betale så meget som muligt af på vores gæld. Men når hun kom hjem og så mig ligge syg i sengen, mistede hun alt håb, og blev irriteret over de mindste ting. Vores to døtre var allerede blevet afvist af samfundet. Siden min kone havde åbnet baren, havde jeg kæmpet for at tage mig af vores første datter Miyoung, mens Mikyung, vores anden datter, var hos min mor i min brors hus.

"Hvordan kan det være, at hun ligner sin far så meget?"

Var det fordi hun lignede sin syge far så meget? Mikyung fik ikke engang muligheden for at modtage vores kærlighed på grund af vores situation. Når jeg til tider besøgte min brors hus og så hende lege med et stykke klud i munden, bristede mit hjerte. Men på grund af min tilstand kunne jeg ikke tage hende med tilbage til vores hjem og passe hende. Jeg havde mange kvaler. På det tidspunkt led jeg af neurose, så jeg var meget følsom, selv omkring de mindste ting. Hvis min kone kom med en kommentar, som sårede min stolthed, begyndte vi at skændes, og min kone sagde, at hun ønskede skilsmisse, pakkede sine ting og stak af til sine forældre igen.

"Hvordan kan du fortsætte på denne måde? Jeg synes hellere, du skulle få en skilsmisse af hensyn til jer begge."

Min kones familie besøgte mig og viste mig deres misbilligelse ved at revse mig så højlydt, at alle vores naboer hørte os. Mit ansigt blev rødt af vrede og skam. Min kone, som havde forladt hjemmet, kom tilbage og sagde: "Jeg er ikke kommet for at se dig. Jeg er kommet for at se min datter. Hvis du nogensinde bliver rask, vil jeg skilles fra dig. Jeg ville helst gøre det her og nu, men folk vil pege fingre af mig og sige, at jeg svigter en syg mand. Så jeg gør det ikke nu!"

Kødelig kærlighed ændrer sig

I 1972 kiggede jeg på mig selv og fandt, at min krop var fuld af uhelbredelige sygdomme. Idet jeg havde taget så megen stærk medicin, var der ikke længere nogle injektioner eller piller, som virkede. Mine forældre, søskende og slægtninge begyndte at pege fingre og tage afstand fra mig. Min kone undgik mig. Selv min mor opgav mig. Hun var nu 70 år, og kom og besøgte mig. Ved synet af sin sengebundne søn, begyndte hun at græde bitterligt.

Hun mente, at alt håb var ude.

"Ah, åh, det vil være bedre for dig at dø hurtigt. Det er den måde, du kan ære mig på."

Så frygtelig var min situation, at min egen mor, som elskede mig mest af alle, foretrak at jeg døde for at ære hende. Jeg havde troet, at min mor aldrig ville forsage mig, selv hvis hele verden skulle vende sig mod mig. I dette øjeblik indså jeg, at menneskelig kærlighed er flygtig. Hvis betingelserne ikke er de rigtige, kan kærligheden ændre sig.

Siden min egen mor ikke forstod min lidelse, hvad kunne en bror da vide? En dag kom min bror for at besøge mig, mens han var fuld. Han sagde, at han ønskede at trøste mig. Men i stedet for at støtte mig, gjorde hans ord min lidelse værre.

Det andet selvmordsforsøg mislykkes

Jeg følte mig som en lille fugl, der desperat flaksede med vingerne i sin kamp for at overleve, men alt var forgæves. I begyndelsen, når min kone pakkede sine ting og tog hjem til sine forældre, tog jeg derhen for at få hende tilbage. Men da hun fortsatte med at gøre det, vovede jeg ikke at bringe hende hjem igen på grund af den afsky og misbilligelse, som jeg ville være nødt til at håndtere fra hendes familie. Når jeg tænkte på min unge datters fremtid, sprang en stærk vilje frem som kildevand, men når jeg stod overfor den formidable mur af realiteter, følte jeg mig magtesløs. Jeg tænkte, at der ikke var nogen måde, hvorpå jeg kunne frigøre mig fra dødens skygge, og jeg begyndte endnu engang at samle sovepiller med ønsket om at gøre en ende på mit elendige liv hurtigst muligt. Det var galt nok, at jeg gik lidende gennem livet på grund af mine sygdomme, men det gjorde det værre, at min kone ikke alene var uvenlig overfor mig, men direkte sårede mig. Jeg mistede al vilje og lyst til at leve. Og jeg tænkte, at frem for at bringe min kone hjem fra sine forældre, var det nok bedre at jeg døde. Så jeg tog de 20 sovepiller, som jeg havde samlet.

Den dag, jeg tog pillerne, var min kone hos sine forældre. Hun kunne ikke sove, og følte sig nervøs. Hun sagde, at hun ikke kunne komme af med fornemmelsen af, at der var noget galt i vores hjem. Hun blev endnu mere nervøs, og tog en taxa hjem, hvor hun fandt mig døende. Hurtigt tog hun mig på hospitalet, hvor jeg fik behandling, og jeg blev genoplivet. Jeg tænkte: "Jeg kan ikke engang ende mit liv på den måde, jeg ønsker. Jeg må hellere lade være med at forsøge at begå selvmord igen." Efter at jeg genvandt bevidstheden på hospitalet, tænkte jeg tilbage på mine to mislykkede selvmordsforsøg. Jeg følte det som om, der var en højere magt, der intervenerede i mit liv. Så jeg besluttede, at jeg aldrig mere ville forsøge at begå selvmord.

Katte skulle være gode mod reumatisk arthritis

Til tider, når min krop fik det lidt bedre, kunne jeg gå rundt med stok. Men når min tilstand blev værre, var jeg sengebunden og kunne ikke røre en muskel. Det var nødvendigt at skifte mig, når jeg havde haft afføring. Min kone hørte, at katte var gode mod reumatisk arthritis, så hun købte katte ikke alene fra alle markederne i vore område Sungdong Ku, men også fra andre markeder som Dongdaemoon og Joongbu. Så kogte hun dem til mig, så jeg kunne spise dem. Men til tider, når de ikke var kogt tilstrækkeligt, lugtede de så dårligt, at jeg hellere ville dø end spise dem.

Min mor og min kone købte alt, hvad folk sagde var godt. De tilberedte skolopendre, hjertespand, og bark af laktræ til mig. De gav mig også galdeblære fra hunde og bjørne. Jeg prøvede endda en likør lavet af slange. Min kamp mod alle sygdommene fortsatte. Det sagdes, at de tyske piller mod spedalskhed var en slags gift, som kurerede sygdomme. Da jeg led af hudsygdomme, som påvirkede hele min krop, tog jeg disse piller i håb om helbredelse, men resultatet var miserabelt.

Jeg drak ekskrementer i 15 dage

Jeg prøvede alle slags medicin, medicinske behandlinger, folkemedicin, urtemedicin og endda overtro og eksorcisme, men det syntes som om, mit helbred sank dybere og dybere ned i et bundløst hul.

"Jaerock, der er en berømt læge i byen. Hvad med at få en diagnose fra ham?"

"Jo, hvorfor ikke? Jeg har ikke noget at tabe." Jeg tog imod rådet fra min ven i Keumho Dong, og tog afsted for at besøge lægen. Lægen tog min puls og undersøgte mig. Han sagde: "Det er et mirakel, at du er i live. Dine pulsårer synes at slå, men slår ikke. Det er et under, at du er i live. Der er en måde at helbrede dine sygdomme på. Du dyrkede megen hård sport, da du var ung, ikke sandt? Og du blev slået meget under disse aktiviteter? Du har pletter over hele kroppen med døde og forstoppede blodceller eller blodunderløbne pletter – over hele kroppen. Det er det, der har været skyld i, at dit helbred har været så dårligt."

"Virkelig? Hvad er behandlingen?"

"På togstationerne på landet er der offentlige toiletter. Saften fra ekskrementerne i bunden af disse toiletter har rådnet i mere end 10 år. Skovl dette op, og drik det i et ølglas tre gange om dagen i 15 dage. Så vil alle de blodunderløbne pletter på din krop forsvinde, og du vil blive rask igen."

Lægen gav detaljerede instruktioner om, hvordan jeg skulle få fat i saften fra ekskrementerne. Alt, hvad jeg skulle gøre, var at binde fyrretræsnåle på åbningen af en kande for at danne et filter, og derefter binde en sten fast til kanden, og smide den i toilettet. Så ville den klare saft fra ekskrementerne fylde kanden. Hvis jeg drak denne saft og blev helbredt, skulle jeg betale lægen en betydelig sum penge. Min kone og jeg var lykkelige i troen på, at dette var den sidste udvej, og vi skyndte os afsted til en togstation på landet, dansende af glæde. Min mor lyttede til mine forklaringer om, hvordan jeg skulle tage dette middel, og hun tilbragte hele natten med at indsamle saft fra ekskrementer i en fin skål, og bragte det til mig med megen omhu.

Så i 15 dage drak jeg saft af ekskrementer uden at springe en eneste gang over. Den frygtelige lugt gjorde det meget vanskeligt at sluge bare en enkelt gang, men jeg blev drevet af mit stærke ønske om at helbrede min sygdom, så jeg drak det med sugerør, børstede tænder, og spiste derefter et stykke slik, som min mor gav mig. Men lugten gik ikke væk. Da de 15 dage var overstået, fandt jeg ud af, at heller ikke dette virkede.

Jeg sagde: "Mor, hvis jeg skal dø, så vil jeg tilbage til mit hus i Seoul for at dø der."

Kapitel 2

Gud er virkelig til!

Når de sidste blade falder hen, vil også mit liv falde hen

Hvordan min søster kristnede mig

Da vores sidste håb, saften fra ekskrementerne, sluttede forgæves, tog min kone og jeg tilbage til Seoul i stor fortvivlelse. Det eneste ønske, jeg havde tilbage, var at dø hurtigt, så jeg lå i sengen, mens jeg betragtede tiden, som gik til spilde. Min daglige rutine i vores slagger blokhus var at læse romaner og drikke Koreansk rislikør. I det lille etværelses hus var der en beholder til rislikør, og der var medicinskåle og lånte bøger spredt ud over det hele.

I min familie var min næstældste søster den eneste troende. Hun havde mistet synet på det ene øje efter at have lidt af høj feber i sin barndom. Hun giftede sig med en ung mand fra en nabolandsby, og opdragede 3 sønner og 2 døtre. Hun levede et trofast liv. En dag havde en person delt det hellige budskab med hende, og hun begyndte at gå i kirke. Min mor og mine brødre mente, at hun var en fanatisk troende, og brød sig ikke om, at hun gik i kirke. "Du arbejder så hårdt på gården, og så giver du det hele til kirken. Om søndagen arbejder du ikke engang, fordi du går i kirke. Du vil ikke være i stand til at undslippe fattigdom. Hvordan forventer du nogensinde at blive rig?" Selv min mor var efter hende, men hun smilede bare og sagde: "Mor, det er sådan en glæde at tro på Jesus. Hvorfor går du ikke også i kirke?"

Om søndagen ordnede hun arbejdet i huset tidligt om morgenen og gik i kirke. Hun tørrede prædikestolen af og tjente i kirken. Når som helst hun havde den første frugt eller noget værdifuldt, ville hun i al hemmelighed efterlade det ved pastorens hus og løbe væk. Hun elskede at tjene guds tjener på denne måde. Hun gik flittigt til vækkelsesmøder, og søgte oprigtigt Guds nåde. Hun gav endda sin guldring – som blev anset for noget meget værdifuldt på det tidspunkt – som gave. "Gud, giv mig tro så værdifuld som guld. Giv mig en tro som guld, der aldrig ændrer sig selv om tiden går."

Siden min barndom havde min næstældste søster været min yndlingssøster. Da jeg studerede i Seoul, boede jeg næsten i hendes hus, når som helst jeg havde ferie. Hun forsøgte at dele budskabet med mig, når hun havde mulighed for det. Selv efter at jeg blev syg, havde hun ondt af mig. Hun tilskyndede mig kontinuerligt til at tage i kirke, og sagde: "Bror, hvis du går i kirke, vil Gud helbrede dig. Du vil blive rask igen."

"Søster, lad være med at være latterlig. Vi lever i en tid, hvor folk tager med rumskib til månen. Hvor i denne verden er Gud? Hvis han lever, vis mig det."

Min søster tilskyndede mig til at tro på Gud mange gange, men fordi jeg var stædig, insisterede jeg på, at hvis Gud virkelig eksisterede, så skulle hun vise mig ham.

Når de sidste blade falder hen, vil også mit liv falde hen

Jeg følte mig som heltinden i en berømt roman. I denne roman levede heltinden i konstant fortvivlelse uden håb for fremtiden. Hun troede, at en dag, når det sidste blad på en særlig vægplante faldt på grund af de regnfyldte byger, så ville også hendes liv se sin afslutning. Jeg levede også i konstant fortvivlelse uden håb for fremtiden.

I april 1974 farvede lyserøde azaleaer og gule forsytia bjergene og markerne over hele landskabet. De afgav deres duft overalt. Men mit liv visnede væk, og hvert åndedrag, jeg tog, syntes at bringe mig tættere på døden.

"Alt i skabelsen bevæger sig med sådant liv på denne tid af året. Men hvornår vil mit liv, som holder sig fast som det sidste blad, se sin afslutning?"

Ingen glædede sig over at se mig. Jeg kunne hverken spise ris eller kød, men jeg kunne drikke alkohol. Alkohol var den eneste ven, jeg havde. På den tid, hvor jeg kun lige klarede mig fra dag til dag, at jeg var afhængig af alkohol. Mine forældre, mine brødre og søstre besøgte mig mindre og mindre. Snart forventede jeg ikke nogen besøg, men en dag bankede det på min dør. Det var min næstældste søster, den søster som jeg elskede meget højt.

"Søster, hvad har bragt dig til Seoul? Kom ind!"

"Jeg har et ærinde i Seoul."

Da det var den travleste tid i landbruget, var jeg glad – og meget overrasket – over at se hende.

Hun spurgte, om jeg ville ledsage hende

"Bror, gør mig en tjeneste. Du er nødt til at hjælpe mig med noget. Der er et sted jeg har ønsket at besøge i lang tid. Vær sød at føre mig derhen."

"Hvad? Hvad mener du? Du ved, at jeg dårligt kan gå." "Det ved jeg godt. Men jeg ønsker virkelig at besøge dette sted, og jeg beder dig om din hjælp."

Jeg afslog først, og sagde at jeg ikke kunne ledsage hende på grund af min syge krop. Men hun bønfaldt mig så inderligt, at jeg fik det dårligt, og til sidst kunne jeg ikke længere afslå at hjælpe hende.

Det sted, hun ønskede at besøge, var en af de helbredende kampagner, som blev ledet af senior diakonisse Shin-ae Hyun. Hun var velkendt for sin nådesgave af guddommelig helbredelse. Det var fordi min søster konstant bad for mig og ledte efter måder til at få mig i kirke, at senior diakonisse Hyun og jeg senere stiftede bekendtskab. Min søster vidste, at hvis hun tilskyndede mig til at modtage helbredelse i kirken, så ville jeg afslå at deltage. Under en bøn havde min søster modtaget visdom fra Gud, og fik mig med i kirke ved at bede mig om at ledsage hende.

Før troen på Gud

Da jeg var blevet opdraget i Darwinisme i skolen, var jeg ateist. Jeg kunne modigt sige, at der ikke fandtes spøgelser. Men rent faktisk kunne jeg inderst inde ikke benægte at Gud eksisterede. I betragtning af mange ting kunne jeg ikke afvise den tanke, at der er liv efter døden. Dybt i mit hjerte måtte jeg anerkende eksistensen af Gud, Skaberen. Jeg havde tænkt: "Hvis der virkelig er en Gud, så eksisterer helvede formodentlig, et helvede som i en film, jeg engang har set. Er det så sådan, mit efterliv vil blive?"

Da jeg ikke kunne benægte eksistensen af Gud dybt i mit hjerte, var jeg også nødt til at anerkende eksistensen af et liv efter døden. Og i et hjørne af mit hjerte frygtede jeg helvede. Det er grunden til, at jeg – selv før jeg troede på Gud – forsøgte at leve et godt og retfærdigt liv.

Under alle omstændigheder bad min søster mig ikke gå i kirke for at modtage helbredelse, hun bad mig kun om at føre hende til et kristent mødested, og jeg gav efter for hendes ønske. Den 17 april, 1974, stod hun op og gjorde sig klar tidligt om morgenen, og sagde at hun måtte tidligt afsted, sådan at hun kunne komme til at sidde foran. Det var første gang jeg kom ud af huset i meget lang tid. Det var svært for mig at gå ned fra bjerglandsbyen Keumho Dong, og det tog lang tid. Vi tog en bus til Seodaemoon og ankom til senior diakonisse Shin-ae Hyuns kirke.

Er alle her skøre?

Selv om begge mine trommehinder var sprunget på det tidspunkt, kunne jeg høre lyde, men kun svagt. Anden sal var allerede fuld af mennesker, så vi gik op på tredje sal. Trappen var lavet med en mild stigning af hensyn til de handicappede. Men da jeg gik med stok, var det vanskeligt for mig at følges med min søster.

Det var nok tidspunktet for gruppebøn. De mennesker, som var omkring mig, hævede deres hænder og råbte højt. Jeg havde aldrig set noget lignende før, så jeg vidste ikke, hvad jeg skulle gøre, og jeg kiggede bare rundt. Jeg bemærkede, at min søster knælede, og sluttede sig til bønnen med rystende, løftede hænder.

Alle så ud til at være skøre, inklusiv min søster. Jeg følte mig ilde tilpas, og mit ansigt blussede. Jeg ønskede bare at forlade stedet. Men flere og flere mennesker kom ind og satte sig bag mig, så jeg kunne ikke komme ud. Jeg ville væk her og nu. Men hvad kunne jeg gøre? Jeg kunne ikke efterlade min søster der og tage hjem alene! Da jeg aldrig havde set nogen bede på den måde – ej heller bede i gruppe – følte jeg mig ilde tilpas bare ved synet af folk omkring mig, som viftede med hænderne og råbte deres bønner med høj stemme. Men da jeg ikke kunne tage tilbage alene, blev jeg, hvor jeg var. Jeg tænkte, at jeg lige så godt også kunne knæle. Så jeg knælede og lukkede øjnene. Pludselig begyndte jeg at svede fra ryggen, og sveden begyndte at løbe ned af min ryg. Det var en forårsdag, men det var ikke varmt. Jeg var meget tynd – næsten kun skin og ben – så det var umuligt for mig at svede på den måde. Det var meget mærkeligt, og jeg tænkte: "Jeg må være meget flov og ilde tilpas over at være her. Det er nok derfor, jeg sveder så meget!"

Det var først efter et stykke tid, at jeg indså, at da jeg knælede den dag, brændte Gud alle mine sygdomme med Helligåndens ild. På en prædikestol, som stod langt væk, var senior diakonisse Shin-ae Hyun, som var helt hvidklædt, i gang med en passioneret prædiken. Lyden fra højttalerne var meget høj, men jeg kunne ikke høre det ordentligt. Jeg fangede kun et enkelt ord her og der. "Hvor ville det være rart, hvis jeg kunne høre tydeligt, hvad damen sagde!", tænkte jeg.

Der var sket en forandring i mit hjerte, efter at jeg var blevet så svedt (faktisk var jeg blevet rørt af Helligånden). Jeg ønskede at høre senior diakonisse Shin-ae Hyuns besked. Min søster sagde: "Bror, hvorfor modtager du ikke en bøn ligesom de andre mennesker, som er komme her?"

Efter prædikenen strålede min søsters ansigt, mens hun tilskyndede mig til at modtage bønnen. På min søsters instruktion gik jeg – presset inde imellem en klynge af andre mennesker – op til det sted hvor senior diakonissen sad.

Der flød stadig en lyd over højttalerne, og det var lyden af vidnesbyrd fra de mennesker, som var blevet helbredt gennem bøn. Jeg kunne høre indholdet i brudstykker, og en kvinde sagde, at hun havde modtaget "Helligåndens ild" og var blevet helbredt, da senior diakonisse Shin-ae Hyun havde lagt sin hånd på hende.

"De må være blevet helbredt gennem bøn. Men jeg kan stadig ikke tro det," tænkte jeg.

Senior diakonisse Shin-ae Hyun klappede med hånden en gang på hovedet og derefter på ryggen af hver person, mens hun skubbede dem forbi sig. Det var det. Hun klappede mig på hoved og ryg, og skubbede mig væk, ligesom de andre mennesker. Jeg tænkte: "Hun behandler folk som bagage! Jeg tror, at hun svindler folk." Det må have været på grund af det enormt store antal mennesker, men hun bad ikke for hver person, klappede dem bare og skubbede dem væk, og jeg blev fornærmet.

På dette tidspunkt blev jeg mindet om en hændelse i mine dage i grundskolen. En kvinde i Jung-eup området var kendt for sine helende evner. Da hendes møder blev annonceret i et dagblad, var der mange mennesker, der samlede sig i Jung-eup. Min nevø deltog også i et af hendes møder, fordi hans øre væskede. Ca. 15 dage efter blev det kendt, at hun var en svindler, og hun blev arresteret. Nogle af dagbladene gjorde sagen til deres hovednyhed. Jeg spekulerede på, om denne kvinde snød folk, ligesom kvinden i Jung-eup havde gjort. Fordybet i mine tanker fandt jeg, at jeg allerede var kommet ned af trapperne.

"Det er mærkeligt! Jeg er kommet her ned uden hverken smerte eller problemer."

Jeg kan høre! Jeg kan høre!

Min søster var så glad, og det var som om, hun havde fået opfyldt et ønske. Vi steg op i bussen. Pludselig hørte jeg nogle meget høje lyde, der mindede om torden. Jeg tænkte: "Hvor mærkeligt! Hvorfor høre jeg disse høje lyde i mine ører?"

Den tordnende lyd stoppede, da jeg stod af bussen ved Keumho Dong markedet. Jeg sagde farvel til min søster og gik ind i den snackbar, som min kone drev. Der var mange slags mad på hylderne, inklusiv kød. I baren kunne jeg høre klienternes samtaler, mens de spiste og drak. Jeg var så glad, at jeg slog en knytnæve i bordet.

"Jeg kan høre! Jeg kan høre!"

Min kone spurgte mig overrasket: "Hvad, kan du høre? Hvad

kan du høre, og hvorfor kan du høre nu?"

"Jeg kan tydeligt høre kundernes snak. Min skat, jeg er sulten og vil gerne spise noget. Vil du give mig noget ris og kød?"

"Hvad? Du vil få fordøjelsesproblemer og få udslet over det hele!"

"Jeg er OK. Jeg føler, at jeg allerede har fordøjet det. Du skal ikke bekymre dig, men bare give mig noget mad."

Jeg spiste risen og kødet så snart min kone var kommet med det. Normalt kunne jeg kun spise lidt ris, og det var en vidunderlig forandring. Jeg kunne mærke, at jeg fordøjede maden godt. Faktisk havde jeg slet ingen problemer.

Unægtelig et mirakel!

Næste dag gik jeg ud på badeværelset som sædvanlig, så snart jeg vågnede. Første del af min morgenrutine var at vikle bomuld om en tændstik og tørre pusset ud af mine ører. Jeg gjorde det, fordi jeg ikke ville have, at min kone skulle blive bekymret ved synet af det. Jeg forsøgte at tørre det ud som sædvanligt, men der var ikke noget. Det var rent. Hvad der var mere mærkeligt var, at jeg plejede at have anæmi, når jeg vågnede. Jeg var så anæmisk, at jeg normalt skulle stramme mig op et øjeblik, før jeg gik på badeværelset. Men det gik op for mig, at jeg denne dag havde gået på badeværelset, så snart jeg var vågnet op. Og der var mere: På grund af svær gigt plejede jeg at have puds bag på mine hænder, på albuerne, knæene, anklerne og andre led. Men denne dag havde det hvide pus ændret sig til sorte skorper.

"Jeg kan ikke forstå det. Hvor mærkeligt!", tænkte jeg.

Pludselig begyndte min hjerte at banke hårdt. Fyldt af spænding gik jeg tilbage til værelset. Jeg tog tøjet af og undersøgte min krop omhyggeligt. Når jeg sov, kunne jeg ikke dreje halsen frit, og jeg var nødt til at sove på én side på grund af den hævede lymfekirtel. Men den drue-store klump på min lymfekirtel var fuldstændig forsvundet. Desuden kom jeg i tanker om noget, der var sket tidligere, mens jeg stadig var syg. Det var sket om vinteren, og på den tid af året havde vi altid varmt vand i en kande i køkkenet. En morgen havde jeg som sædvanligt bøjet mig for at tage noget af det varme vand. Kanden var kun halvt fuld, og der var god iltforsyning til kulbriketterne i komfuret, idet luftindtaget var åbent. Vandet kogte derfor kraftigt.

Da jeg tog vand med kalabas-øsen, kom den varme damp op i mit ansigt. Idet jeg forsøgte at undvige, spildte jeg vandet ned af min krop. Jeg brændte armene og brystet. Forbrændingen efterlod mig med grimme ar, og jeg tog normalt ikke skjorten af. Men nu var selv disse ar forsvundet! Det var et utroligt mirakel. Der var ikke noget galt med min krop længere.

I samme øjeblik kom jeg i tanker om, hvad der var sket den forgående dag. Jeg kunne gå op og ned ad trapper uden problemer. Og på vej hjem havde jeg hørt en tordnende lyd. Jeg kunne høre kunderne tale i min kones forretning. Fra den morgen havde jeg ikke længere anæmi. Der var ikke længere pus, og jeg havde ingen smerter, når jeg bøjede knæene.

"Har Gud virkelig helbredt mig?"

Ansigt til ansigt med en realitet, som jeg ikke engang selv kunne tro på, var jeg umådelig overrasket. Jeg havde ikke taget medicin, jeg var ikke blevet opereret, ingenting! Men alle sygdommene var blevet helbredt! Mere end 10 forskellige sygdomme, som jeg ikke havde kunne kurere med al slags medicinsk behandling, blev helbredt på et øjeblik!

Jeg tænkte: "Gud er virkelig til."

Jeg var et tåbeligt menneske, men hvordan kunne jeg fortsat tvivle? Jeg knælede, og løftede hænderne mod himmelen.

"Oh, Gud! Du er virkelig til. Hvordan har du kunne helbrede mig lige med et? Tilgiv denne tåbelige mand. Jeg ignorerede alle prædikanterne, når de tilskyndede mig til at tro på Gud. Men du er virkelig til, og du har helbredt mig fuldstændig!"

Jeg forsøgte at tvivle på det, og tro, at det var et tilfælde, men jeg kunne ikke betvivle det. Jeg havde det, som om jeg fløj. Dog kunne jeg stadig ikke tro på det som en realitet. Min kone, som havde været udenfor, hørte mig bede, og kom overrasket ind i værelset.

"Min skat, kom og se min krop. Gud har helbredt mig!"

Overrasket undersøgte min kone hele min krop, og hun måtte også tro, at Gud havde helbredt mig. Hun blev lykkelig og omfavnede mig, og begyndte at græde højlydt. Vi græd i lang tid. Alle sorger og smerter smeltede væk, og vi blev fyldt med glæde og taknemmelighed.

Han, som helbredte mig

I det øjeblik, hvor jeg havde knælet i kirken, havde Gud helbredt alle mine sygdomme fuldstændigt med Helligåndens ild. Selv før senior diakonisse Shin-ae Hyun bad for mig, havde Gud helbredt mig gennem Helligåndens ild. Jeg var ateist, og troede ikke på Gud. Jeg bad ikke engang Gud om helbredelse, så hvorfor helbredte han mig? Jeg tror, at det var Guds svar på min søsters bøn, for hun havde længe fastet og bedt for min frelse. Det var nok også, fordi Gud vidste, at når først jeg kom til at kende den levende Gud, så ville jeg ikke vise velvilje overfor den verdslige verden eller bedrage ham, men leve kun ved hans ord og elske ham til altings ende.

Skilsmisse og min kones tilbagevenden

Lykke i tre måneder

Ligesom i historien om "lykkens hyttesanger," følte jeg det som om, en lykkens hyttesanger var kommet ind i min familie. Den mest betydningsfulde ændring i min familie var, at vi tog til en nærliggende kirke og deltog i gudstjenester om søndagen. Vi gjorde det, fordi jeg var blevet helbredt af den levende Guds nåde, og vi følte, at vi burde gengælde denne nåde.

Men vi havde stadig en stor gæld, og andre forhold forblev også de samme. Alligevel var vi glade og lykkelige. Jeg var taknemmelig for, at jeg var blevet befriet fra sygdommenes smerter. Og jeg havde det håb og den drøm, at jeg endelig ville kunne arbejde hårdt og tjene penge ved egen kraft.

Jeg diskuterede vores fremtid med min kone. Siden alle sygdommene var væk, ville jeg være i stand til at arbejde igen i løbet af et par måneder. Så kunne vi betale vores gæld og udvide vores forretning. Vi kunne arbejde hårdt sammen, tjene mange penge og drive en stor restaurant. På den tid var der en person, som var dygtig til at lave dykkerdragter. Jeg arbejdede som assistent med tanke på at genvinde en god fysisk tilstand. Først blev jeg meget træt, selv om jeg kun havde arbejdet lidt, men hurtigt fik jeg mere energi. Jeg tjente penge og planlagde min fremtid, og min fars fødselsdagsfest nærmede sig. Det var ca. 90 dage efter, at jeg var blevet helbredt.

Blev din søn syg på grund af mig?

Den 10. juli 1974 var det min fars fødselsdag, og alle familiemedlemmerne samledes i huset i vores hjemby. Jeg var taget dertil et par dage tidligere, og min kone, som måtte passe sit arbejde i forretningen, kom aftenen før fødselsdagen.

Selv om det ikke var en tilbagevenden med triumf, var jeg meget lykkelig. Da jeg tog til min hjemby, mens jeg var syg, var jeg næsten indespærret på mit værelse i forsøg på at undgå folks blikke. Jeg havde taget min medicin og var vendt tilbage til Seoul. Jeg var bange for, at naboerne ville henvise til mig som en handicappet person. Nu var jeg rigtig glad for, at jeg var blevet fuldstændig rask!

Jeg bar vidnesbyrd om Gud og sagde: "Jeg ventede kun på døden på grund af så mange uhelbredelige sygdomme. Men jeg tog med min ældre søster til Shin-ae Hyuns alter, og modtog helbredelse."

Jeg bar vidnesbyrd om, at Gud er den helbreder, som mødte mig og helbredte mig. Jeg havde kun lidt viden om Guds ord i biblen, men jeg bevidnede, at Gud virkelig er til, og delte denne glæde med mine forældre og brødre.

Efter frokost på min fars fødselsdag pakkede min kone sine ting for at tage tilbage til Seoul. Jeg drak med mine brødre, før jeg skulle afsted. Så hørte vi et spektakel udenfor og en dør, der smækkede. Jeg kiggede ud, og så min kone, der løb med sin bagage, og sagde at hun ville søge skilsmisse. Min søster og svigerinde løb bagefter for at fange hende. Der var sket det følgende:

"Datter, min søn blev syg lige efter, at han giftede sig med dig, og du har lidt meget. Men nu kommer de gode dage, hvis du arbejder hårdt fra nu af." Min mor gav dette råd til sin svigerdatter. Hun var så glad for, at hendes yngste søn, som hun havde troet, var ved at dø, nu havde genvundet sit helbred. Men min kone tog det som om, jeg var blevet syg og havde lidt så meget på grund af hende, og hendes ansigt blev blegt:

"Siger du, at din søn blev syg på grund af mig? Ja så! Jeg vil ud af denne familie. Jeg vil søge skilsmisse. Ja, jeg vil!"

"Søster, det er en misforståelse." forsøgte min søster. "Du ved, at mor ikke mener det sådan, som du har forstået det!"

Min kone tog tilbage til Seoul øjeblikkeligt. Da hun havde forladt vores hjem på den måde, skiftede feststemning pludselig til begravelsesstemning. Min mor var rasende. Hun sagde: "Du kunne ikke helbredes i så lang tid, fordi du giftede dig med sådan en kvinde! Jaerock, glem nu alt dette. Vi har en god middag klar. Lad os nyde vores mad!"

"Glemme det?", sagde jeg, "Hvordan kunne du sige sådan noget. Hvordan kan jeg bare glemme det?"

Mine brødre og søstre kom med nogle kommentarer for at trøste mig, men det, de sagde, gjorde kun tingene værre. Jeg var så vred over det, der blev sagt, at jeg gik ud i køkkenet, greb en flaske soju, og drak hele flasken med det samme.

Min far var chokeret over, at jeg tog det så tungt. Han havde et godt syn og et godt helbred selv efter, at han var blevet 70. Han var i stand til at læse kinesiske bøger og aviser. Men på grund af det chok, som alt dette var skyld i, mistede han sit syn. Han måtte undvære sit syn indtil sin død. Den atypiske adfærd, som jeg udviste i denne situation, blev af min far opfattet som meget respektløs. Det bringer mig megen smerte at tænke på denne hændelse, og det vil det fortsat gøre resten af mit liv.

Min kone følte, at hun i syv år havde gennemgået megen lidelse og mange problemer i livet med at passe sin syge ægtefælle og forsørge familien. Hun troede, at hendes svigermor sagde, at det var på grund af hende, at alt dette var sket. Hun må have følt en stor skuffelse over dette. Den sorg, hun følte, når hun mindedes det udmattende og desperate liv gennem 7 år, hvor hun måtte tage hånd om så meget, og det faktum, at hun ikke kunne diskutere sin situation frit med nogen, må have fyldt hende så meget, at det var for vanskeligt for hende at undertrykke det.

Efter 4 måneders smerte

Næste dag vendte jeg tilbage til Seoul med min ældste datter Miyoung. Jeg ledte efter min kone, men hun var ikke hjemme, og hun var heller ikke i forretningen. Næste dag kom hun hjem, men hun var en fuldstændig forandret person.

Hun sagde til mig: "Nu vil jeg skilles fra dig. Vi skal gennemføre skilsmisseprocessen i vores hjemby. Tag med mig og underskriv dokumenterne." Jeg prøvede at få hende til at ændre mening, men forgæves. På min kones ønske tog jeg til vores hjemby og underskev.

Siden det var en lille by, bredte rygtet sig hurtigt. Jeg havde ondt af mine forældre, og jeg skammede mig overfor naboerne. Jeg tog hurtigt tilbage til Seoul, som om jeg stak af. Jeg havde aldrig troet, at min kone rent faktisk ville lade sig skille. Jeg ventede stadig på, at hun skulle komme hjem igen, og efter adskillige dage kom hun med sin familie.

De sagde: "Nu hvor I to er skilt, vil vi have bryllupsgaverne tilbage. Vi tager også indskuddet i forretningen i markedet tilbage."

Idet vi var flyttet 17 gange, mens jeg var syg, havde vi ikke de normale husholdningsting. Men min kone og hendes familie pakkede alt det, hun havde købt. Jeg følte en enorm afsky for dem alle. Mens de blev færdige med at pakke tingene, tog jeg til Keumho Dong markedet for at få indskuddet i forretningen tilbage.

Markedet var fyldt af mennesker. Den på det tidspunkt 5 årige Miyoung forstod, hvad der foregik. Hun holdt fat i sin mors nederdel.

"Mor, du må ikke gå! Bliv hos mig! Du må ikke gå fra mig! Jeg dør, hvis du går!" Miyoung græd og fulgte efter sin mor. Hendes sko var faldet af. Men min kone rystede hende koldt af sig.

"Far, hun er ikke min mor længere. Jeg vil ikke kalde hende mor fra nu af. Lad hende aldrig mere komme hjem igen." Da min lille datters hjerte var såret, flød ordene som iskolde nåle fra hendes mund.

På den tid lærte jeg at arbejde på byggepladser ved at følge med mine venner. Selv mens jeg ikke var sammen med min kone, undlod jeg aldrig at tage til gudstjeneste om søndagen. Da jeg skulle i kirke om søndagen, røg og drak jeg ikke fra lørdag aften af frygt for, at min ånde ville lugte dårligt i kirken om søndagen. Først efter at jeg havde været til morgen-og aftensgudstjeneste, tog jeg hjem, og kunne endelig ryge og drikke, hvilket jeg havde undladt at gøre hele dagen.

Jeg vidste ikke, hvordan jeg skulle bede, men jeg knælede og bad med høj stemme: "Gud, du ved det godt? Jeg blev rask, og jeg kan forsørge familien nu, men tingene er gået sådan her. Send min kone tilbage til mig. Jeg kan gøre hende lykkelig, og vil ikke lade hende lide nogensinde igen. Lad hende komme tilbage snart, og lad os få en lykkelig familie."

Jeg spiste morgenmad tidligt om morgenen, afleverede Miyoung i min ældre brors hus, og tog på arbejde. Jeg hentede hende igen, når jeg tog hjem fra arbejde. Hver dag det samme. Senere måtte jeg sende hende til hendes bedstemors hus i min hjemby. Men snart efter at jeg havde sendt hende afsted til mine forældre, ringede min mor til mig. Miyoung var fuld af sår fra hoved til tå, og det var så alvorligt, at medicinen ikke hjalp. De blødte meget, og hun havde maddiker i hovedbunden. De havde sendt hende på hospitalet, men det så ud som om, at hun ikke ville overleve.

I sin ubevidste tilstand ledte hun efter sin mor og kaldte på hende. De bad mig lade hende se sin mor endnu engang, før hun døde. Jeg var ikke klar over, at vi var lovformelig skilt, så jeg tog til min svogers hus i Keumho Dong. Heldigvis var min svigermor der, så jeg fortalte hende historien og bad om tilladelse til at se min kone. Men deres svar var koldt: "Hvis din datter dør, vil det være bedre for dig at blive gift igen. Lad hende være." Resultatet var, at Miyoung ikke kom til at se sin mor, men hun overlevede dog, om end med nød og næppe.

Et ægteskabsmøde

Jeg hengav mig til at ryge og drikke for at glemme de dunkle realiteter i mit liv. Jeg var skuffet over, at min kone havde forladt hjemmet på grund af en kommentar fra min mor. Og jeg hadede min kones familie, fordi de havde tilskyndet hende til at få skilsmisse. For at glemme de mennesker, som jeg hadede, var jeg nødt til at drikke. Jeg havde engang investeret alle mine penge hos min søster og mistet det hele på grund af hendes fejltrin, så nu gik jeg til hende og bad hende give mig penge til at starte en virksomhed. Men jeg brugte mine dage i en bar indtil pengene slap op. Jeg havde hverken styrke eller vilje til at fortsætte mit liv.

Min familie prøvede at finde en måde, hvorpå de kunne redde mig. Min søster sagde: "Mor, vi må hellere få ham til at gifte sig igen. Hvis du lader ham være sådan der, vil han blive ligesom en død, ligesom ham var tidligere." Endelig ringede min mor til mig. Hun sagde, at hun havde fundet en god dame til mig, og at jeg skulle komme til min hjemby for at mødes med hende.

Jeg tænkte: "Min kone kommer tilbage. Jeg vil aldrig kunne leve med en anden kvinde!" Jeg tænkte også, at min kærlighed til min kone aldrig ville ændre sig, så jeg kunne slet ikke forestille mig, at jeg kunne leve sammen med en anden.

"Søn, denne ene gang! Det er mit sidste håb," bad min mors stemme, og jeg kunne ikke fortsætte med at afslå min mors ønske om, at jeg skulle mødes med denne dame. Så jeg gjorde det. Jeg havde besluttet mig for bare at udveksle en formel hilsen med hende, og derefter tage hjem. Men Guds forsyn var dybsindigt!

Da jeg kom til stedet, hvor jeg skulle møde denne dame, så jeg, at hun var den mest perfekte og ideelle kvinde. Den type, som jeg altid havde drømt om. Jeg kunne godt lide hvidt tøj, og hun bar en hvid todelt dragt. Hendes hår var langt og faldt ned over hendes skuldre og ryg. Som hun sad der, mindede hun om et billede. Jeg kunne ikke tro mine øjne. Da hendes mor var meget overtroisk, havde hun lyttet til en spåkones forudsigelse om, at hendes datter skulle gifte sig med en mand, allerede havde været gift. Det var derfor, hendes mor havde arrangeret mødet med mig. Vi kunne godt lide hinanden, og begge familier var hurtige til at begynde bryllupsforberedelserne.

Indtil dette møde havde jeg ventet på, at min kone skulle komme tilbage. Jeg havde end ikke set efter en anden kvinde. Men jeg ændrede mening om kun at leve med min kone. Det var et chok for mig, at jeg kunne ændre mig på denne måde. Der blev sat en dato for brylluppet, og vi udvekslede gaver. Men så kom min kone pludselig. Hun havde hørt, at jeg skulle giftes igen, så hun ville se hvilken indstilling og hvilke følelser, jeg havde. Men da hun opdagede, at mit hjerte allerede havde sluppet hende, og at jeg virkelig var klar til at gifte mig med en anden kvinde, blev hun overrasket.

Tilgivelse af min kone

Indtil da havde min kone fast troet, at jeg i modsætning til andre mennesker aldrig ville ændre mine følelser. Hun var chokeret over at høre, at jeg skulle giftes med en smuk, enlig kvinde. Og hun indså, at mit hjerte havde sluppet hende. Men tidligt næste morgen kom hun med sin bagage. Jeg lå og sov, da jeg pludselig hørte et bump på gulvet. Det var min kones bagage. Men var det ikke for sent? Jeg havde allerede lovet at gifte mig med en anden kvinde, så jeg smed hendes bagage ud af huset. Det opstod en vældig tumult, mens vi flyttede bagagen ind og ud af huset.

Jeg sagde til hende: "Jeg er meget bitter på din familie, og jeg skammer mig overfor min egen familie. Desuden har vi allerede sat datoen for brylluppet, og hvad vil familien ikke sige?"

"Jeg vil sørge for at få tilgivelse fra alle fra begge sider af familien. I fremtiden vil jeg adlyde dig i hvad som helst, du siger." svarede min kone.

"Selv om jeg tilgiver dig, vil mine forældre og mine søskende ikke gøre det!"

Hun var stædig:

"Jeg skal nok få tilgivelse fra alle. Jeg vil dø i denne familie."

Hun var forbløffende forandret, blid som et lam. Min kærlighed til hende var allerede forsvundet, men jeg tænkte på mine to døtre. Jeg mente, at det måtte være bedre for dem at vokse op med deres egen mor. Så jeg gik med til at tilgive hende under visse betingelser. Hun skulle adlyde mig ubetinget, og hun skulle få tilgivelse fra alle familiemedlemmer og slægtninge. Jeg krævede også, at hendes familie skulle undskylde sig overfor mig. Til slut tog jeg imod min ekskone, og vi fandt sammen igen. Det skete 120 dage efter, at hun havde forladt hjemmet.

Jeg fortalte min historie åbent og ærligt til moderen til den kvinde, jeg skulle giftes med, og bad om forståelse. Uventet nok forstod hun udmærket min situation. Men først efter lang tid indså jeg, at al dette var Guds forsyn.

Hvorfor blev min kone nødt til at lade sig skille fra mig?

Min kone have forsørget familien samtidig med at hun havde passet sin syge mand, og hun havde ikke haft noget håb for livet. I mellemtiden var hendes milde og rene hjerte forsvundet, og hendes personlighed var blevet ganske hård.

"Liv og død er tungens vold; de, der er venner med den, nyder dens frugt." (Ordsprogenes bog 18:21)

"Af mundens frugt nyder man godt; de troløse hungrer efter vold. Den, der vogter sin mund, bevarer sit liv; den åbenmundede går sin undergang i møde." (Ordsprogenes bog 13:2-3)

Fordi hun vidste, at jeg elskede hende på bunden af mit hjerte, selv om hun havde forladt hjemmet nogle gange, kom hun tilbage. Vi kendte hinandens sande følelser. Hun havde ikke forladt sin mand, som havde mistet alt håb i livet. Ikke desto mindre sagde hun gentagne gange, at hun ville søge skilsmisse, så snart jeg genvandt mit helbred. Da hendes ord havde hobet sig op, blev det en Satans fælde, og den blev virkelig på min fars fødselsdag. Hvis vi bruger negative ord, vil den fjendtlige djævel beskylde os i overensstemmelse med det, vi har sagt, så retfærdighedens Gud må tillade, at det sker i overensstemmelse med reglerne i det spirituelle rige. Min kone kunne ikke kontrollere sine tanker og følelser, og lod sig skille fra mig. Men Gud ledte os til at genforenes, og det virkede til altings bedste.

Kapitel 3

Mit kald

Begyndelsen på et oprigtigt kristent liv

Ved et vækkelsesmøde indså jeg, at jeg er en synder

Gud ændrede min kones temperament, og hun blev igen blid som et lam. Efter at have genforenet os i ægteskab, havde vi fred og lykke for første gang i meget lang tid. Da hun var kommet hjem igen, gjorde hun sit bedste for at tjene alle, og med et undskyldende hjerte hengav hun sig til sin familie. Men min ældste datter Miyoung ville absolut ikke kalde hende "mor," og hun var meget kold overfor hende. Min kone prøvede i lang tid, og græd mange tårer for at ændre Miyoungs hjerte og sind igen. Den 25. november, 1974 deltog vi i et vækkelsesmøde i Sungdong kirke i Oksu Dong, idet ejeren af mit nye hus på det tidspunkt havde insisteret på det. Min kone og jeg deltog flittigt i alle morgen, – middags – og aftenmøder. Pastor Byeong-ho Park fra den koreanske evangeliske helligdomskirke var taler. Han prædikede et budskab med titlen "Giv alt og bliv tigger."

Han gav vidnesbyrd om, at når som helst han gav alt, hvad han havde at tilbyde, gav Gud ham store velsignelser. Da han havde givet alt for at bygge en kirke, havde Gud, som ved alt, velsignet ham i overflod. Min kone og jeg sad på forreste række, og modtog megen nåde. Gennem budskaberne lærte jeg, at vi måtte læse i Bibelen, at Jesus Kristus er frelseren, og at jeg måtte opgive at ryge og drikke. Jeg lærte også at bede, og hvordan jeg skulle give rigtig tiende og taksigelsesgaver. Jeg lærte det basale i at være kristen.

Jeg var stolt af mig selv, fordi jeg altid havde forsøgt at leve et godt liv. Der var mennesker, som sagde, at jeg var en person, som "ikke havde behov for loven." Ikke desto mindre begyndte jeg fra første dag, hvor jeg indså, at jeg var en synder, at reflektere over mig selv med Guds ord, og jeg begyndte at fortryde med tårer og løbende næse. Jeg var en meget sky og indadvendt person. Det var normalt utænkeligt for mig at fælde tårer og have løbende næse sammen med andre mennesker. Men det var muligvis, fordi Gud arbejdede stærkt, og gav mig nåde.

Begyndelsen på at oprigtigt kristent liv

På vækkelsesmødets sidste dag, aflagde jeg et løfte om at give en gave til kirkekonstruktionen. På det tidspunkt boede jeg i et hus, jeg havde lejet for 100.000 won (ca. 500 kroner) i indskud. Jeg var så taknemmelig for Guds nåde, at jeg ønskede at give ham alt, men jeg havde ikke noget at give. Jeg havde hjertekvaler på grund af dette, og afgav til sidst løfte om at give 300.000 won. Jeg diskuterede det med min kone, og hun ønskede også af hjertet at give dette beløb. Vi besluttede os for at give dem indenfor 3 måneder.

Den aftalte dag nærmede sig, men vi havde stadig

ikke pengene. Så vi var nødt til at optage et lån med høje renter, og med dette lån gav vi 300.000 won som gave til kirkekonstruktionen. Fordi det var vigtigt at holde løftet til Gud, var vi nødt til at overholde datoen, selv om vi måtte betale høje renter for lånet. Fra det tidspunkt, hvor min kone og jeg havde deltaget i vækkelsesmødet, var vores kristne liv for alvor begyndt. Da vi havde lært Guds ord, gav vi tiende og taksigelsesgaver. Jeg holdt op med at ryge og drikke, og vi begyndte at deltage i bønnemøder ved daggry. Jeg arbejdede som bygningsarbejder, og de dage, hvor jeg ikke havde noget arbejde, tog jeg op på bjergsiden tidligt om morgenen og bad. Jeg havde ikke nok spirituel viden til at forstå, at det er Guds vilje at bryde ud i bøn og at faste. Jeg adlød blot tilskyndelsen fra mit hjerte.

Kald på mig, så vil jeg svare dig!

I 1975 tidligt en morgen tog jeg op til Chilbo bjerget i Suwon. Jeg bredte et tæppe ud på klippen, og bad der. Pludselig hørte jeg en stemme fra himmelen. Den var klar, og dog stærk, og havde autoritet idet den sagde: *"Slå op på Lukasevangeliet kapitel 22, vers 44!"* Jeg åbnede hurtigt Bibelen og læste det.

"I sin angst bad han endnu mere indtrængende, og hans sved blev som bloddråber, der faldt på jorden."

Det behager Gud, når man inderligt bryder ud i højlydt bøn. Jeg bad for at forstå, hvorfor Gud havde givet mig dette vers, og i et øjebliks klar inspiration havde jeg tolkningen.

Israel er placeret i et ørkenområde, så temperaturen falder drastisk om natten. Desuden blev Jesus korsfestet i april, og temperaturen på det tidspunkt gør det næsten umuligt at svede om natten. Så hvor inderligt og brændende må Jesus ikke have været nødt til at bede, for at hans sved kunne blive ligesom bloddråber, der faldt til jorden? Hans bøn var så smerteligt inderlig og stærk, at den anstrengelse, han udøvede, forårsagede at kapillærerne bristede og afgav blod, som formede de dråber, der faldt til jorden fra overfladen af hans hud. Hvis han havde bedt i stilhed, ville noget sådant aldrig have kunne ske.

Hemmeligheden bag at bryde ud i højlydt bøn

Siden den tid har jeg fundet mange vers både i det det gamle og i det nye testamente, som fortæller os, at vi skal bryde ud i højlydt bøn. Jeg indså, at forfædrene i troen fik deres svar ved at bede på denne måde. Det er Guds vilje, at vi skal bryde ud i højlydt bøn. *"Kald på mig, og jeg vil svare dig og fortælle dig om store og ufattelige ting, som du ikke kender"* (Jeremias' bog 33:3). Jonas adlød ikke Gud, og blev slugt af en stor fisk, men i Jonas' bog 2:2 står der, at han blev reddet ved at råbe til Gud. I Johannesevangeliet 11:43-44 står der, at da Jesus befalede med høj røst, kom den døde Lazarus frem. Lazarus havde været død og begravet i fire dage, dog kom han frem i live med hænder og fødder stadig indviklet i begravelseslinned. Om der blev talt med høj eller lav stemme burde ikke have gjort nogen forskel, siden Lazarus var død. Men fordi det var Guds vilje, brød Jesus ud i højlydt bøn. I Første Mosebog 3:17 står der: *"Fordi du lyttede til din kvinde, og spiste af det træ, jeg forbød dig at spise af, skal agerjorden være forbandet for din skyld; Med møje skal du skaffe dig føden alle dine dage."*

Før mennesket spiste af frugten fra kundskabens træ, levede de i overflod i Edens have af de ting, som Gud forsynede dem med. Men siden de ikke adlød Gud, og spiste af frugten fra træet, kom syndet ind i mennesket. På dem måde blev kommunikationen med Gud afbrudt, og de måtte nu skaffe frugt med møje og besvær. Vi kan derfor kun få det, vi ønsker og behøver, med møje og besvær. Hvor meget mere møje og besvær må vi så ikke udsætte os for, når vi beder til Gud for at få noget, som ikke kan skaffes med menneskelige evner?

Den spirituelle betydning af at bede på sit "kammer"

Nogle af jer spekulerer måske over følgende: "Jesus har sagt, at vi skal gå ind på vores kammer og bede i det skjulte, så hvorfor skal vi bede højlydt?" Kan den almægtige Gud ikke høre os, selv om vi beder stille? I Matthæusevangeliet 6:6 siger Jesus: *"Men når du vil bede, så gå ind i dit kammer og luk din dør og bed til din fader, som er i det skjulte. Og din fader, som ser i det skjulte, skal lønne dig."* Men intet sted i Bibelen kan vi finde et tidspunkt, hvor Jesus har bedt på et kammer. Ifølge Markusevangeliet 1:35 bad Jesus ikke på et kammer, men tidligt om morgenen tog han ud til at øde sted for at bede. Lukasevangeliet 6:12 anfører, at han bad på et bjerg.

Daniel åbnede sit vindue og bad med ansigtet mod Jerusalem (Daniel 6:11), Peter bad på taget (Apostlenes gerninger 10:9) og apostelen Paulus bad "på et sted for bøn." Grunden til, at de havde specielle steder til at bede, var at de bad fuldt ud af hjerte og sjæl, og at de bad højlydt. At bede i vores kammer symboliserer, at vi må bede af hele hjertet og fra det aller dybeste sted i hjertet. Et kammer refererer i spirituel betydning til menneskets hjerte. Hvis vi går ind i et kammer og lukker døren, vil vi være afskåret fra alle verdslige konversationer og ydre kontakter. På samme måde må vi, når vi beder, først afskære alle andre tanker, bekymringer og betænkeligheder vedrørende denne verden, og bede af hele hjertet med fuldstændig koncentration.

Gud kender menneskets svaghed

I begyndelsen har alle vanskeligt ved at bryde ud i højlydt bøn. Men når vi fortsætter med at bede hver dag, vil vi hurtigt modtage kraft fra oven til at bede med lethed, og vi vil være i stand til at bede godt. Vi vil også modtage Helligåndens fylde, og den gave at kunne tale i tunger. Men hvis vi beder i stilhed, er det meget sandsynligt, at henkastede tanker vil overtage fokus for vores tænkning, og at bekymringer og tanker om denne verden vil trænge ind. Så må vi sandsynligvis kæmpe mod henkastede tanker og bekymringer om vores koner, børn, personlige og finansielle sager. Vi bliver hurtigt trætte og falder i søvn. Men hvis vi bryder ud i højlydt bøn af hele vores hjerte, er der ikke plads til, at henkastede tanker kan trænge sig på, så træthed og søvnighed kan ikke overmande os. På denne måde vil vi få sejre i vores bønneliv.

Idet Gud kender svagheden i menneskelivet, har han befalet os at bryde ud i højlydt bøn, sådan at vi kan sejre. Siden jeg indså, at det var Guds vilje, begyndte jeg at bede højlydt. Når jeg bad hele natten i kirken, råbte jeg højt, men min pastor ville ikke have, at jeg bad højlydt, idet der kunne komme klager fra naboerne. Når pastoren var i kirken, kunne jeg ikke bede så meget, som jeg ønskede at bede. Det var derfor, jeg tog til steder, som kaldes "bønnebjerge," når som helst, jeg havde tid. Jeg følte sorg i et hjørne af mit hjerte, for hvis min pastor havde ladet mig bede højlydt i kirken, ville den fjendtlige djævel være blevet drevet ud med bøn, og denne ild af bønner ville have spredt sig til mange medlemmer af kirken, sådan at kirken ville have vokset meget hurtigt. Da min personlige karakter var meget indadvendt, tog jeg op til bjergtoppen og fortsatte med at bede højlydt fra tidlig morgen til aften.

Gud ledte mig til en ydmyg position

Jeg valgte bygningsarbejde for at overholde Herrens dag

Gennem de adskillige måneder, hvor min kone havde forladt hjemmet, var renterne steget, og jeg havde flere finansielle problemer. Jeg begyndte at arbejde som bygningsarbejder efter anbefaling fra den mand, som var ansvarlig for arbejderne. Han foreslog, at jeg genvandt styrken i min krop ved at udføre mindre hårdt arbejde på hans byggegrunde. Jeg ønskede at genvinde mit helbred hurtigt efter 7 års lidelser, og jeg valgte også dette arbejde, fordi jeg frit kunne overholde Herrens helligdag. Idet jeg ikke skulle arbejde hver dag, bad og fastede jeg når som helst, jeg havde tid, og jeg tog på arbejde, når der var noget at lave.

Renterne af min gæld voksede, men jeg troede fast på, at Gud ville velsigne mig, hvis bare jeg behagede ham. Mine brødre og søstre ville give mig slægtspenge til at starte en forretning, men jeg afslog. Jeg ville starte fra begyndelsen, og følge den rette vej. Fordi jeg var opvokset på landet som den sidste søn, havde jeg aldrig rigtig arbejdet hårdt. Da jeg begyndte som bygningsarbejder, var der behov for en stor del udholdenhed, og jeg måtte til tider fælde en tåre. Min ben rystede, når jeg gik op på anden sal med tunge ting, og jeg faldt mange gange. Men jeg rejste mig og fortsatte med at arbejde. Gennem denne periode ændrede jeg mig til et mennesker, som kunne gøre hvad som helst, og jeg genvandt mit helbred.

Jeg lagde mursten, skovlede og kørte med trillebør. Om vinteren, når der ikke var noget arbejde, fungerede jeg som bestyrer og var ansvarlig for levering af kulbriketter. Jeg arbejdede også på vandværkets kontor. Jeg oplevede mange ting. Min kone solgte saltet østerssovs og tang, og hun samlede også sten på en byggegrund. Det var Helligånden der ledte mig til at arbejde så hårdt, selv om jeg ikke indså det på daværende tidspunkt. Det var fysisk hårdt, men jeg oplevede vanskelighederne for bygningsarbejderne, som levede i et problemfyldt miljø. Jeg begyndte at forstå deres hjerter. Når som helst jeg havde tid, bar jeg vidnesbyrd om min oplevelse med Gud, og prædikede evangeliet for dem.

I sommeren 1975 blev min tredje datter Soojin født. Hun blev undfanget, mens vi oplevede Guds nåde under deltagelse i mange vækkelsesmøder. Da hun blev født, undlod hun at græde, ligesom jeg havde gjort. Hun smilede altid. Jeg så hende aldrig græde, før hun var 6 år. I et stykke tid samlede min kone og jeg sten på en bjergside, hvor der skulle konstrueres nogle bygninger. Soojin var kun to måneder gammel, og vi havde ikke nogen, som kunne passe hende. Så vi satte en paraply i et hjørne af byggegrunden og lagde hende der. En enkelt paraply kunne ikke afskærme alt solskinnet, men hun græd ikke. Da vi fik at vide, at vores hus skulle nedrives på grund af byggeplanlægning, var vi nødt til at stoppe med dette arbejde.

Vi boede i en bjerglandsby på grænsen mellem Keumho Dong og Oksu Dong. Husets ejer informerede os om, at han havde modtaget en besked fra regeringen, om at huset skulle nedrives, og at vi måtte flytte. På det tidspunkt var den månedlige leje 100.000 won (ca. 500 kr.), og han sagde, at han modtog 150.000 won som kompensation. Han fik også rettighed til at sikre sig en af de lejligheder, som skulle bygges på stedet, og han kunne få 400.000 won, hvis han solgte den.

Han sagde, at han ikke kunne give mig nogen penge, idet hans hus ville forsvinde fuldstændig. Jeg opgav at prøve at få penge tilbage fra ham, for jeg ville ikke slås med ham. Jeg havde ikke noget andet sted at tage hen. Vi måtte næsten slå et telt op på gaden. Men min kone lånte på en eller anden måde 50.000 won. Med disse penge lejede vi et lille værelse tæt på kirken. Det var et lurvet sted, og der var intet sollys, der trængte ind.

Faste og grundig fortrydelse efter at have klaget mod Gud

Ca. en måned efter, at vi var flyttet, kom der endnu en besked om nedrivning. Husejeren sagde, at vi skulle flytte, og gav os vores depositum igen, men det var ikke let at finde et andet værelse tilsvarende billigt. Min kone og jeg tog til Boolkwang Dong i forsøg på at finde et billigt værelse, men vores anstrengelser var forgæves. Vi sprang frokosten over, og vi spiste ikke engang aftensmad. Da vi kom hjem, var det allerede tusmørke.

"Gud, hvorfor har du ikke hørt min bøn? Har du ikke gjort et eneste værelse klar til mig?"

I det øjeblik havde jeg beklaget mig overfor Gud. Samtidig passerede jeg et ejendomsmæglerkontor, og jeg så efter endnu engang.

"Der har lige være en person, som har sat et værelse til leje. Du kan flytte ind med det samme, endda i morgen.", fortalte de mig.

"Hvad koster det?"

"Du kan få det for 50.000 won."

Vi tog derhen for at se det. Det var et pænt rum og der var også et lille værelse, hvor vi kunne åbne en forretning. Det stod parat til os, og vi kunne flytte ind næste dag! Efter jeg var kommet hjem, bad jeg og græd i en uendelighed. "Gud, hvorfor kan mit hjerte ikke være mere stabilt! Hvorfor har jeg sådan et ondt hjerte? Du har hverken gjort mig syg eller fået mig til at gå gennem fattigdom, men jeg beklager mig alligevel overfor dig, Gud! Hvis jeg ikke havde fundet et sted, ville jeg bare have sovet på gaden. Jeg burde være taknemmelig over, at du har helbredt mine sygdomme, så hvorfor beklager jeg mig?"
Jeg sønderrev mit hjerte og fortrød med tårer, at jeg havde beklaget mig overfor Gud. Jeg begyndte en tredages faste, fordi jeg havde besluttet, at jeg ikke ville beklage mig overfor Gud under nogen omstændigheder.

Intet kompromis omkring overholdelse af søgnedagen

Jeg havde valgt at arbejde som bygningsarbejder for at kunne overholde søgnedagen og være fri til at bede, samt for at gøre min krop stærkere. Mens vi boede i et lille, lurvet værelse, ringede en af mine storesøstre til mig. Hun havde en god restaurant, og hun ejede også en bygning. Hun ville have mig til at bestyre hendes restaurant, og hun ville også ansætte min kone. Så det ville ikke længere være et problem at forsørge familien, og vi kunne klare os godt rent finansielt.

"Bror, jeg vil også give dig en bolig, og en god løn. Vil du ikke bestyre min restaurant? Men du vil være nødt til at arbejde to søndage om måneden."

"Desværre, søster. Jeg er nødt til at gå i kirke om søndagen under alle omstændigheder. Jeg kan ikke tage jobbet."

Efter at jeg havde afslået min søsters tilbud, fordi jeg ville gå i kirke, spredte denne nyhed sig til min mor og mine brødre og søstre. Min mor var skuffet over, at jeg havde afslået min søsters tilbud bare på grund af, at jeg skulle arbejde to søndage om måneden. Mine brødre og søstre sagde også, at de ikke kunne forstå mig, og rystede på hovedet af, at jeg havde afslået muligheden for at tilbagebetale al min gæld og blive velstående.

Hvordan kan jeg leve ved Guds ord?

Hvordan kan jeg skille mig af med min syndefulde natur?

Efter vækkelsesmødet var overstået, begyndte jeg at læse Bibelen grundigt. Før jeg læste i den, vaskede jeg mig og tog rent tøj på. Jeg læste den med ret ryg. Jeg begyndte med Matthæusevangeliet. Mens jeg læste, fandt jeg mange steder, der sagde ting som "at undgå alle slags ondskab," "at kaste vreden af sig," "undgå at lyve," "undgå at hade," "elsk dine fjender" og så videre...

Efter at jeg havde ført et kristent liv i et stykke tid, undersøgte jeg mig selv for at se, i hvor høj grad, jeg overholdt Bibelens ord. Hvis jeg ikke praktiserede det, som skriften påbød, skrev jeg det ned i en notesbog. Ud fra disse ting bad jeg til Gud om, at han skulle give mig styrke til at praktiserer hans ord, og jeg forsøgte så godt, jeg kunne.

Idet jeg forsøgte af hele mit hjerte, gav Gud mig sin nåde, sådan at jeg hurtigt kunne skille mig af med de ting, som jeg burde.

"Jeg elsker dem, der elsker mig, og de, der søger mig, finder mig" (Ordsprogenes bog 8:17).

"Elsker I mig, så hold mine bud" (Johannesevangeliet 14:15).

"For dette er kærlighed til Gud: at vi holder hans bud; og hans bud er ikke tunge" (Første Johannesbrev 5:3).

Senere, efter at jeg blev pastor, indså jeg det følgende: at synder generelt kan inddeles i to kategorier. Den ene er "kødets arbejde" der begås i handling, og den anden er "kødets ting" som vi begår i vores sind. Hvis "kødets ting" udvikles, kan det komme ud som "kødets arbejde" i handling.

Forsøg på skille mig af med alle former for ondskab

Mens jeg lå i min sygeseng, spillede jeg til tider koreanske kortspil med mine naboer for at få tiden til at gå. Selv efter at jeg tog imod Herren, forstod jeg ikke, at det var en synd at spille, for jeg kendte ikke Guds ord. Så før jeg blev troende, plejede jeg at vinde det meste af tiden, men efter, at jeg tog imod Herren, begyndte jeg at tabe, og tabte ligegyldigt hvor hårdt jeg forsøgte at gøre mit bedste. Jeg indså, at Gud ikke brød sig om kortspil, og jeg overvejede at holde op med at spille. Men en dag kunne jeg ikke modstå fristelsen, og begyndte at spille kort med den løn, jeg havde tjent ved 14 dages arbejde. Jeg mistede alle mine penge ned til sidste øre ved at spille hele natten. Og næste morgen, blev de, som havde mistet penge, ved at spille i forsøg på i det mindste at genvinde det, de havde mistet. Men så hørte jeg en bekendt lyd udenfor. En pastor fra kirken kom for at besøge husets familie.

Selv om jeg havde hørt det, fortsatte jeg med at spille. Til sidst mistede jeg alle mine penge. Lyden af de taksigelsessange, som familien sang, borede sig ind i mit hjerte. Pastoren tog tilbage efter at have afleveret en besked. "Da der kom en pastor, burde jeg havde deltaget i hjemmegudstjenesten sammen med værten Hvordan kan jeg nu gå i kirke med denne samvittighed?" Fra da af led jeg i mit hjerte. Jeg følte, at jeg kedede mig ved gudstjenesterne, og jeg kunne ikke bede. Før havde jeg været glad for at arbejde som bygningsarbejder, men der kom ikke længere lovsigelser ud af min mund. Jeg følte kun lidelse i mit hjerte. To uger gik, og jeg var fortvivlet. En nat åbnede jeg vinduet og kiggede ud. Jeg kunne se Ddooksum og flodbredden ved Han floden. Der var nogle elektriske lys, der skinnede på flodvandet, og disse lys lignede røde kors. Jeg havde det mærkeligt, og da jeg kiggede igen, lignede lysene røde kors, der var stillet op på række. "Hvorfor ligner lysene kors, og ser ikke ud, som de gjorde før?" I dette øjeblik gav kærlighedens Gud mig sin nåde ovenfra, og jeg huskede, at jeg skulle havde budt pastoren fra kirken velkommen, da han besøgte huset, hvor jeg spillede kort. Men mit hjerte var besat af de penge, jeg havde tabt, og jeg havde skjult mig for pastoren og undladt at deltage i hjemmegudstjenesten. Jeg fortrød grædende. "Gud, jeg vil aldrig røre kortene igen." Efter at jeg havde fortrudt grundigt, gav Gud mig Helligåndens fylde, som jeg ellers havde mistet. Da muren af synd mod Gud var blevet nedbrudt, havde jeg det, som om jeg fløj. Det havde været en svær tid i to uger, men jeg indså for alvor, hvor farefuldt det er at vende sig mod verden. Og jeg holdt op med at spille.

Bønner om at undgå synder begået i tankerne

"Kødets arbejde" der begås i handling, kan vi forholdsvis nemt skille os af med, hvis vi er fast besluttede. Vi kan bare holde op med at gøre det, som Bibelen fortæller os, at vi ikke må gøre, og begynde at gøre det, som Bibelen fortæller, at vi skal. Men jeg havde problemer med to ting. Den ene var had, og den anden var et troløst sind. Disse tanker optrådte uanset min vilje, og jeg kunne ikke undgå at bekymre mig om dem.

På det tidspunkt var der mange mennesker, som jeg ønskede at hævne mig på. Der var mine brødre, som havde afslået at låne mig penge til at leje et værelse, mens jeg havde ligget i min sygeseng; min svigermor, som kaldte mig sin "handicappede svigersøn;" og min kones familie, som afskyede mig, fordi jeg ikke havde været i stand til at tjene penge. Jeg følte et dybt had mod alle disse personer. Alt, hvad jeg kunne tænke, var: "Når jeg bliver rask, vil jeg tjene mange penge, og vise dem alle sammen, hvor godt jeg klarer mig!"

Det virkede meget vanskeligt at elske mine fjender, når jeg havde så meget had overfor min kones familiemedlemmer. Den anden ting var det troløse sind. Jesus sagde, at hvis vi kigger på en kvinde, og har utro tanker, så har vi allerede begået utroskab med hende i vores hjerter (Matthæus 5:28). Jeg begik ikke utroskab i handling, men mit sind var opstemt, når jeg så billeder af smukke skuespillerinder.

Hvis vi ophidser den syndefulde natur i vores sind ved at se på billeder, film, internet eller kvinder på gaden, og hvis vi bruger mere og mere tid på det, er det så ikke utroskab i Guds øjne? Jeg var sikker på, at jeg kunne overholde de andre ord i Bibelen, men jeg var bekymret over disse to ting.

Men ved et vækkelsesmøde var der en taler, som sagde, at vi kan modtage svar på hvad som helst, hvis vi virkelig beder med tro. Jeg troede på, at intet var umuligt med tro, og jeg begyndte at faste og bede for at skille mig af med den syndefulde natur i mit hjerte.

"Gud, lad mig ikke havde troløse tanker eller følelser, ligegyldigt hvilken slags kvinde, jeg ser."

Før jeg accepterede Herren, havde jeg hængt nogle fotos og kalendere med fotos af skuespillerinder op i mit hjem. Men efter at jeg lærte Guds ord at kende, gjorde jeg det ikke længere. Jeg fastede og bad, indtil jeg rent faktisk skilte mig af med det troløse sinds syndefulde natur. Jeg ønskede at glorificere Gud med hans velsignelser. Jeg ønskede, at Gud skulle gøre mig til en af de ældre i kirken, som kunne hjælpe de nødlidende med gudgivne finansielle velsignelser. Jeg ønskede at hjælpe i missionsarbejdet, og at vise Gud ære gennem de velsignelser, som han gav mig. Efter at jeg var flyttet ind i værelset med et tilstødende rum til en forretning, åbnede jeg en lille butik med tegneserier. Min kone tog ud for at sælge kosmetik, og jeg var alene i butikken. Mine brødre så min forværrede situation, og tilbød hjælp, sådan at jeg kunne gøre noget andet, men jeg afslog. "Efter at Gud har raffineret mig, vil han bestemt give mig velsignelser." Hvis jeg havde accepteret hjælp fra mine brødre på grund af mine behov på det tidspunkt, hvad kunne jeg så sige til dem i fremtiden, når

Gud havde givet mig finansielle velsignelser?

Jeg var nødt til at afslå deres hjælp, og kun leve ved Guds vilje. Ellers ville mine brødre helt sikkert have sagt noget i stil med: "Hvilke velsignelser fra Gud? Det er fordi, vi har hjulpet dig, da du havde behov for det, at du er overlevet."

Tre år om skille mig af med det utro sind

Tegneserieforretningen kunne drives uden megen kapital. Jeg fastede og bad i tre dage for at flytte til en større forretning. Efter at fasten var overstået, kiggede jeg på en forretning nær Keumho Dong teateret. Jeg syntes godt om den, underskrev kontrakten, og åbnede en ny forretning Der var mange barer i nærheden, og mange af de faste kunder var de kvinder, som arbejdede i barerne.

En bestemt kvinde satte sig ved siden af mig, når som helst hun kom ind i forretningen. Når hun gjorde dette, rejste jeg mig med det samme. Hvis en kvinde opførte sig forførende, undgik jeg hende. Deres reaktioner var forskellige, men mit hjerte blev ikke længere rystet. De sagde:

"Ser du ned på mig, fordi jeg arbejder i en bar?"

"Er du lavet af sten? Har du ingen følelser?"

"Kom og besøg mig på mit arbejde, og jeg vil give dig gratis drinks."

Der var mange slags fristelser, men jeg lod aldrig mit hjerte give efter overfor dem. Jeg afslog alle tilnærmelser, og dette blev min styrke. Senere kunne jeg mærke, at det troløse sinds syndefulde natur fuldstændig forsvandt. Sådan som jeg havde bedt om, blev det til styrke og kraft, da jeg overvandt fristelserne med mine gerninger, og selve det utro sind blev udryddet. Det var det svar, jeg endelig modtog tre år efter, at jeg var begyndt at bede for at udrydde det utro sind fra mit hjerte.

Mit eneste ønske

Bibelen burde kun have ét svar

Mit oprigtige ønske var at forstå ordene i Bibelen fuldstændig, og jeg ønskede at leve derefter fuldt ud. Så når som helst jeg hørte, at der blev afholdt et vækkelsesmøde, tog jeg der hen for at modtage Guds nåde.

Fordi der var mange vers, som jeg ikke forstod i Bibelen, deltog jeg flittigt i møderne. Under prædikenerne var jeg glad for, at jeg kunne forstå Guds ord. Der blev også afholdt mange møder i bønnecentre, og jeg deltog flittigt.

Men der var mange passager, der var svære at forstå, og jeg stille spørgsmål til min pastor. På nogle spørgsmål gav han dog ikke et klart svar.

"Pastor, hvilken bog vil give mig en klar forståelse af Guds vilje hurtigst muligt?"

"Broder Lee, hvis du er så ivrig efter at forstå Bibelen, kan du læse værker med bibelkommentarer, som forklarer og fortolker Bibelen." Jeg blev glad over at høre det. Jeg havde en stor gæld på daværende tidspunkt, og det var vanskeligt at undvære en enkelt øre, men det lykkedes mig at finde penge til at købe en bibeltolkning. Jeg læste kommentarerne og bad på bjergsiden, men visse dele var stadig svære at forstå. Jeg kunne ikke opnå dybde i min forståelse, og blev frustreret. Kommentarerne bevidnede ikke sandhedsværdien i Guds ord, men betragtede en del af dem som myter. Og selv om der var mange fortolkninger, så understøttede de ikke troen. Senere læste jeg også andre kommentarer, men hver bog havde forskellige fortolkninger. Bibelen burde have ét svar, men kommentarerne forvirrede mig kun yderligere.

Gud, forklar mig ordene i Bibelen!

I 1976, hvor jeg ivrigt ønskede at forstå Guds vilje indeholdt i hans ord, hørte jeg noget overraskende fra et andet medlem af menigheden, som var kommet tilbage fra et vækkelsesmøde, som var blevet afholdt i Daegu.

"En pastor fastede i 40 dage to gange, og en engel viste sig for ham og forklarede ham Bibelen i 3 år." I det øjeblik jeg hørte dette, begyndte mit hjerte at brænde, og jeg følte det som om, en ild tændte sig i mig. Det lød muligvis absurd at en engel forklarede Guds ord, men jeg troede det. Jeg havde et sind til at tro og bede. Fra da af begyndte jeg at bede til Gud uden ophør.

"Gud, jeg tror på alle 66 bøger i Bibelen. Bibelen er Guds ord skrevet med inspiration fra Helligånden, så giv mig din inspiration og forklar mig alle de 66 bøger. Eller giv mig forklaringerne gennem en engel, eller Herre, kom til mig og giv mig forståelse."

Hvis der var dele, jeg ikke forstod i skrifterne, ville jeg heller ikke være i stand til at forstå Guds vilje. Kun når jeg forstod Bibelens sande betydning, ville jeg være i stand til at leve i overensstemmelse med Guds vilje. Kun når vi forstår Guds ord korrekt, kan vi overholde dem ordentligt.

Jeg var så desperat efter at forstå betydningen af Guds ord korrekt, at jeg bad brændende. Gud førte mig til at bede meget, og bevægede også mit hjerte til at opofre faster. Når jeg ikke havde arbejde på byggegrunden, tog jeg op på bjerget og bad. I mine bønner bad jeg Gud forklare Bibelen for mig. Disse bønner fortsatte i mange år.

Guds fintfølende hænder

Indenfor et par måneder lærte jeg, hvordan jeg skulle drive min forretning, og med den tro, jeg havde opnået, følte jeg, at jeg kunne gøre hvad som helst. Med den butik jeg havde på det tidspunkt, kunne jeg knap nok få overskud, men jeg kunne ikke forvente mere end det. Selv om jeg ikke havde ret mange penge, havde jeg troen på, at jeg kunne gøre hvad som helst, og jeg ønskede at udvide min virksomhed. "Gud, lad mig flytte til et bedre sted."

På den tredje dag efter at jeg begyndte at bede om dette, kom en person til mig og spurgte mig, om jeg ville overlade min forretning til ham. Han var desuden ejer af en større butik. Jeg overlod ham min forretning for 150.000 won (ca. 750 kr.) og med undtagelse af de 50.000 won det havde kostet at købe møbler til forretningen, havde jeg 100.000 won i profit. Efter at min kone og jeg havde fastet i 3 dage, besøgte vi en anden forretning i et nærliggende område. Der var en forretning, som klarede sig rigtig godt, og den var sat til leje for en pris af 500.000 won, inklusive pristillæg og leje. Så jeg lavede en kontrakt med de 100.000 won jeg havde, men skulle stadig betale 400.000 won mere. Det var et stort beløb for mig på det tidspunkt. Jeg kom til at tænke på to medlemmer af menigheden, og bad min kone om at låne nogle penge af dem. Men de afslog med det samme. Min kone lånte 150.000 won fra vores naboer, men vi kunne ikke skaffe de resterende 250.000 won. Vi snakkede med ejeren af bygningen, og lavede en aftale om at betale renter for de sidste 250.000 won.

Medlemmer af menigheden må ikke udveksle penge med hinanden. Senere forstod jeg Guds ord og grunden til, at Gud ikke havde ladet mig låne penge af menighedsmedlemmerne. Det er fordi, det ikke er Guds vilje, at der skal være lån mellem medlemmer af menigheden. Selv blodsbrødre bliver fjender på grund af penge. Og hvis der er lån indenfor kirken, kan den fjendtlige djævel let arbejde, så det ønsker Gud ikke. I mine prædikener lærer jeg medlemmerne af min kirke ikke at låne penge til hinanden. Og jeg kunne se, at da nogle medlemmer brød dette, og lavede indbyrdes lån, så blev de udsat for prøvelser og besværligheder. Vi, som er brødre i troen, bør aldrig have nogen skyld, undtagen kærlighedens skyld, mellem os. Med den profit, vi lavede i forretningen, kunne vi betale renten af vores gæld, men vi kunne ikke afbetale hele gælden. Der var mange mennesker i centrum, som drev store boghandler og havde store virksomheder. Jeg bad til Gud om at få min drøm om en større forretning opfyldt.

Ledet på vej til finansielle velsignelser

På den tid var der en berømt forretning i Keumho Dong markedet. Det var velkendt, at denne butik solgte mere end de andre i området. Butikken blev sat til leje for en sum af kun 1 million won (5.000 kr.), og der ud over var der den månedlige leje. På den tid var en arbejders dagløn kun 1.500 won (75 kr.), så det var virkelig et stort beløb for mig. Ejeren sagde, at han kunne bringe det ned på 950.000 won, men heller ikke mindre. Men senere fik jeg at vide, at i 20 dage efter, at jeg havde besøgt ham, var der ikke kommet nogen for at se forretningen. Nogen sagde til mig, at jeg ville være i stand til at slå en handel af med ejeren, idet han ønskede at sælge hurtigt af personlige årsager. Jeg havde kun 500.000 won. Det ville være umuligt at slå en handel af med disse penge. Efter at have bedt oprigtigt hele natten, tog jeg hen til ham for at lave en aftale. Jeg bad ham give mig butikken for 500.000 won, for det var alt, hvad jeg havde. Han tænkte over det et øjeblik, og sagde, at vi kunne aftale 550.000 won.

Til sidst underskrev vi kontrakten på 500.000 won. Jeg gik med til at betale et depositum med månedlig leje. Så flyttede vi forretningen til Keumho Dong markedet. Og så snart vi åbnede, kom der mange kunder. Mange mennesker begyndte at sige, at de havde ønsket netop denne forretning, men at de ikke havde vidst, at den var til leje. Nogle af dem foreslog mig, at hvis jeg overdrog butikken til dem, ville de give mig 1.2 millioner won. Da én lovede 1.3 millioner won, talte jeg det igennem med min kone, for vi kunne endda købe et hus med disse penge. Men vi havde det ikke godt med at overdrage umiddelbart efter at Gud havde ledt os til dette sted med sin vilje.

Vi besluttede os for at tilbagebetale vores gæld med

overskuddet fra forretningen. I juli 1977 åbnede vi forretningen og startede virksomheden. Vi holdt lukket om søndagen, og vi lukkede ikke studenter ind i forretningen, hvis de drak eller røg. Da mine familiemedlemmer sang taksigelsessange i hjemmet hele tiden, kunne folk høre sangene i butikken. Der kom flere kunder, end da forretningen blev drevet af den tidligere ejer. Vi holdt forretningen åben hele dagen, og bad om aftenen. Det var vores daglige rutine.

Træning i at erkende Helligåndens stemme

Ved Osanri bedehus

Ligesom et dyr, der higer efter vandet i åen, var jeg tørstig efter at forstå Guds ord på et dybere plan. I 1977 deltog jeg i et møde i Osanri bedehus. Det blev der, jeg hørte Guds stemme for anden gang. Jeg lyttede til det budskab, der blev prædiket af pastoren, og han sagde: "Da Gud har givet os visdom til at lave medicin, er det hans vilje, at vi tager på sygehuset og modtager medicin." Jeg kunne ikke accepterer dette med "amen." Dette var meget anderledes end min erfaring med den almægtige Gud, som er i stand til at gøre alt. Efter gudstjenesten gik jeg ind i bederummet og brød oprigtigt ud i højlydt bøn: "Gud, er det din vilje at tage medicin eller ej?"

Jeg ved ikke, hvor lang tid, der gik. Pludselig hørte jeg Guds stemme, som sagde: *"Se i Anden Krønikebog kapitel 16."* Jeg åbnede Bibelen og så, at det handlede om Kong Asa af Israel. I starten af hans regeringstid stolede han på Gud. Som følge der af vandt han alle slag og havde en periode med fred. Men senere i regeringstiden satte han ikke sin lid til Gud, men til andre hære. Han tabte sine slag, og han satte endda en profet, som påpegede hans fejltagelse, i fængsel. Så fik Asa en sygdom i fødderne. Sygdommen var alvorlig, men ikke engang i sin sygdom søgte han Herren. Han lod sig behandle af læger, og to år efter døde han. Gennem dette kapitel blev jeg forsikret om, at Gud ønsker, at hans børn har fast tillid og stoler kun på ham, frem for at have tillid til og tro på denne verden.

Træning i at høre Helligåndens stemme

Der må skelnes mellem Guds stemme og Helligåndens stemme. I mit tilfælde har Guds stemme kun lydt ved særlige lejligheder. Jeg har kun hørt den få gange. Helligåndens stemme kan høres mere og mere tydeligt, i takt med at vi tager imod Jesus Kristus, modtager Helligånden og fortsætter med at bede brændende om at skille os af med alle synder, samt onde og kødelige tanker.

Jeg begyndte at høre Helligåndens stemme, allerede fra jeg var helt ny i troen. En gang hvor jeg deltog i gudstjeneste i kirken, tillod Gud mig at modtage træning i at høre Helligåndens stemme. Under en gudstjeneste søndag morgen havde jeg en stærk trang i mit hjerte, mens jeg opmærksomt lyttede til budskabet. Jeg havde trang til at give 30.000 won til en særlig pastor i kirken. Jeg besluttede mig: "Gud, jeg vil skaffe 30.000 won og give dem til denne pastor!"

Under gudstjenesten havde jeg besluttet mig til at gøre dette. Men bagefter da jeg kom ud af kirkeporten, kom andre tanker ind i mit sind. Rent faktisk var 30.000 won mange penge for mig. Jeg tænkte, at hvis jeg havde haft dem, ville jeg have givet dem til ham. Men hvor skulle jeg få pengene fra? Hans familie virkede til at klare sig bedre end min. Måske havde haft jeg nogle henkastede tanker under gudstjenesten, men jeg glemte det igen.

Men den næste dag kom pastorens svigermor, som var senior diakonisse i kirken, for at besøge min butik i Keumho Dong markedet. "Min datter har været i fødsel hele natten. Da hun tog på hospitalet, havde vi akut behov for 30.000 won. Jeg havde svært ved at skaffe pengene, men jeg klarede det med nød og næppe, og tog på hospitalet. Det var en meget hård fødsel." Jeg var chokeret over at høre dette. "Senior diakonisse, rent faktisk bevægede Helligånden mit hjerte, mens jeg deltog i gudstjenesten søndag morgen, men jeg adlød ikke. Jeg tænkte bare, at det var mine tanker, og glemte det igen. Men det drejede sig om dette."

Jeg fortrød straks, og besluttede mig for at adlyde næste gang. Jeg tænkte: "Jeg hørte Helligåndens stemme, men jeg adlød ikke, og det fik dette resultat." Hvis jeg havde adlydt stemmen, ville jeg nemt have skaffet de 30.000 won, som Gud havde gjort klar, og pastorens familie havde ikke haft nøde at lide hele natten på grund af disse penge. Jeg ville have modtaget en overflod af velsignelser for at adlyde Gud. Jeg fortrød, at jeg ikke havde gjort det, men havde lyttet til mine egne tanker. Siden da gik jeg gennem mere træning af denne slags, og jeg blev i stand til at skelne mellem Helligåndens stemme og mine tanker.

At lære vigtigheden af at adlyde

Jeg lærte også gennem en særlig oplevelse, at det er meget vigtigt at adlyde Guds vilje. Jeg tjente flittigt i kirken, og en dag kaldte pastoren på mig. Han sagde: "Vi mangler søndagsskolelærere. Hvorfor underviser du ikke børnene?" Jeg svarede negativt: "Pastor, jeg beklager. Jeg er ikke sikker på, at jeg kan undervise børn. Jeg har ikke nogen erfaring med at gå i søndagsskole. Jeg vil gøre det, efter at jeg har opnået større sikkerhed." Jeg vidste, at jeg burde have adlydt pastoren, men jeg følte mig så ukompetent, at jeg afslog hans forslag. Jeg havde ikke forestillet mig, at en så lille ting ville skabe en så stor mur mellem Gud og mig. Jeg bad brændende: "Gud, giv mig evnen til at tale i tnger."

På det tidspunkt blev jeg misundelig, når jeg så andre mennesker, som bad flydende på andre sprog. Jeg fortsatte med at bede om at modtage evnen til at tale i tunger, men jeg kunne ikke modtage den. En dag hørte jeg, at jeg let kunne modtage denne evne ved Han Ol San bønnebjerg. Jeg tog der hen og deltog i et møde, men evnen kom ikke. I prædikenen af taleren pastor Chun Suk Lee, sagde han i spøg: "Selv min hund taler i andre tunger, så de, der ikke har modtaget denne gave er ikke mere værd end min hund." Efter at mødet var ovre følte jeg, at jeg ikke var bedre end en hund, og jeg sparkede i vrede til en sten, der lå foran mig. Jeg sprang endda frokosten over og fulgte dalen. Jeg holdt fast i et træ, og bad til Gud om at give mig evnen til at tale i tunger. Men pludselig var der noget, der gik igennem min hukommelse som et glimt. Selv om jeg ikke følte mig sikker, skulle jeg have sagt "ja", da min pastor bad mig om at blive søndagsskolelærer. I betragtning af min lydighed ville Gud have hjulpet mig, hvis jeg havde adlydt. Men det havde jeg ikke gjort.

"Gud, tilgiv mig at jeg ikke har adlydt min pastors ord. Jeg vil aldrig mere undlade at adlyde."

Så snart jeg havde indset dette, begyndte jeg at fortryde det dybt i mit hjerte. Og så begyndte jeg pludselig at tale i tunger. Det var det, jeg havde længtes så meget efter! "Tak, Gud!" Jeg forstod endelig, at lydighed er bedre end opofringer, og at Gud glæder sig, når vi adlyder. Gennem denne oplevelse besluttede jeg mig for at adlyde Guds vilje ubetinget uden at gennemtænke situationens realiteter. Men selv om jeg for alvor havde vigtigheden af lydighed, var der et område, hvor det ville blive meget vanskeligt for mig at adlyde.

Kapitel 4

Guds kald

Herre, hvordan kan du vælge en person som mig?

En dag i maj 1978 hørte jeg, mens jeg bad, Guds stemme som rullende torden, der sagde:

"Min tjener, som jeg har valgt før tiden begyndte! Jeg har raffineret dig i 3 år, og nu skal du ruste dig med ordet 3 år mere. Jeg vil bruge dig. Du vil krydse bjerge, floder og have for at prædike evangeliet, og jeg vil være med dig, og du vil blive min tjener for at vise alle nationer med tegn og undere, at jeg er den levende Gud."

Hans klare og mægtige stemme fortsatte:

"Jeg har valgt dig før tiden begyndte, og siden du lå i din moders skød, har jeg holdt mine flammende øjne på dig, og jeg har ledt dig indtil dette øjeblik. Din kone kan tage vare på din forretning, og nu begynder du på vejen til at blive min

tjener. Du vil tjene mere, end da I begge arbejdede sammen.
Pengene i din pengekasse vil aldrig løbe ud, og din risskål
vil aldrig blive tom, men vil altid flyde over. Du vil hjælpe de
nødlidende. Det var Gud, som satte dig i en ydmyg position,
og det er Gud, som har ledt dig indtil nu, og han vil også lede
dig fremover. Du vil blive i stand til at forstå, hvorfor jeg satte
dig i en ydmyg position. Med min kraft vil jeg løfte dig op til
den højeste position. Du elskede mig først og mere end dine
forældre, dine børn, og selv din kone. Du elskede kun mig.
Derfor vil jeg betale dig tilbage for at have været presset ned,
rystet rundt, og kørt over, og hundrede gange mere."

Jeg lyttede til ordene med deres fylde og inspiration fra
Helligånden, og modtog det med et "amen," men da jeg tænkte
det igennem, følte jeg, at der var noget virkelig forbløffende over
det. Min drøm havde indtil dette tidspunkt været at blive en af
de ældre i kirken, som kunne finde og hjælpe dem, som led i den
samme sygdom og fattigdom, som jeg havde været udsat for.
Så havde jeg indtil nu bedt om noget forkert? Jeg havde en stor
gæld at betale, og det var svært at få tingene til at hænge sammen
i hverdagen. Min hukommelse fungerede stadig ikke helt godt.
Så hvordan kunne jeg begynde at studere teologi på seminariet
nu? Hvad ville der ske med mine familiemedlemmer. Jeg havde
bekymringer og sager, som kontinuerligt fyldte mit sind. Jeg
kunne ikke se, hvordan jeg kunne adlyde i betragtning af min
situation, men på det tidspunkt var ordene for stærke til at være
ulydig overfor dem. Alt jeg kunne tænke var: "Hvis det er din
vilje, så lad mig høre lyden af din stemme endnu engang."

Jeg talte med min kone om det, og jeg overlod
forretningsanliggenderne til hende for at hun kunne overtage

driften. "Kunne der være chance for, at jeg kunne have taget fejl i, at jeg havde hørt Guds stemme? Kunne det hele gå galt?" Jeg begyndte at tvivle på, at jeg havde hørt Guds stemme. Jeg bad til Gud igen: "Gud, jeg har bedt om at blive en af de ældre i kirken, men du fortæller mig, at jeg skal blive din tjener! Jeg er en så indadvendt person, at jeg ikke kan forestille mig at prædike foran andre mennesker, og jeg er allerede ret gammel. Jeg har ikke engang en god, stærk hukommelse, og jeg er ikke god til at tage eksamener." Men hvis Gud ønskede, at jeg skulle blive hans tjener selv med disse begrænsninger, bad jeg ham: "Lad mig bare høre din stemme endnu engang."

Så tog jeg til bønnecentret for at høre Guds stemme igen. Jeg bad i en uge, men der var intet svar. Jeg tog til nogle præster, som havde ry for at være i stand til at profetere, men der var heller intet profetisk svar til mig. Jeg tog rundt fra bønnested til bønnested i bjergene og brugte hjertevridende dage med at prøve at finde ud af, om det virkelig var Guds vilje, at jeg skulle blive hans tjener, særligt som pastor. Tre måneder gik, og jeg gav næsten op og tog hjem i fortvivlet tilstand. Om lørdagen kom min pastor for at besøge mig i forretningen. Det var min tur til at sige den repræsentative bøn, men jeg havde ikke selvtillid til at gøre det. Jeg fortalte ham lige ud: "Pastor, jeg har ikke modtaget svar på min bøn i mange måneder. Jeg kan virkelig ikke sige denne bøn ved søndagsgudstjenesten." Han sagde bare: "Diakon, under alle omstændigheder skal du gøre det."

At høre Guds stemme

Selv om min pastor sagde, at jeg skulle sige den repræsentative bøn ved gudstjenesten, kunne jeg ikke sige "amen" i mit hjerte. Efter at vi var blevet færdige i forretningen den dag, lukkede vi og tog afsted. Fordi det regnede kraftigt, besluttede min kone og jeg at bede hjemme frem for at tage i kirke. Ved midnat lagde vi tæpper på det bare gulv, knælede og begyndte at bede og prise Gud. Jeg bad med øjnene lukkede, men pludselig i en vision syntes loftet at åbne sig, og lys begyndte at komme ned fra himmelen. Jeg havde det som om, taget var forsvundet, og der var helt åbent. Og så hørte jeg, ligesom der står skrevet i Johannesåbenbaringen, en værdig stemme, som var ligesom lyden af vandfald, men dog klar og rolig, og den sagde: *"Sig den repræsentative bøn i morgen."* Det var et svar, men det var fuldstændig anderledes end mine bønner vedrørende det at blive en tjener for Herren. Denne gang var stemmen varm, behagelig, autoritativ og svær ikke at adlyde. Samtidig var den fyldt med kærlighed og nådefuld venlighed.

Jeg kan stadig mærke stemmen klart, men det er svært at udtrykke med ord. Jeg hørte bare denne stemme, og al fortvivlelse smeltede væk som sne. Alle kødelige tanker forsvandt, og jeg blev fyldt af Helligånden. Jeg var så opfyldt af Helligånden, at jeg følte, at min krop var let som bomuld, og jeg havde det som om, jeg kunne flyve. Jeg følte, at jeg kunne have passeret op igennem taget, hvis jeg havde ønsket at gøre det. Lykke, taknemmelighed og glæde flød over fra det dybeste sted i mit hjerte. I det øjeblik tænkte jeg ved mig selv, at det må være sådan, vi bliver løftet op i luften, når Herren vender tilbage! Da jeg åbnede mine øjne, var lysene forsvundet, og loftet var, som det altid havde været.

Min kone, som sad ved siden af mig, havde ikke hørt stemmen, men hun var også fyldt med Helligånden, og hun var klar over, at jeg havde hørt Guds stemme i det klareste lys. Vi priste Gud hele natten, og ærede ham med bøn.

Fyldt af Helligånden

Tidligt næste morgen tog jeg i kirke og kiggede på oversigten over gudstjenesten. Det var stadig meningen, at jeg skulle gennemføre bønnen. Efter den seneste nats oplevelse havde jeg stadig en fornemmelse af at flyve i kroppen, selv når jeg sad ned. Hvor var det forunderligt. Fra det øjeblik, hvor jeg begyndte at bede gennem mikrofonen, var mine læber ikke længere mine. Helligånden overtog mit hjerte og mine tanker fuldstændig. Med Helligåndens inspiration rystede jeg under bønnen. I den klare inspiration kom bønnen ind i mit sind som en oversvømmelse, og selv hvis jeg havde haft lyst, havde jeg ikke kunne stoppe det.

Det var overraskende selv for mig, for bønnen var irettesættende overfor medlemmerne af menigheden, idet der blev sagt: "Ve jer, som stjæler tiende fra Gud. I mennesker med stædige hjerter som ikke takker Gud! I siger, at I tror på Gud, men jeres tro er frugtesløs."

Jeg kunne knapt kontrollere mig, og jeg bad i mere end 10 minutter. På den tid kunne man ofte høre vrøvl over, at bønnen var for lang, hvis den varede mere end 3 minutter. Jeg satte mig tilbage på min plads efter bønnen, men jeg kunne ikke se direkte op på pastoren. Jeg vidste ikke, hvad jeg skulle gøre. Alt jeg kunne tænke var: "Hvad nu, hvordan kan en diakon vove at irettesætte hele kirkens menighed?"

Men umiddelbart efter at gudstjenesten var forbi, kom pastoren hen til mig og sagde: "Jeg blev rørt af din bøn." Han kom normalt ikke med sådanne kommentarer, men jeg var stadig forlegen og forsøgte at tage af sted hurtigt og diskret, men mange mennesker kom hen til mig og sagde: "Diakon, du var fyldt af inspiration fra Helligånden. Jeg blev rørt af din bøn."

Med kun lydighed

Jeg var endelig blevet forsikret om, at Gud virkelig havde kaldt mig til at være hans tjener. Jeg bekendte mig og sagde: "Gud, siden du har kaldt mig til at være din tjener, vil jeg gå denne vej. Men Gud, tag dig af alle de ting, jeg er bekymret over såsom teologistudiet, min hukommelse og alle de andre ting."

I en alder af 36 var jeg nu overbevidst om, at Gud kaldte mig til at blive hans tjener, og øjeblikkeligt lejede jeg et værelse og begyndte at leve alene. Værelset lå fem minutter fra mit hus. Jeg fastede og læste omhyggeligt bibelen, og bad til Gud om at give mig en effektiv og stærk hukommelse. Jeg ønskede at korsfæste kødet med dets lidenskab og lyster. Jeg besluttede mig for kun at følge Guds vilje som hans tjener. Det var ikke let for mig at adskille mig fra min familie, men alle disse ting blev gjort under Helligåndens vejledning. Jeg konsulterede min pastor i Oksu Dong kirken, som var den kirke jeg gik i på det tidspunkt. Jeg besluttede mig for at søge ind på Sung-Kyul (Helligdom) teologiske seminarium og begyndte at studere til optagelseseksamen.

Endelig kom øjeblikket, og jeg tog eksamen. Jeg skrev svarene på de spørgsmål, som direkte vedrørte Bibelen. Men i de andre emner ville jeg ikke skrive nogle uklare svar, så jeg skrev bare mit navn og afleverede tomme svarblade. Ved samtalen spurgte rektoren ved seminariet, hvorfor jeg kun havde besvaret spørgsmålene angående Bibelen. Jeg forklarede ham, hvordan jeg havde mistet min hukommelseskraft.

"Men uden hukommelse, hvordan kan du så blive pastor?" spurgte han

Jeg svarede: "Gud har bevæget mig til at gå denne vej med mit liv."

"Tja, du har fået en perfekt score på 100 points i bibeleksamen!", udbrød han.

Jeg var den eneste, som havde fået en perfekt score i bibeleksamen. Da jeg havde fået de 100 point, bestod jeg, og jeg kom ind på studiet. Jeg havde bestået eksamen til trods for mine bekymringer om at bestå og at blive optaget.

Gud, lad os høste, som vi sår

Seminarieliv

Guds tjenere må leve liv, som genkendeligt adskiller sig fra andre menneskers liv. Men mine klassekammerater i seminariet fulgte verdens tendenser. Efter timerne mødtes de på kaffebarer for at tale om verdslige ting. Ved ferierne talte de om, hvordan de skulle more sig, frem for at bede eller læse bibelen. Jeg rådede dem altid til ikke at spilde tiden sådan, men at koncentrere sig om bønner, men ingen hørte efter. Naturligt nok var jeg alene og adskilt fra mine klassekammerater.

I 1979 kom jeg ind på seminariet i en alder af 37, og fra det første studieår bad jeg Gud om at give mig et navn til den kirke, jeg ville åbne. Min søster sagde, at hun ville hjælpe mig med at oprette en kirke, så jeg kiggede på forskellige steder, men fandt ingen løsninger.

At behage Gud ved at lægge på lager i det himmelske rige

Jeg troede på, at Gud ville lade mig høste det, som jeg kunne så, og betale mig tilbage i overensstemmelse med mine handlinger, så jeg forsøgte altid at lægge belønninger på lager i det himmelske rige. Selv da jeg arbejdede som bygningsarbejder gav jeg taksigelsesgaver af hele mit hjerte, hvis jeg modtog nåde på vækkelsesmøderne. Når jeg ikke havde penge til de gaver, jeg havde lovet, tog jeg et lån for at være sikker på, at det, jeg havde lovet, blev givet til Gud.

Når jeg stillede mig frem for Gud, gjorde jeg det aldrig tomhændet. Hvis jeg havde en indkomst, gav jeg mere end en tiendedel som tiende. Jeg gav ofte 2 eller 3 tiendedele af min det, jeg tjente. Jeg følte aldrig, at det var spild at give til Gud, så jeg ville ikke være beregnende med det, jeg gav ham.

En dag besøgte min pastor vores hjem. Han var ikke bevidst om vores vanskelige økonomiske situation og store gæld, så han forklarede, at kirken havde behov for hjælp, og spurgte om vi kunne afse et beløb som gave til kirkekonstruktionen. Vi gik med til det med ordene: "Amen, det vil vi gerne." Vi imødekom pastorens forespørgsel med glæde. Selv om vi havde gæld, gav vi en gave, så vi måtte optage endnu et lån. Vi forsøgte at lægge på lager i himmelen på denne måde. Da tiden kom, åbnede Gud porten for velsignelser.

At følge Guds vilje selv i små sager

Der var en person, som regelmæssigt leverede bøger til min

forretning, og han var mundlam over at se min forretning lukket hver søndag. Han erklærede, at min forretning ville gå nedenom og hjem. Selv om det var en lille forretning, var Gud tilfreds med den, og velsignede os så rigeligt, at vi kunne overholde hele søgnedagen ordentligt og give gode tiender og taksigelsesgaver. Forretningen var altid fuld fra morgen til aften. Mange mennesker kom for at lære noget af os, idet nyheden spredte sig til de nærliggende dele af byen. Og de blev kun endnu mere nysgerrige over at se, at vi lukkede hver søndag, og at faciliteterne ikke var gode. Vi havde ikke noget pornografisk materiale og rygning var strengt forbudt. Så det var et godt og sundt miljø. Derfor kom der mange gode studerende til vores forretning.

"Hvad var hemmeligheden bag forretningens succes?"

Det var, at vi modtog velsignelser fra Gud, fordi vi lukkede butikken om søndagen og gik i kirke, og sådan svarede vi også enhver, som stillede os dette spørgsmål, men det var svært for de ikke-troende at forstå. Mens vi drev butikken, kunne vi prædike evangeliet for mange kunder. Da jeg åbnede kirken, kom de med mig og blev de første medlemmer af de unge voksnes mission.

Nogle måneder efter, at vi havde åbnet forretningen, var vi i stand til at afbetale al vores gæld, hvilket faktisk var en for hurtig tilbagebetaling. Det var før, jeg kom ind på seminariet. Da vi havde tilbagebetalt hele gælden, kunne vi frit give gaver til den kirke, hvor vi kom. Vi forsøgte at hjælpe de familier, der var i nød. Når vi havde en picnic med seminariet, tilberedte jeg frokosten for læreren og mange studerende. Om søndagen leverede vi måltider til kormedlemmerne. Vi hjalp i al hemmelighed de seminariestuderende, som havde behov for det. Vi boede i et lejet hus, men ved helligdage og andre fester fik jeg min kone til at se efter i hele byen. Hvis en familie var for fattig til at købe mad til helligdagen, fik jeg hende til at give dem nogle riskager og noget mad, også selv om de ikke var troende. Det var ikke fordi vi klarede os specielt godt finansielt. Vi gjorde det af overbevisning. Efter at vi på denne måde havde sået, ville Gud den følgende dag lade os høste, som vi havde sået, og give os en indkomst større end enhver anden normal dag.

Gud vækkede mig under en 200 dages periode med nattelange bønner

Efter at jeg tog imod Herren, gik jeg aldrig på kompromis med ordet i nogen som helst situation. Jeg forsøgte at følge Guds love strengt og i den udstrækning, at jeg forstod Guds ord. I de fire år, jeg gik på seminariet, bad jeg altid hele natten og fastede ganske ofte. I ferierne pakkede jeg mine ting og gik op i bjergene for at bede. Jeg brugte det meste af min fritid i bønnehuse i bjergene. Til andre tider opofrede jeg nattelange bønner. Jeg bad fra midnat til kl. 4 om morgenen, og jeg startede aldrig for sent under den lovede periode, end ikke et minut.

Efter bønnen tog jeg tilbage til mit værelse, og lagde mig til at sove kl. 5. Men jeg skulle op kl. 7. Min datter Miyoung, som på det tidspunkt var elev i grundskolen, bragte mig min morgenmad kl. 7.20. Efter morgenmaden tog jeg min madkasse og gik på seminariet. Når timerne var overstået, og jeg kom hjem, lavede jeg mit hjemmearbejde. Til tider måtte jeg også passe forretningen. Der var mange ting at gøre. Da jeg levede dette liv kontinuerligt, blev jeg træt. Jeg lagde mig til at sove kl. 5, og kl. 7 var det svært at stå op. Men så vækkede Herren mig kl. 7.

”Far!” Jeg hørte, at min datter kaldte på mig udefra med

morgenmaden. "Er det dig, Miyoung?" Jeg havde bestemt hørt min datters stemme, så jeg åbnede døren. Jeg ledte efter hende, men jeg kunne ikke finde hende nogen steder. Efter at jeg havde vasket mit ansigt, og 20 minutter var gået, kom Miyoung. Den næste dag kl. 7 hørte jeg: "Far!" Jeg åbnede døren, men der var ingen. I det øjeblik indså jeg, at Gud havde vækket mig gennem en engel.

Men som tiden gik, blev jeg mindre følsom overfor det. Til sidst kunne jeg ikke komme op, selv om jeg hørte stemmen som kaldte på mig: "Far!" Så brugte Gud en anden metode. Jeg hørte lyden af mange menneskers fodtrin udenfor døren, men når jeg åbnede døren for at se efter, var der ikke nogen. Det skete præcis kl. 7.

Mens jeg opofrede en 100 dages periode med nattelange bønner, hørte jeg på 90. dagen den nyhed, at min svigerfar var gået bort. Jeg tog med min kone hen til hendes forældres hus i Mokpo. Vi bad sammen dér fra midnat til kl. 4 om morgenen. Efter at begravelsen var overstået, tog vi hjem igen, og gennemførte resten af dagene i den lovede bønneperiode, men jeg var ikke tilfreds. Jeg følte, at jeg ikke rigtig kunne behage Gud. Så jeg begyndte endnu en 100 dages periode med nattelange bønner, og afsluttede den. Det var blevet en 200 dages periode med nattelange bønner.

Smid de penge i toilettet

Min familie var bevidst om, at jeg ikke accepterede noget, der var mod Guds ord. Men en søndag ville min kone og mine tre døtre købe noget at spise, efter at vi havde været til søndagsgudstjeneste. Min kone forsøgte at læse mit ansigtsudtryk, mens hun sagde:

"Børnene vil gerne have et mellemmåltid. Vi vil gerne købe noget at spise."

"Døtre, vil I virkelig have noget at spise?", spurgte jeg.

"Ja!", svarede de alle ivrigt.
Mine tre døtre troede, at jeg ville tillade det bare denne ene dag, selv om de vidste, at det var søndag. Jeg sagde til dem, at de skulle hente mig nogle penge i kommoden. De hentede pengene for at købe nogle snacks.

Så sagde jeg til dem: "Nu skal I tre gå ud på toilettet og smide pengene ud." De smed nogle hundrede won ud (nogle tusinde won eller 15-20 kr. i nutidig værdi), og kom tilbage.

"Ved I, hvorfor jeg har sagt, at I skulle gøre sådan?"

"Ja, det gør vi", svarede de alle tre.

Jeg fortsatte med at sige: "Søndag er søgnedagen. Gud forbyder at købe eller sælge ting. Bør I bryde Guds befaling? Hvis I ikke kan overvinde fristelsen til at spise noget, så vil den blive 2 og 3 gange så stærk. Gud vil ikke være tilfreds med jer. I har allerede brudt søgnedagen, da I kom om bad om at købe snacks. Det skyldes, at det er det samme, som at I allerede havde købt og spist dem i jeres hjerter. Det er derfor, jeg sagde til jer, at I skulle smide pengene væk." Senere har mine tre døtre betroet mig, at denne hændelse ligger dybt i deres hjerter, og at den udviklede sig til stærk tro for dem.

Folk myldrede ind

Da butikken lå på hjørnet af en travl gade, kom ikke kun vores kunder, men også pastorer og medlemmer af kirken jævnligt for at besøge os. Mens jeg gik på seminariet, var der nogle diakonisser, som lavede en aftale om en rådgivende samtale med mig. De fortalte mig, at der var nogle af de troende, som var ved at lave en slags kreditforening ved kirken. Jeg rådede dem til ikke at slutte sig til denne gruppe med følgende ord:

"Jesus sagde at Guds tempel er et bedehus og dadlede de handlende, som solgte ting i templet. Det er ikke godt at gøre noget, som sigter mod økonomisk gevinst i kirken. Gud siger til os, at vi ikke skal have nogen gæld udover kærlighedsgæld, så vi må ikke foretage nogen pengeudveksling i kirken. Hvis der er penge involveret i relationen, begynder Satan sit arbejde, og kirken vil få problemer."

Snart skabte kreditforeningen mange problemer, og satte kirken i en vanskelig situation. Siden jeg åbnede vores kirke, har jeg forbudt enhver slags basar, uanset hvad formålet måtte være. Jeg har altid lært medlemmerne, at de ikke må foretage økonomiske udvekslinger med andre troende. Da nyheden om mit råd spredte sig, var der mange mennesker, som stillede sig i kø for at modtage rådgivning. En troende var skaldet, og hun kom med et tørklæde om hovedet. Men indenfor et par måneder efter, at hun havde modtaget min bøn, voksede hendes hår ud igen, og hun holdt op med at gå med tørklæde.

Der var også en troende, som til tider gik til spåkoner, og som ikke overholdt søgnedagen. Han kom ud for et trafikuheld, og kom til mig. Han bad mig bede for ham, idet han havde mange stærke smerter efter trafikulykken. Efter at jeg bad oprigtigt for ham, bekræftede han, at hans smerter var forsvundet, og at han var blevet helbredt.

Ved at overholde søgnedagen fuldstændig, anerkender vi Guds spirituelle autoritet. Og så vil Gud beskytte os hele ugen fra enhver slags ulykke. Men hvis du ikke overholder søgnedagen ordentligt, kan retfærdighedens Gud ikke beskytte dig. Da denne mand havde gået til spåkoner, havde han begået spirituel utroskab overfor Gud. Det hader Gud.

Jeg forsøgte at skabe tro i de mennesker, som besøgte mig, med Guds ord. En bestemt pastor kom og besøgte mig på vej til et bønnehus i bjergene for at modtage svar på et problem. Efter besøget kunne han glad gå hjem, for han havde modtaget svar, og hans problem var blevet løst. Jeg rådgav så mange mennesker, at jeg til tider ikke engang havde tid til at gå på seminariet. Når jeg var hjemme, myldrede de, som ønskede en konsultation eller som ønskede at modtage min bøn, ind og omkring i mit hjem. På grund af dette var jeg nødt til at pakke mine ting og gå op i bjergene i mine ferier. Jeg var nødt til at undgå folk for at koncentrere mig om ordet og bønnerne som seminariestuderende.

Megen faste ved Helligåndens inspiration

Vi kan skille os af med synden selv i vores tanker

I august 1979 under sommerferien på mit første år på teologistudiet deltog jeg i sommerskolen for pastorer ved Canaan landbrugsskole med sognepræsten for min kirke. Vandet sprang op mod den klare blå himmel i et springvand. Jeg hørte nogle pastorer tale sammen, og blev overrasket over at høre, at de talte om verdslige ting. På det tidspunkt troede jeg, at alle pastorer var hellige ligesom Herren. Jeg var overrasket og skuffet over at høre dem sige ting såsom:

"Selv om vi er pastorer, kan vi ikke rigtig gøre noget ved det troløse sinds syndefulde natur og de tanker, der kommer fra det. Så efter min mening og overbevisning er der ikke tale om en synd."

"Det er rigtigt," svarede en anden. "Synden begås, når vi rent faktisk begår en handling. Den bare tanke kan derfor ikke være en synd."

Jeg var nærmest lamslået, idet jeg allerede havde skilt mig af med det troløse sinds syndefulde natur ved hjælp af faste og bøn, før jeg var blevet optaget på teologistudiet. Da den originale rod til synden var blevet trukket op, kunne den fjendtlige djævel og Satan ikke bringe mig nogle tanker af den slags. Ville Gud befale os ikke at begå utroskab, hvis vi ikke kunne overholde det? Hvorfor sagde de sådanne ting, hvis de troede på, at man kan skille sig af med synd ved at bede og faste? Jesus sagde, at enhver, som kigger på en kvinde med lyst til hende, allerede har begået utroskab med hende i sit hjerte. Han sagde også, at intet er umuligt for den, som tror, så vi kan skille os af med synden ved at kæmpe med den, så blodet flyder.

Da de studerende ved det teologiske seminarium spurgte læreren om dette emne, sagde han også, at mennesket ikke selv kan gøre noget ved tankerne, så tanken alene er ikke en synd. Jeg besluttede mig for at undervise de troende i, at vi kan skille os af med synden, hvis vi modtager Guds nåde og styrke.

"Gud, jeg takker dig. Hvis jeg havde hørt for længe siden, at vi ikke udskille det utro sind fra vores hjerter, ville jeg blot have opgivet og fortsat med for begå utroskabens synd i mine tanker. Men du lod mig forsøge og bede om at leve efter Guds ord, og det gjorde mig i stand til at skille mig af med det utro sind ved at bede og faste. Tak, Gud!"

Jeg lærte, at det er Guds vilje at faste.

Selv efter jeg kom ind på teologistudiet, gennemførte jeg mange fastende bønner i 3 dage, 7 dage, 15 dage og 21 dage. Da jeg var ganske ny i troen, vidste jeg ikke, hvorfor jeg skulle faste, men jeg fulgte Helligåndens vejledning og fastede. Da jeg blev diakon, lærte jeg, hvorfor jeg skulle faste og hvilke fordele, der var ved det. Så når jeg fandt noget usandt i mig, fastede jeg i 3, 5 eller 7 dage for at kaste det af mig. For eksempel begyndte jeg straks en 3 dages faste, da jeg fandt ud af, at jeg havde en vane med at lyve i min natur. Og fordi det var vanskeligt at faste på denne måde, kunne jeg hurtigt holde op med at fortælle løgne, og skille mig af med de andre usandheder i mig.

Det er vigtigt for os at spise restituerende mad efter en faste. Det er noget i stil med en grød eller en tynd vælling af ris eller havremel. Man bør spise det i tilsvarende tid, som man har fastet. Som resultat havde jeg ikke ret mange dage, hvor jeg spiste fast føde. Det var et kontinuum af at faste ligeså ofte, som jeg spiste. På det første vækkelsesmøde jeg deltog i, lærte jeg om fastende bøn, men jeg vidste ikke noget om restituerende mad. Jeg vidste heller ikke, hvorfor jeg skulle faste, men med Helligåndens vejledning besluttede jeg mig for at holde en 7 dages faste, og tog til Chung-gye bjerget med et tæppe og Bibelen.

Kort fra bønnecentret er der nogle private steder, som kaldes "bedeceller" til individuel bøn. Der var fugtigt, og på gulvet var der nogle træplader med huller, og der var insekter, som kravlede rundt. Jeg brød ud i højlydt bøn hver dag, og afsluttede til sidst den 7 dages faste. Da jeg kom ned fra bjerget, rystede mine ben, men jeg var glad for, at jeg havde afsluttet fasten. Ved busstoppestedet, så jeg en gadebod, hvor der blev solgt pommes frites og donuts. Jeg spiste nogle donuts og tog hjem.

"Skat, vil du give mig noget at spise?" spurgte jeg straks

Min kone tilberedte et måltid til mig, så jeg bad: "Jeg tror, det vil blive godt fordøjet," og spiste to skåle ris. Det kunne have været meget hårdt for maven, men det blev fordøjet godt. Nogen tid senere hørte jeg, at Osanri bedehus var blevet åbnet i Paju, Gyeong-gi Do. Jeg tog også der hen for at faste og bede. Mens jeg deltog i et møde under en 3 dages faste, hørte jeg, at det er nødvendigt at spise restituerende mad. Pastoren sagde, at vi skulle spise let og mild mad som grød eller vælling og grøntsager. Men jeg havde en anden mening om sagen.

Da jeg kom hjem efter fasten, spiste jeg et almindeligt måltid med ris efter at have bedt: "Jeg tror, det vil blive godt fordøjet." Men pludselig svulmede mit ansigt op, og jeg havde fysiske problemer i hele kroppen. Jeg knælede øjeblikkeligt og bad. Så hørte jeg Helligåndens stemme:

"Da du ikke kendte noget til restituerende mad, beskyttede jeg dig på grund af din tro, men nu, hvor du ved det, er det på grund af din arrogance, at du ikke har adlydt." Jeg angrede grundigt, at jeg ikke havde adlydt det, jeg havde lært, og begyndte øjeblikkeligt endnu en faste.

Fordele ved fastende bønner

Fastende bønner er meget vigtige for at modtage svar på vores bønner, og de har mange fordele. For det første er det meget svært at faste og derefter spise restituerende mad uden at forcere kroppen til lydighed. Mens vi faster, afskærer vi os fra kødet, og vi vinder styrke til at kontrollere os selv. Vores ånd bliver mere aktiv, og det er hjælpsomt for os at vokse som åndelige mennesker. Rent fysisk tager maven en hvilepause, og det er godt for helbredet. Sindet bliver klarere, så det er godt for både det psykiske og det fysiske helbred. Når ånden bliver mere aktiv, vil vi blive mættet med Helligåndens fylde, så vi kan modtage styrke fra Gud. Gennem brændende bønner vil vi få svar på forskellige problemer og disse bønner vil forebygge ventende prøvelser. Gud arbejder for altings bedste.

Jeg fastede ligeså ofte, som jeg spiste, og jeg ombestemte mig aldrig, hvis jeg først havde besluttet mig for at gå ind i en periode med fastende bøn. Vi kan stole på Gud, når vi overholder det, som vi har besluttet overfor Gud. Når vi modtager svar gennem bønner og faste, opnår vi forsikring i troen, og vi modtager også mod og kraft i vores liv. Så det er en genvej til at få reelle erfaringer i det kristne liv, og en god måde til at føre et sejrende liv i troen.

Derfor er fastende bønner Guds vilje, og det er en af de bedste måder til at opnå Guds rige og retfærdighed.

Vejen til at opofre fastende bøn

Fastende bøn er at bede uden at indtage andet en vand. Særligt er det at bede med den slags overbevisning, der siger: "Hvis jeg går til, går jeg til." Så vi bør ikke påbegynde en længerevarende faste på mere end 10 dage tankeløst og uden passende overvejelser, og vi bør følge Guds vilje med Helligåndens vejledning.

Esajas' bog 58:6 siger: *"Nej, den faste, jeg ønsker, er at løse ondskabens lænker og sprænge ågets bånd, at sætte de undertrykte i frihed, og bryde hvert åg."* Ondskabens lænker henviser her til alle de problemer, som forårsages af at gå bort fra Guds ord. Særligt vil vores problemer blive løst, hvis vi opofrer en faste, som behager Gud. Men nogle mennesker faster i 40 dage inde i deres egne tanker og møder problemer, fordi de ikke er beskyttet af Gud. Hvad slags faste er det da, der virkelig er tilfredsstillende i Guds øjne?

For det første må vi gøre det med uforanderligt hjerte

Hvis vi først har besluttet, hvor mange dage, vi vil faste, må vi ikke ændre det midt i det hele. Vi må ikke stoppe eller give op midt i, bare fordi det er hårdt. Hvis du er nødt til at stoppe af uundgåelige årsager, må du påbegynde hele fasten forfra, for at opfylde den tid, du har lovet foran Gud. Hvis du laver et løfte foran Gud og ændrer det af en eller anden grund, hvordan kan Gud så stole på dig og elske dig? Hvad vi end lover foran Gud, så må vi overholde det. Ved at gøre dette lærer vi udholdenhed, og vi kan oplagre tillid hos Gud. På denne måde følger vi tillige Guds vilje.

For det andet må vi bryde ud i højlydt bøn, mens vi faster

Nogle mennesker beder ikke ordentligt, men har en tendens til at sove mere, mens de faster. Denne måde at undvære føde på har ingen mening. Kun når vi bryder ud i højlydt bøn vil Gud give os sin nåde og styrke til at fortsætte vores faste. Han vil også give os svar på vores bønner, og velsignelser.

Ligesom vi normalt spiser tre gange om dagen, må vi opofre bønner mindst tre gange om dagen under vores faste. På denne måde kan vi blive forsynet med den spirituelle manna og det levende vand fra oven for at blive fyldt med Helligånden, og den fjendtlige djævel vil gå væk. I tilfælde af en længerevarende faste, må vi bede mindst fem gange om dagen for at indtage det spirituelle brød fra Gud. Desuden bør vores faste ikke alene være en ydre handling. Når vi sønderriver hjertet og beder af hele hjertet, kan Gud give os nåde og styrke (Joels Bog 2:12-13).

For det tredje må vi ikke lade os underholde

Esajas' bog 58:3 siger: *"Hvorfor ser du ikke, når vi faster, og ænser ikke, at vi spæger vort legeme? På fastedagen driver I handel, og jeres arbejdere jager I med."* Hvis du ser TV, bliver vred, eller bagtaler andre under fasten, kan Gud ikke modtage den med glæde, så du bør ikke forvente at modtage svar. Derfor må vi afstå fra underholdning, meningsløs samtale, eller at gøre noget usandt. Det er med denne slags hjerte, at Gud vil blive behaget.

For det fjerde må vi begynde vores bønner med at bede for Guds rige og hans retfærdighed.

Hvis vi beder med grådighed og følger vores lyster, accepterer Gud ikke vores bønner. Følgelig kan vi ikke modtage svar. Fasten vil nærmere skade vores krop, så vi bør være meget forsigtige. Vi må ikke bede om berømmelse, og verdslig autoritet eller viden, men kun om at blive hellige og at være gode fartøjer til Guds brug. Vi må bede om at vores sjæle skal frelses, at modtage mere af Guds styrke og at modtage gaver fra Helligånden. Gud vil modtage vores bønner med glæde, når vi beder for Guds rige og retfærdighed, og for præsterne i kirken.

For det femte må vi bede med spirituel kærlighed.

Esajas' bog 58:7 siger: *"Ja, at du deler dit brød med den sultne, giver husly til hjemløse stakler, at du har klæder til den nøgne, og ikke vender ryggen til dine egne."* Gud vil blive kærligt bekymret, når hans børn holder op med at spise for at bede til ham. Hvis de handler med godhed og viser kærlighed overfor andre, hvor elskelige vil de da ikke være i Guds øjne? Han vil da acceptere fasten mere glædesfyldt, og give sit svar hurtigere.

For det sjette må vi spise ordentlig restituerende mad

Efter at vi har afsluttet vores faste, må vi spise restituerende mad i samme antal dage, som vi har fastet for at gøre fasten fuldendt. Når vi spiser restituerende mad ordentligt, kan vi opnå selvkontrol. Det vil ikke skade vores krop, men nærmere gøre den sundere, og vores ånd vil også få en klarere indsigt.

Nogle siger: "Jeg har en stærk mave, så jeg behøver ikke spise restituerende mad." Men det er faktisk en forkert ide. Når vi spiser ordentlig restituerende mad, gør Gud de svage maver stærkere, og helbreder mindre sygdomme og dårligdomme i denne periode. Selv om vi har gennemført fasten godt, vil vi miste vores energi i den udstrækning, at vores krop vil tage skade, og vi kan få problemer, hvis vi ikke spiser ordentlig restituerende mad. Under restitutionstiden bør vi ikke arbejde eller udføre fysisk krævende opgaver. Der kan også komme en prøve lige efter fasten, så det er godt at bede for den under fasten.

Ordentlig restituerende mad

Hvis vi spiser for meget under en restituerende fase, vil vores ansigt svulme op, og det er ikke godt for vores mave, så vi må være forsigtige. Vi spiser normalt tre måltider om dagen, men når vi spiser restituerende mad med let og tynd risgrød, kan vi spise en kop af den fire gange om dagen.

Vi bør undgå kød, æg, brød, kulsyreholdige drikke og stærk mad, som er olieholdig, krydret, salt eller sur. Vi bør undgå mad med smagsforstærker og krydderier. Det er bedre at spise grøntsager. Efter en 3 dages faste kan vi spise risgrød, men efter en længerevarende faste bliver maven ligesom en nyfødts mave. Så i mindst to dage bør vi spise en meget fortyndet rissuppe, som næsten ligner vand. Spis den fire gange om dagen. Måske kan vi også drikke juicen, men ikke frugtkødet, af et æble fire gange om dagen. Efter 3-4 dage kan vi spise en lidt tykkere rissuppe. Senere kan vi tilsætte rispulver eller kogt græskar til grøden, og indtage lidt større mængder. Som tilbehør bør vi undgå kød, og vi bør ikke tilsætte smagsforstærker. Hvis vi ønsker at spise kød, kan vi spise en smule fisk, men den skal være meget let saltet.

Suppe med nogle grøntsager er også godt. Det er specielt godt at fjerne skallen af sesamfrø og tilsætte det til risgrød. Vi kan genvinde energien hurtigere og vi vil også føle, at vi bliver sundere ved at følge denne restituerende proces.

Bøn for Helligåndens vejledning

Jeg var indadvendt. Hvis der var nogen ved siden af mig, kunne jeg ikke bede højlydt. Af den grund bad jeg altid alene hele natten. Ca. 30 minutter efter at jeg begyndte at bede, modtog jeg fylde og inspiration fra Helligånden til at få en dyb spirituel kommunikation med Gud. Nogle gange kom en så stor inspiration over mig, at jeg begyndte at synge i andre tunger, og nogle gange dansede jeg også ved Helligåndens bevægelse, og sang Halleluja.

Jeg bad hovedsageligt for pastoren i min kirke, andre pastorer, de ældre og for genoplivningen af kirken og andre sjæle, for andre kirker, for nationen og for vores folk. Mod slutningen af min bøn bad jeg kort for min familie og min forretning. Når jeg havde tid, tog jeg til bønnecentre og deltog i bønnemøderne ved daggry. Senere tog jeg op til bjergryggen. Jeg tænkte, at det var spild af tid at vente, indtil jeg var færdig med min frokost, så jeg tog altid et tæppe med mig tidligt om morgenen, og sprang frokosten over.

Om aftenen spiste jeg aftensmad i bønnecentret og deltog i møderne, som blev holdt der. Når jeg havde en stærk trang i mit hjerte til at faste, fortsatte jeg med at faste om aftenen.

"Og også ånden kommer os til hjælp i vor skrøbelighed. For hvordan vi skal bede, og hvad vi skal bede om, ved vi ikke. Men ånden selv går i forbøn for os med uudsigelige sukke, og han, der ransager hjerterne, ved, hvad ånden vil, for den går i forbøn for de hellige efter Guds vilje" (Romerbrevet 8:26-27).

På det tidspunkt kendte jeg ikke noget til Helligånden, jeg fulgte bare dens vejledning og bad. Gud ransager hjerterne. Fordi Helligånden bad i mig, bad jeg ifølge dens inspiration.

Guds hånd forberedte åbning af kirken

Overvindelse af troens prøver

Gud gav os prøver i troen, sådan at vores familie kunne få en mere perfekt tro. Min yngste datter Soojin var på det tidspunkt 6 år. Det var i 1980. Hun gik på gaden med sin søster, og der var nogle studerende, der spillede boldt. En af de studerende drejede pludselig i et forsøg på at fange bolden, og han stødte ind i Soojin. Hun faldt, slog hovedet ned i asfalten, og fik hjernerystelse. Forældrene til den studerende kom og bragte Soojin til hospitalet.

Min kone hørte nyheden og tog til hospitalet. Lægen sagde, at Soojin skulle bringes til centralsygehuset. Han sagde, at hendes hjerne havde taget betydelig skade, og at hun måske ville få problemer med hensyn til mentale evner på grund af hjerneskaden. Selv med en operation var der høj sandsynlighed for, at hun kunne blive mentalt handicappet.

Jeg var i forretningen, og jeg fik at vide, at Soojin talte i delirium. Men fordi jeg havde tro på, at hun kunne helbredes med bøn, tog jeg hende med hjem i stedet for at tage på centralsygehuset.

Moderen til den studerende vidste ikke, hvad hun skulle gøre. Hun arbejdede som privat rengøringshjælp, og var i en vanskelig økonomisk situation ligesom os.

Efter at jeg havde trøstet hende med, at hun skulle tage det roligt, lagde jeg min hånd på Soojin og bad for hende. Hun talte i delirium og klagede sig. Næste dag vågnede hun heller ikke op, og min kone og jeg bad hele natten. Om onsdagen var jeg ved at tage af sted til seminariet, da jeg pludselig hørte Soojins klare stemme sige: "Far, er det ikke i dag, vi skal i kirke?" Hun havde genvundet bevidstheden.

"Tak, Gud! Du har besvaret mine bønner og Soojin har genvundet bevidstheden." Da jeg kom hjem efter undervisningen, var Soojin taget afsted til kirken for at deltage i onsdagsgudstjenesten.

Min næstældste datter ramt af en lastbil

I 1981 blev min næstældste datter Mikyung involveret i en trafikulykke. Mikyung var stået af bussen og gik over gaden. Chaufføren i lastbilen så hende ikke, og hun blev ramt af den. Hun blev kastet omkuld. Folk samlede sig, og chaufføren tog hende på hospitalet.

Da min kone ankom til hospitalet, var Mikyungs ansigt så hævet, at det så ud som om, hun havde to hager. Indersiden af hendes mund var fuldstændig forrevet. Det var forfærdeligt.

Lægerne sagde, at hun skulle blive på hospitalet, men min kone bragte hende med hjem. Mikyung var dækket med blod, og hun kunne ikke åbne øjnene. Hendes ansigt var et rod med et utal af sår og skader.

Hun kunne ikke spise noget. Hun kunne kun lige klare at drikke mælk eller nippe lidt suppe med et sugerør. Når jeg åbnede hendes mund en smule og kiggede ind, så det frygteligt ud. Jeg bad oprigtigt med min hånd på Mikyung. På trods af alle hendes skader, tog hun i skole. Hendes lærer blev chokeret og sagde til hende, at hun skulle tage på hospitalet. Min kone og jeg fastede og bad indtrængende hele natten. Mikyung fortsatte med at gå i skole, og efter en dag var hendes ansigt blåt, som om hun havde blå mærker. Efter 5 dage faldt skorperne af, og hun kom sig fuldstændigt. Hendes mund vendte tilbage til sin normale placering, og hævelsen var forsvundet. Indersiden af hendes mund var også helet og fuldstændig ren.

Under sommerferien det år modtog vi et brev fra Mikyungs lærer. Hun skrev, at hun havde indset, at Gud eksisterer, og at hans magt er stor, for hun havde set Mikyung komme sig så hurtigt uden at modtage nogen medicinsk behandling. Hun sluttede brevet med at skrive, at hun fra da af ville begynde at gå i kirke.

Vores ældste datter blev helbredt efter at min kone fortrød

I 1981 gik vores ældste datter Miyoung i grundskolen. Under min sommerferie foretog jeg en fastende bøn i Osanri bedehus og tog derefter hjem. Jeg fandt Miyoung med bylder over hele kroppen. Hun havde en tyk eksem, som fik hendes hud til at ligne barken på et nåletræ, og under den rug, sprækkede hud var der infektion. Der flød pus ud af sprækkerne i hendes hud. Det var forfærdeligt. Idet hun blødte, hvis hun bevægede sig bare en smule, måtte hun sidde stille i et hjørne af rummet.

Idet min kone havde tillid til, at Gud ville helbrede pigen, havde hun hverken brugt medicin eller taget hende på hospitalet. Jeg bad for Miyoung, men hun blev ikke helbredt. Næste dag bad jeg igen for hendes, men der var stadig ingen forbedring.

"Herrens arm er ikke for kort til at frelse, hans ører er ikke for døve til at høre. Nej, dette er jeres synder, der skiller jer fra Gud, jeres overtrædelser skjuler hans ansigt, så han ikke kan høre jer" (Esajas' bog 59:1-2).

Jeg ransagede mig selv og forsøgte at finde noget, som jeg burde fortryde, men jeg kunne ikke komme i tanker om noget. Jeg var sikker på, at Miyoung ikke havde opført sig forkert. Hun havde altid været en god pige. Min kone sagde, at hun havde være doven ved bønnemødet ved daggry, fordi hun havde haft så travlt, og hun fortrød det overfor Gud. Efter at hun havde fortrudt, bad jeg for Miyoung, og Gud viste sit arbejde denne gang. Den hud med alvorlig eksem, der havde været gul af infektionen nedenunder, blev hvid på en nat, og skorperne faldt af. Hun var fuldstændig renset før ferien var overstået.

Når vi stolede fuldstændig på Gud, lod han os ikke møde nogen vanskelige situationer. Vi indså, at det var prøver i troen for at øge tilliden hos min familie, ligesom Gud forandrede Job til et mere perfekt menneske ved at raffinere ham med bylder, og vi takkede for Guds kærlighed. Før åbningen af kirken gav Gud os prøver gennem hver af mine tre døtre for at give os tro.

Hvad skal jeg gøre?

Jeg anerkendte Gud i alle ting, og fandt altid glæde i at spørge om hans vilje og adlyde den. Når jeg læser Bibelen, bliver jeg altid meget rørt, når David sætter sin lid til Gud i hvad som helst.

"Derefter spurgte David Herren: "Skal jeg drage op til en af Judas byer?" Herren svarede ja. David spurgte: "Hvor skal jeg drage hen?" Han svarede: "Til Hebron" (Anden Samuelsbog 2:1).

"David spurgte Herren: "Skal jeg drage op mod filistrene? Vil du give mig dem i min hånd?" Herren svarede: "Drag op, for jeg giver filistrene i din hånd" (Anden Samuelsbog 5:19).

David spurgte Gud om alt, selv de helt små ting. Som et lille barn spørger sine forældre, hvad det skal gøre, sådan spurgte også David, og blev vejledt af Gud. Når David spurgte Gud, fortalte Gud ham, hvad han skulle gøre, som en gavmild far. Jeg spurgte også Gud om hans vilje i enhver sag, og Gud lod mig klart høre Helligåndens stemme.

40 dages faste

Da jeg havde vinterferie i mit andet studieår i seminariet i 1981, bevægede Gud mit hjerte til at opofre en 40 dages faste. Før jeg tog til bedecenteret, pakkede jeg min Bibel og en salmebog, samt nogle prædikebøger. Da jeg skulle til at tage af sted, hørte jeg pludselig Helligåndens stærke stemme:

*"Du skal ikke medbringe og læse andre bøger end Bibelen
og salmebogen under din 40 dages faste."*

Jeg pakkede hurtigt ud og fjernede bøgerne undtagen Bibelen
og salmebogen, og tog afsted til Osanri bedehus. Da det var
ferietid, var der tusindvis af troende. Vejret var det koldeste i 60
år. Jeg deltog i alle de officielle gudstjenester i bedehuset, og jeg
afsatte tre timer om dagen til at bede (daggry, eftermiddag og kl.
11 om aftenen). Når jeg gik ind i en bedecelle og knælede, følte
jeg, at jeg frøs til is, men jeg brød ud i højlydt bøn uden at springe
en bedesession over en eneste dag.

Bedecellen var fyldt af rim, og selve cellen var som en stor
isterning. Men når jeg havde kæmpet for at bede højlydt i 30
eller 40 minutter, gav Gud mig nåde, og jeg kunne fortsætte et
par timer med at bede. Da jeg var ny i troen, fastede jeg meget
inklusiv 5, 7, 15 eller 20 dage. Jeg fastede ofte og gik samtidig
på seminariet. Jeg mente, at selv en 40 dages faste ville være
nem, hvis bare Gud ville hjælpe mig. Jeg bad for Guds rige
og retfærdighed, og for at Gud skulle forklare mig sit ord. Jeg
var blevet kaldet som hans tjener, men jeg kunne ikke gøre
noget ved egen kraft, så jeg bad oprigtigt for at modtage Guds
styrke for at arbejde for ham. Jeg bad også for åbningen af en
kirke, og Gud gav mig en drøm om en kirke, som ville foretage
verdensmission:

*"Der er mange sjæle, som lider af sygdomme og fattigdom.
Lad din kirke hjælpe dem, som er i nød, helbrede krop og sjæl
hos mennesker, og lad den være det vidne, som prædiker denne
gode nyhed til hele verden og foretager verdensmission. Lad
din kirke rejse sig og stråle. Jeg har valgt dig, og jeg vil lede*

dig fra begyndelsen til enden. Gør dette, og du vil gøre både
det ene og det andet, når først du har åbnet kirken."

Da jeg havde lidt af smerter fra sygdomme i lang tid, kunne jeg forstå de mennesker, som var ramt af sygdom. For at plante tro i de ikke-troende, helbrede så mange mennesker for deres skavanker og sygdomme, og for at løse de kæder af uretfærdighed, der binder mennesker i denne verden fuld af synd, måtte jeg modtage stor og ubegrænset kraft fra Gud, så jeg bad:

"Gud, giv mig din kraft, sådan at når mennesker røres af min skygge eller rører kanten af mit tøj, vil de blive helbredt, og bare det at byde med ordet vil være nok til at få den fjendtlige djævel til at forsvinde."

Da jeg bad så brændende, modtog jeg løftet om, at han ville give mig autoritet til at uddrive kraften fra den fjendtlige djævel. Min drøm var at modtage mere kraft fra Gud til at prædike den gode nyhed og til at plante tro i dem, som ikke kendte Gud, og som led af sygdomme, fattigdom og bekymringer af denne verden, samt til at etablere en kirke, som kunne vokse og prædike evangeliet i alle hjørner af verden. For at opnå den verdensmission, som jeg drømte om, var jeg nødt til at modtage ubegrænset kraft fra Gud, så jeg længtes og bad om at modtage den kraft, som Guds tjenere, der var anerkendt og elsket af Gud såsom Moses, Josva, Elias, Elisa, Peter og Paulus havde modtaget til at udføre mirakler, tegn og undere.

Som Guds tjener bad jeg ikke alene om kraft og autoritet til at overvinde verden, men også til at modtage Helligåndens 12 gaver. Men fra den 6. dag, holdt Gud mig ikke længere oppe. Da han ikke hjalp mig, forstyrrede den fjendtlige djævel mig.

På 7. og 8. dagen var jeg svimmel og havde kramper i hænder og fødder. Jeg følte, at jeg var ved at blive gal, og jeg kunne ikke sove om natten. Jeg troede, at jeg måske var ved at blive vanvittig, så jeg kæmpede for at bevare min sunde fornuft. I en drøm var der nogen, der tvangsfodrede mig med ris. Efter at jeg vågnede, fortrød jeg at have haft sådan en drøm.

Jeg overvejede at give op, fordi jeg tænkte, at jeg måske bragte skam over Gud på denne måde, men hvis jeg havde stoppet i det øjeblik, ville det have været nødvendigt at starte forfra. Så jeg kæmpede mod smerterne hver dag.

Efter 9 dage stoppede disse symptomer. Efter 20 dage havde jeg ikke engang styrke til at læse Bibelen, så jeg lånte nogle prædikebøger af en pastor. Jeg læste nogle kapitler, men så havde jeg ikke overskud til at læse mere. Jeg gik ind i bedecellen, men jeg kunne ikke modtage styrke til at bede højlydt. Jeg måtte kæmpe meget for at bede. Jeg sagde: "Gud, giv mig styrke til at bryde ud i højlydt bøn."

Jeg ved ikke, hvor meget tid der gik, men mens jeg stadig kæmpede, var der en stemme, som bankede på mit hjerte og sagde: *"Jeg sagde til dig, at du ikke skulle medbringe eller læse andre bøger end Bibelen og salmebogen. Hvorfor har du læst bøger, som er skrevet af et menneske?"*

Jeg genvandt mine sanser, da jeg hørte stemmen, og jeg sagde: "Gud, jeg troede, at dette var i orden, men jeg har ikke adlydt. Tilgiv mig!" Det var svært at læse Bibelen og jeg troede, at jeg måske ville være i stand til at læse en anden bog. Jeg indså, at det var ulydigt, og fortrød det grundigt. Så modtog jeg ny styrke, og kunne igen bede.

På den 28. dag var jeg kun skind og ben. Min vægt var faldet

betydeligt. På den 30. dag var mine tarme tørre og klæbede sammen, så selv vand kunne ikke komme igennem, og jeg følte mig oppustet, som om jeg havde fordøjelsesproblemer. Hvis jeg drak en smule vand, kom det op igen. Når jeg kastede op, var der dødt, sort blod. Jeg tror det var, fordi nogle vener i maven var gået i stykker, og det tørre blod kom ud, når jeg kastede op.

På den 32. dag kom min ældste datter, som på det tidspunkt var elev i grundskolen, for at se mig. Jeg delte værelse med mange andre mennesker, men jeg tænkte, at de ville blive urolige, hvis de så mig kaste op, så jeg tog hjem med min datter. I det værelse, jeg havde lejet nær mit hus, fortsatte jeg min faste. Det var en ren kamp mod min vilje. Men på den 39. dag kl. 23 forsvandt alle smerter, som ved et mirakel, og Gud gav mig styrke ovenfra. Jeg havde styrke som en fuldt restitueret person. Så jeg tog et bad og skiftede tøj. Ved midnat opofrede jeg en taksigelsesceremoni og afsluttede fasten.

Ligesom en ørn træner sine unger

Senere var jeg nysgerrig efter at vide, hvorfor Gud ikke holdt mig oppe under min 40 dages faste. Indtil da havde jeg altid fastet uden de store vanskeligheder, idet Gud havde holdt mig oppe og hjulpet mig. Så jeg spurgte Gud i min bøn, hvorfor jeg måtte faste kun med min egen indsats og med så megen smerte. Gud gav mig de følgende ord:

"Jeg vendte ikke mit ansigt fra dig, men jeg trænede dig med vilje. Hvis du sammenligner en faste, som du har gennemført nemt med min hjælp og en faste, som du har gennemført med din egen styrke og udholdenhed, er forskellen,

at den styrke, du opnår, er mange gange større."

Det var sådan, at når jeg gennemførte en faste med min egen styrke og viljekraft, så kunne jeg opnå mere styrke og udholdenhed, og jeg ville være i stand til at overvinde enhver type vanskelighed. Da jeg hørte disse ord, blev jeg mindet om Femte Mosebog 32:11-12:

> *"Som en ørn, der vækker sit kuld op, og flyver frem og tilbage over sine unger, bredte han sine vinger ud, tog det op, og bar det på sine vinger. Det var Herren alene, der førte det, ingen fremmed gud var med ham."*

Ørnene laver en rede på toppen af en høj klippe. Når deres unger er vokset op i en vis grad, skubber ørnemoderen dem ud over kanten på reden. Mens ungerne falder ned, bevæger de instinktivt deres vinger for at overleve. Gennem denne træning bliver de unge ørne så stærke, at de kan overleve i kampen for liv, flyvende højt på himmelen. Jeg kunne ikke undgå at fælde en tåre over den kærlighed, med hvilken Gud havde trænet mig, ligesom ørnen barsk træner sine unger.

Kapitel 5

Påbegyndelse
af en kirke

Forberedelse i Guds ord gennem tre år

Jeg raffinerede dig

Jeg tænkte over betydningen af de "3 år." Den 9. juli 1974 på min fars fødselsdag, fandt den hændelse sted, der startede skilsmissen mellem min kone og mig. Og den 10. juli 1977 åbnede vi en forretning i Keumho Dong markedet med finansiel stabilitet. Det var præcis 3 år, uden en eneste dag til forskel. Da seminariet er 4 år, kunne jeg først ikke forstå, hvorfor Gud sagde, at han ville være med mig med "følgende tegn og undere" efter at jeg havde forberedt mig med ordet i 3 år. Men snart indså jeg også betydningen af disse ord. I februar 1982 talte jeg ved et vækkelsesmøde ved Ilman kirken i Masan på forespørgsel af pastoren der. Jeg afsluttede mit andet år på seminariet i februar 1982, så det var altså præcis tre år siden, jeg havde påbegyndt seminariet. En af de ældre i kirken sagde til mig:

"Pastor, kom til min kirke og tal ved vækkelsesmødet."

"Jeg er endnu ikke ordineret pastor, jeg er kun seminariestudent. Hvordan kan jeg tale ved et vækkelsesmøde? Spørg hellere en anden person."

"Nej, jeg har bedt for dette vækkelsesmøde i et stykke tid, og Gud bragte dig ind i mine tanker. Det er Guds vilje, at du skal tale ved dette vækkelsesmøde."

"Så vil jeg bede desangående og svare dig."

Da det var det første vækkelsesmøde, og jeg stadig var seminariestuderende, følte jeg mig ikke særlig sikker. Jeg fastede i tre dage ved Osanri bedehus, og opnåede tillid og sikkerhed. Efter at jeg var kommet hjem, knælede jeg for at bede som forberedelse til budskabet, jeg skulle prædike ved vækkelsesmødet. I det øjeblik gav Gud mig klar inspiration til 11 budskaber med deres bibelpassager og titel i detaljer, inklusiv budskabet til møderne ved daggry. Denne inspiration fra Gud mindede mig endda om en bog, jeg havde læst tidligere: "Du har tidligere læst denne bog, brug den som eksempel." Jeg var meget imponeret. Jeg indså endnu engang, at intet er umuligt for Gud. Jeg afsluttede alle forberedelserne fra introduktion til konklusion for hver af prædikenerne. Jeg talte ved vækkelsesmødet og ledte vækkelserne med Guds nåde. Alle medlemmerne takkede mig og sagde, at de havde modtaget stor nåde. Mange bar vidnesbyrd om, at det var det levende ord, som de ikke tidligere havde oplevet. Det forandrede deres sjæle, og deres problemer blev løst.

Begyndende med dette vækkelsesmøde blev jeg inviteret til mange kirker for at tale ved deres vækkelsesmøder. Hver gang fulgte Helligånden som en stærk og hvirvlende vind talerne med Guds værk af tegn og undere. Da Gud kaldte mig som sin tjener, sagde han: *"I tre år, forbered dig nu med ordet i tre år."*

Et succesfuldt sogn

I den sidste tid i seminariet begyndte mine klassekammerater også at forberede sig på at starte kirker. De havde travlt med at forsøge at samle viden og information vedrørende at åbne en kirke, ved at deltage i konferencer om kirkelig vækst eller lave undersøgelser om kirkevækkelser. Mine klassekammerater rådede mig: "Pastor, hvordan kan du få en stor menighed bare ved at faste og bede hele tiden i bjergene? Hvorfor kommer du ikke med os og lærer flere ting?" Det kan naturligvis være gavnligt at samle information og viden om at åbne en kirke, men jeg havde andre ideer.

Jeg ønskede ikke at lære menneskelige metoder, men Guds metoder til kirkelig vækst, som de står i Bibelen. Når jeg læste i Bibelen var troens fædre som Peter og Paulus altid opslugte af at bede i ethvert øjeblik. Jeg forstod Guds ord ved at meditere over Bibelen, og prædikede evangeliet flittigt.

Fra Apostlenes Gerninger 8:26 og fremad, tog Filip afsted til ødemarken under Helligåndens vejledning, og mødte en etiopisk eunuk, som var hofmand for Kandake, etiopiernes dronning. Han forvaltede alle hendes skatte. Eunukken læste Esajas' skrifter, og han ønskede at forstå Guds ord. Så Filip lærte ham om Jesus og døbte ham. Apostelen Paulus ønskede også at prædike i Asien, men Helligånden stoppede ham og førte ham i stedet til Makedonien (Apostlenes Gerninger 16:6-10).

Det, som afsløres i meditationer over ordet er, at Gud selv

leder og fører sine tjenere. Jeg indså, at for at få en succesfuld menighed er det vigtigste at have en dyb kommunikation med Gud, og følge hans vilje. Det var derfor, jeg bad, når som helst jeg havde tid, og jeg forsøgte at forstå Guds ord spirituelt.

Min kone drog omsorg for sjæle med kærlighed

I marts 1982 efter at den 40 dages faste var overstået, og jeg også havde afsluttet med den restituerende mad, startede det nye akademiske år. I det nye år blev cellegrupperne reorganiseret i den kirke, hvor jeg kom. Min kone blev serviceleder for cellen, og diakonisse Aeja Ahn blev celleleder. Vi havde fem medlemmer i vores celle. I april var cellen vokset til 25 medlemmer.

Min kone prædikede flittigt evangeliet og drog omsorg for medlemmerne. Hun fastsatte også en stund til at bede hjemme hver dag, sammen med diakonisse Aeja Ahn. Gennem disse bønnemøder blev der løst problemer i familierne, og flere familiemedlemmer fik kendskab til evangeliet, så der var en stor vækkelse. Desuden var min kone en dygtig kok, og til hvert møde lavede hun lækre retter, som hun serverede for medlemmerne.

Søndag morgen sendte vi vores tre døtre til hver deres husholdning med beskeden: "I dag er det dagen til at gå i kirke, så kom venligst til vores hus kl. 10." Hvis de ikke var kommet kl. 10, gik min yngste datter hen til deres hus igen, og bankede på døren for at tilskynde dem til at komme med i kirke. I nogle tilfælde kunne de ikke sige nej til min datter, og kom. Så om søndagen var der ca. 30 medlemmer af min celle, som gik i kirke. Min kone tog sig af dem med kærlighed, og på den måde trænede hun sig til at blive præstefrue.

Med syv dollars

Noget forbløffende skete

Da jeg blev sidsteårsstuderende i seminariet den 1. marts, mistede min forretning, som altid havde været fuld, pludselig alle sine kunder. Den var fuldstændig tom. Først ransagede jeg mig selv for at se, om vi havde nogen mur overfor Gud, og tænkte at alt ville ordne sig den næste dag. Men det var det samme igen. Min kone og jeg bad til Gud, men der var intet svar. Da vi ikke havde nogen indkomst, blev den månedlige leje af forretningen trukket fra indskuddet. Senere fandt vi ud af, at det var Guds forsyn. Vi lukkede forretningen for at starte en kirke den 25. juli, og på det tidspunkt var hele indskuddet forsvundet. Da vi havde betalt alle skatterne, havde vi 7 dollars i hånden. Gud forvandlede alt, hvad vi havde i denne verden til ingenting, og lod os åbne kirken med kun 7 dollars.

Folk kom med sygdomme

"Hvorfor er Miyoungs mor altid glad?"

Siden jeg engang kun havde ventet på døden, begyndte min kone sit kristne liv med at se mig blive helbredt for alle mine sygdomme. Nu var hun altid i godt humør og fuld af glæde. Selv om vi ikke havde noget at spise næste dag, var vi stadig taknemmelige. Om hun vaskede op eller lavede andre ting, så sang hun altid taksigelsessange. Hvem hun end mødte, så bar hun vidnesbyrd om hendes møde med den levende Gud, og prædikede evangeliet. Hun levede hver dag med Helligåndens fylde.

Før åbningen af kirken spredte nyheden om min familie sig, og der var stadig flere mennesker, som kom for at modtage min bøn. I april 1982 var der en troende, som besøgte mig. Hun var så tynd, at hun syntes kun at være skind og ben. Hun fortalte, at hun ikke var i stand til at gå hurtigt på grund af en medfødt hjertesygdom.

"Pastor, 3 dage efter at jeg fødte mit barn, svulmede min krop op, og tilstanden blev dårlig. Nu kan jeg ikke engang holde barnet."

"Modtag bønnen med tro. Gud vil helbrede dig."

Hun modtog en bøn, og blev helbredt for sin hjertesygdom. Hun er senior diakonisse Seong Ja Kim, for øjeblikket et hengivent medlem af bedegruppen i vores kirke. En anden dag kom en midaldrende kvinde for at besøge forretningen. Hun sagde, at hun havde hørt nyheden om min familie, og fundet mig. Hun havde en datter, som var over 20 år, og hendes hofteben var vredet af led. Hendes ben havde forskellig længde, så hun kunne ikke gå ordentligt. Den smerte, hun oplevede, var vokset så meget, at hun måtte medicineres med morfin. Nu var hun blevet afhængig af morfinen, og arbejdede ikke længere. Selv meget stærke smertestillende midler hjælp hende ikke. Hendes mor bad mig om at bede for hende. Jeg holdt en gudstjeneste i hendes hjem, og Helligånden bevægede mig til at bede for denne familie i 21 dage.

På det tidspunkt gik jeg på seminariet, og jeg havde også travlt med nattelange bønner, men jeg prædikede stadig ordet for dem, og bad for dem i 21 dage. Så begyndte datteren langsomt at få tro, og hun holdt op med at tage den medicin, hun havde taget tidligere. Hun begyndte at sætte sin lid til Gud. På den 20. dag, forsvandt al hendes smerte. Og næste dag bar hun vidnesbyrd om følgende:

"Pastor, dette hus er så gammelt, og der er mange rotter på loftet. De laver altid støj. Om natten kommer rotterne endda ind i rummene og roder rundt. Jeg har haft det dårligt på grund af det. Men i nat havde jeg en drøm, og da jeg vågnede her til morgen, skete der noget forbløffende!"

Der var mange rotter, og de havde forsøgt med rottegift og andre ting for at blive af med dem, men intet havde virket. Da hun altid var nervøs og utilpas på grund af smerterne, blev hendes søvn forstyrret af rotterne om natten. Men samme nat havde hun haft en drøm om at modtage min bøn, og så snart hun havde modtaget den, begyndte rotter i forskellig størrelse at gå deres vej i grupper, og til sidst forsvandt en meget stor rotte, der lignede en konge. Så forsvandt alle smerterne øjeblikkeligt og rent faktisk var alle rotterne også forsvundet. Hun var så overrasket og forundret over Guds arbejde, at hun ikke kunne skjule sine følelser. Nogle dage senere kom moderen til denne unge dame igen til mig og sagde: "Pastor, min datter er døende! Vær venlig at komme straks for at bede for hende!"

Det var midnat, da jeg kom til hendes hus. Datteren vred sig på gulvet af smerte. Hun havde fastet i 3 dage, og efter fasten burde hun have spist restituerende mad i 3 dage, men hun havde spist ristet kylling lige efter fasten. Hun havde akute fordøjelsesproblemer. Da jeg lagde hånden på hende og bad med inspiration fra Helligånden, kunne jeg se et ben inden i hendes mave, og jeg kunne se, at det smeltede væk. Så snart bønnen var overstået, kastede hun det op, som hun havde spist. Hun trak vejret dybt, og hendes ansigt blev normalt.

At skabe et rent fartøj

Jeg fastede ofte og gjorde mit bedste, og kæmpede for at skille mig af med alle former for ondskab, og at holde alle Guds bud. Jeg opnåede Helligåndens ni frugter, og jeg fandt, at jeg i høj grad viste den kraft og de gaver, som Helligånden havde givet mig. På denne tid havde jeg bedt til Gud i 7 år om at give mig klar forståelse af Guds vilje, og Gud sendte mig en profeti. I april 1982 var der et kvindeligt medlem, som min kone havde prædiket evangeliet, der besøgte mig og sagde: "Pastor, midt om natten var der nogen, der kaldte mit navn tre gange, så jeg åbnede øjnene. Der var et lys så stærkt, at det var vanskeligt for mig at åbne øjnene, og Gud viste sig og sagde: *"Jeg vil vælge dig, gøre dig kendt i nationerne, og gøre dig til mit vidne for hele verden."* Jeg har ikke nogen ide om, hvad det betyder."

På den tid vidste hun ikke engang hvad Skabelsesberetningen og Matthæusevangeliet var, men hun havde fået sin mavelidelse helbredt ved bøn. Når vi havde bønnemøder for oprettelsen af en kirke, kom Guds ord over hendes læber, og jeg var overrasket over at høre de samme ord som var dem, Gud havde givet mig, da han kaldte mig til at være sin tjener: *"Bad du ikke om Helligåndens 12 gaver? Jeg gav dig dem alle, så bed som tak!"*

Gennem profetien talte Gud desuden til mig om ting, som kun jeg vidste. Nogle var ting, som ikke engang min kone var bevidst om. Herigennem indså jeg, at Gud havde givet mig profetiens gave. Gud lod mig i sandhed tro, at det var Guds ord, som blev givet til mig. Indtil da havde jeg bedt om de 12 gaver inklusiv Helligåndens 9 gaver, som er nedskrevet i Første Korintherbrev kapitel 12, og også visionens gave, det hellige syns gave, og kærlighedens gave.

Hvad er profeti?

Bibelen fortæller os, at der er forskellige måder til at høre Guds stemme. Der er en stemme, som gives af Gud selv, og der er Helligåndens stemme. Til tider taler Gud til os gennem en engel, der fremtræder som en mand. Gud taler også til os gennem profeti.

"Herrens hånd kom over mig, og han førte mig ved sin ånd ud og stillede mig i dalen. Den var fuld af knogler. Han ledte mig forbi dem, hele vejen rundt. De lå i store mængder

ud over hele dalen og var helt indtørrede. Så spurgte han mig:
"Menneske, kan disse ben blive levende?" og jeg svarede:
"Gud Herre, det ved kun du!" Da sagde han til mig: "Du
skal profetere om disse ben og sige til dem: Indtørrede ben,
hør Herrens ord! Dette siger Gud Herren til disse ben: Jeg
giver jer livsånde, så I bliver levende. Jeg fæster sener på jer,
dækker jer med kød, trækker hud over jer og giver jer livsånde,
så I bliver levende. Så skal I forstå, at jeg er Herren." Jeg
profeterede, som jeg havde fået befaling om, og mens jeg
profeterede, lød der en raslen, og benene nærmede sig til
hinanden" (Ezekiels bog 37:1-7).

"For Jesu vidnesbyrd er profetiens ånd"
(Johannesåbenbaringen 19:10).

Profeti er at tale for en anden. Mellem profeterne er der
nogen, der taler på vegne af et menneske eller på vegne af Gud...

I Ezekiels bog kapitel 37 kan vi se, at Guds ånd var med
Ezekiel og Gud talte gennem Ezekiels læber. Fordi Gud talte
gennem et menneskes læber, var sætningerne i bydeform.
Profeti foretages ikke af mennesker, men af Guds ånd, særligt
Helligånden. Helligånden arbejder i harmoni gennem et
menneske for at formidle Guds vilje. Derfor er det sande ord
anerkendt og garanteret af Gud. Hvad er så profetiens ånd?

Hvis du taler sandt gennem Helligånden, bærer du vidnesbyrd
om Jesus, som er sandheden selv. Så når der bæres vidnesbyrd
om Jesu ånd gennem mennesket, som taler sandhed gennem
Helligånden, så profeterer mennesket. Dette er profetiens ånd.
Ligesom profeten Ezekiel adlød Guds ord og profeterede, så vil vi
modtage mange åbenbaringer, hvis der er et menneske, som kan

profetere Guds ord.

Vi kan se, at Jesus ønsker, at vi skal modtage åbenbaringer, da han sagde i Matthæusevangeliet 11:27: *"Ingen kender Sønnen undtagen Faderen, og ingen kender Faderen undtagen Sønnen og den, som Sønnen vil åbenbare ham for."* Apostelen Paulus siger også i Andet Korintherbrev 12:1: *"Stolt vil jeg være, selv om det ikke nytter, og nu kommer jeg til syner og åbenbaringer fra Herren."*

Hvis vi kan modtage Guds åbenbaring ligesom apostelen Paulus, kan vi forstå Gud klart, og vi kan endda vide ting, som vil ske. Kun når vi kender de ting, som vil ske i fremtiden, kan vi forberede os til den tid, hvor Herren kommer tilbage, hvilken vil komme som en tyv.

Modtagelse af svar på kirkeåbningen

De ønsker at ekskludere dig

Mens jeg forberedte åbningen af kirken, havde vi adskillige bønnemøder. Vi holdt et helbredende møde hos diakonisse Aeja Ahn, og huset var stoppet med en mængde mennesker. Det andet bønnemøde blev holdt i min forretning. En person, som havde brækket armen og bar gips, blev helbredt og tog gipsen af. En kvinde, som ikke havde været i stand til at undfange et barn, kom og modtog en bøn. Snart efter hørte jeg, at hun var blevet gravid. Det tredje møde blev holdt i bjergene. Der var mere end 40 personer, som deltog. Nogle af dem var seminariestuderende og pastorer. Der var en kvinde, som havde fået foretaget et kirurgisk indgreb på rygsøjlen, men problemet var ikke forsvundet.

Det blev sagt, at hun var i en farlig situation, men hun ville stadig deltage i bønnemødet. Et af medlemmerne klarede med nød og næppe at bære hende op ad bjerget, og jeg bad for hende under bedesessionen. Hun blev fuldstændig helbredt, og gik selv ned derfra!

Det fjerde bønnemøde blev også afholdt i bjergene, og der var mange seminariestuderende, der deltog. Guds ord kom over os:

"Efter dette møde vil der komme en prøve til dig. Men du skal ikke bekymre dig, blot tro på mig og bede. Jeg vil belønne dig med velsignelser."

Snart kom der en prøvelse til mig. I juni 1982 havde jeg den afsluttende eksamen for semesteret, og tog derefter hjem. Men en af professorerne kom hele vejen til mit hus. Jeg vidste, at det ikke var noget, som han normalt gjorde. Han lagde ud med at sige: "Jeg har været på mange bedesteder i bjergene og bedt meget, så jeg kender også til den spirituelle verden. Du har spirituel dybde, og jeg ved, du er blevet velsignet med mange spirituelle gaver. Fordi du er ved at åbne en kirke har den fjendtlige djævel og Satan rejst sig mod dig. Pastor, jeg tror, du hellere må stoppe dine planer om en kirke. Vi har haft møde blandt underviserne i dag, og de ønsker at ekskludere dig. Jeg ved, at du ikke er den slags person, men..."

Den fjendtlige djævels arbejde hindrede åbningen af kirken

Mens jeg lyttede til hans detaljerede forklaring, gik det op for mig, at ikke alene min vejledende lærer, men også pastoren i min kirke havde misforstået nogle ting omkring mig. Jeg blev spurgt: "Pastor, sagde du under bønnemødet i bjergene, at du var Kristus? Havde du en kvinde med dig og lod du hende lægge hånd på andre pastorer?"

"Jeg har aldrig sagt, at jeg var Kristus, og jeg har aldrig ladet en kvinde lægge hånd på andre pastorer!"

Idet der foregik meget helbredende arbejde, når som helst jeg bad for folk ved møderne, var der en af mine klassekammerater, som var blevet jaloux, og som havde aflagt en falsk forklaring for min vejledende lærer. Han havde blandt andet sagt: "Pastor Jaerock Lee gør ting, som giver fraktioner og opsplitninger. Han siger, at han er Kristus."

Det fuldstændig fiktive rygte spredte sig på kort tid. Desuden besluttede den lærer, som havde undervist mig i fire år, at ekskludere mig udelukkende baseret på disse rygter uden at høre min side af historien. Men jeg tog ikke på besøg for at tale med folk og erklære mig uskyldig. Jeg følte, at det var en vanskelig situation, men når jeg bad til Gud, sagde han til mig, at jeg skulle være taknemmelig og glæde mig, og bede for disse mennesker med kærlighed.

I september startede det nye semester. Da jeg kom til skolen, hørte jeg mine klassekammerater diskutere mit problem. De sagde, at den klassekammerat, som var kommet med falske beskyldninger, havde besluttet sig for ikke at skrive sig ind på dette semester på grund af sin fortrydelse. Så jeg besøgte ham og tilskyndede ham til at indskrive sig, for jeg bar ikke nag overfor ham. Gud arbejdede på sådan måde, at alle problemer blev løst let. Og han, som havde fremsat de falske beskyldninger, blev bragt frem i lyset. Da jeg åbnede kirken og holdt den etablerende gudstjeneste, var der mange af lærerne, inklusiv dem, som havde misforstået mig, der kom, og vi fejrede det sammen. Omkring tidspunktet for den afsluttende eksamen holdt vi en fest som tak til lærerne i min kirke.

Et modtaget svar: Manmin "Al skabelse" kirken

Da jeg var kommet ind på seminariet i relativt høj alder, ønskede jeg at åbne en kirke tidligt. Jeg var allerede ikke ligefrem var ung, så jeg bad for navnet på kirken fra det første studieår, men der var intet svar. Det var først umiddelbart før åbningen af kirken, at svaret kom.

"Kald den 'Manmin kirken.' Når tiden kommer, og du tager på pilgrimstogt, vil du forstå, hvorfor jeg giver dig dette navn 'Manmin.'"

Senere i 1989 tog jeg på pilgrimstogt til det hellige land. I Getsemane bad Jesus indtil hans sved blev som bloddråber, der faldt til jorden, og han fuldendte korsets forsyn og frelste alle folk og nationer. På dette sted, så jeg "Kirken for alle nationer" med stor emotion. Gud sendte Jesus Kristus som udsonende offer for at redde alle nationer og alle folk. Gud ønsker at fuldføre hans forsyn gennem de sidste dage, og han ønsker at gennemføre verdensmissionen med det hellige evangelium, så han gav os navnet Manmin, der betyder al skabelse.

I begyndelsen kaldte vi kirken for "Manmin kirken," men da vi forventede at etablere mange underafdelinger af kirken, ændrede vi navnet til "Manmin Joong-ang (central) kirken."

Hvorfor vil du gøre det på den hårde måde?

"Pastor, hvorfor vil du åbne en kirke? Ved du, hvor hårdt det er at starte en kirke?" "Du vil være nødt til kun at spise grød i mange år. Men ønsker du ikke, at dine børn skal få en uddannelse? Ved du, hvor svært det er at samle troende i disse dage?" Og de gode råd fortsatte: "Ved du ikke, hvor ulydige de troende er nu om dage? Lad os bare arbejde sammen her i denne kirke." "Pastor, når først du har åbnet kirken, vil du fælde mange tårer."

Da jeg var ved at åbne kirken, var der mange mennesker, som forsøgte at stoppe mig. Rent faktisk var der mange nye kirker, som havde problemer. Nogle pastorer åbnede en kirke ved hjælp af lån til bygninger og faciliteter. Men når kirken ikke voksede som forventet, måtte de slides med gælden. Mange af dem vandrede rundt i fortvivlelse og med følelsen af hjælpeløshed. Men da jeg troede på den almægtige Gud, blev mit hjerte ikke rystet. Jeg kunne ikke åbent erklære mig uenig med de mennesker, som gav mig råd, for jeg ønskede ikke at bringe dem i forlegenhed. Men jeg tænkte ved mig selv: "Når først jeg åbner en kirke, så vil den blomstre op, og der vil ikke være nogen problemer. Jeg vil redde mange sjæle, og kirken vil vokse hurtigt. Og så vil vi vise Gud stor ære."

Jeg stolede på Guds ord i Filipperbrevet 4:13: *"Alt formår jeg i ham, der giver mig kraft,"* og i Matthæusevangeliet 9:29, hvor der står at det skal ske os, som vi tror, samt i Matthæusevangeliet 13:8, hvor jeg blev forsikret om, at hvis vi sår, lover Gud at belønne os 30, 60 eller 100 gange mere, end det, vi har sået. Hvis man ser på Guds elskede tjenere, Moses og apostelen Paulus, så var de som guder for folket, fordi Gud var med dem (Anden

Mosebog 7:1; Apostlenes Gerninger 14:11).

Hvis Gud er med os, er det ikke noget, der er umuligt. Det troede jeg på. Jeg troede på, at når jeg var Guds tjener, ville Gud tage sig af alle finansielle spørgsmål, stedet, arbejderne i kirken og lignende, hvis jeg bare koncentrerede mig om ordet, bad og fulgte hans vilje. Fordi jeg havde tro på, at jeg kunne gøre hvad som helst i ham, som gav mig styrke, havde jeg en vision. Jeg bad i detaljer om den vision og drøm, jeg havde, og jeg betroede den med mine læber.

At adlyde Helligåndens vejledning

I maj 1982 fortalte Gud mig, at jeg ville åbne en kirke, når solen sved, og han ledte mig til en del af Shindaebang, i Dongjak distriktet i Seoul, et sted jeg aldrig før havde hørt om. Idet jeg ikke kendte området, måtte jeg spørge mange mennesker om, hvordan jeg kunne komme der hen. Området var ikke særlig udviklet på det tidspunkt, der var ikke ret mange bygninger, og trafikken var let. Jeg fandt et sted med i alt 900 kvadratmeter. Den månedlige leje var 150.000 won (750 kr.) og der var et indskud på 3 millioner won (15.000 kr.). Jeg mødtes med ejeren for at underskrive kontrakten, og han reducerede lejen til 120.000 won.

Gud skaffede penge til at åbne kirken

Gud gav os de nødvendige penge til at åbne kirken gennem diakonisse Aeja Ahn. Hun havde for vane at bede 5 timer om dagen. Hendes søn havde været udsat for en trafikulykke, og havde fået 3 millioner won i kompensation. Hun aflagde løfte om at give disse penge til Gud som gave til en kirkekonstruktion. Men da hendes ikke-troende mand havde brugt pengene til et andet formål, havde hun en tung byrde i sit hjerte. Hun tænkte altid, at hun stadig ville give 3 millioner som gave til en konstruktion. I mellemtiden havde hun mødt min familie og hun sluttede sig til mig, da jeg åbnede kirken.

Hendes mands møbelfabrik klarede sig ikke godt, og hendes hus var belånt. Hvis de ikke betalte gælden, ville huset blive solgt til en meget lav pris. Så de satte det til salg for 20 millioner won (100.000 kr.), men der var ikke nogen interesserede købere. De reducerede prisen til 15 millioner won, men der skete stadig intet. I mellemtiden kom Guds ord til diakonisse Aeja Ahn ved et bønnemøde på Samgak bjerget: *"Du skal opofre en 3 dages faste og sætte huset til salg. Hæv prisen så meget, som du har tro til, og jeg vil arbejde. Brug 3 millioner af det hævede beløb til at åbne kirken."*

Selv om deres hus havde været til salg i mange år, var der ikke nogen, der havde ønsket at købe det. De tænkte, at hvis de hævede prisen, så ville ejendomsmæglerne grine af dem. Diakonisse Aeja Ahn tænkte grundigt over det, og hævede til sidst prisen med 3 millioner won. Hun satte altså huset til salg for 18 millioner. Ejendomsmægleren var lamslået.

Men da hun var på vej tilbage fra ejendomsmæglerens kontor, var der en, der fulgte efter hende for at se huset. Han sagde, at han endelig havde fundet det rigtige hus, og underskrev kontrakten på 18 millioner won. Diakonissen ærgrede sig, for hun kunne have solgt det for 20 millioner, hvis hun havde haft mere tro. Gud havde arbejdet for, at hun kunne sælge det hus, som tidligere ikke havde været til at sælge. Hun kunne tilbagebetale familiens gæld, og tilbød 3 millioner til at åbne kirken.

Grundig fortrydelse af hjertet for at havde sat lid til mennesket

Mens jeg forberedte åbningen af kirken, forventede jeg, at mindst 40 personer omkring mig ville være med mig til kirkeåbningen. Jeg havde regnet med, at de ville komme i kirken fra åbningsdagen, fordi de kendte mig godt, og de elskede mig. Men realiteten var anderledes. Den 25. juli 1982 havde vi åbningsgudstjeneste, men uventet nok kom ingen af de personer, jeg havde regnet med at se. Da jeg så, at end ikke min gode søster, som havde lovet at komme, var til stede ved åbningsgudstjenesten, indså jeg, at Gud havde stoppet dem. Gud ønskede ikke, at jeg skulle sætte min lid til nogen af mine søskende. Jeg bad: "Gud, tak for, at du har ladet mig indse, at jeg har et ønske om at sætte min lid til mine slægtninge. Tilgiv mig at jeg har forsøgt at sætte min lid til mennesket. Jeg har nu indset din vilje. Jeg vil ikke længere sætte min lid til noget menneske, men kun til dig, Gud, og gøre alt med bøn."

Efter åbningsgudstjenesten indså jeg, at jeg stadig havde et ønske om at sætte min lid til mennesket, og fortrød grundigt for Gud. Jeg bad til Gud om at sende kirkemedlemmer, og kirken blev fyldt med de troende, som blev sendt af Gud hver uge.

At starte med ingenting

Ni voksne og fire børn

Da vi havde åbningsgudstjeneste, var bygningen stadig ikke færdig. Der var ingen vinduesruder, ingen prædikestol og der var ingen dækning af gulvet. Det var ligesom goldt land. Vi delte rummet i to med et gardin. Den ene side blev brugt til beboelse til min familie, og den anden til kirke-og bederum. Inklusiv min familie var der 9 voksne og 4 børn ved åbningsgudstjenesten. Der var således kun få andre deltagere end min familie. Jeg prædikede et budskab med titlen "Tro er den dyrebareste skat." Historien om Manmin Joong-ang Kirken begyndte af ingenting. Fordi den lige var blevet åbnet, havde vi ingen penge, men vi havde mange udgifter. Dog lånte jeg aldrig fra nogen af mine slægtninge eller fra andre. Jeg bad til Gud. Jeg var endda klar til at faste, hvis Gud ikke forsynede mig. Men når vi ikke havde noget at spise, gav Gud os på en eller anden måde mad gennem andres hænder. Jeg kunne endda spise vandmelon, hvilket jeg holder meget af, hele sommeren.

At bede sammen 5-6 timer om dagen

Efter åbningsgudstjenesten var de ugentlige gaver på 30 til 40 tusinde won, og med disse penge kunne jeg betale den månedlige leje af kirkerummet. Fire-fem medlemmer samledes for at bede 5-6 timer om dagen, svedende i varmen. Da der ikke var nogen medlemmer af kirken, behøvede jeg ikke tage på besøg for at tage mig af dem. Mens vi bad i bederummet var vi gennemblødte af sved. Jeremias' bog 33:3 siger: *"Kald på mig, så vil jeg svare dig og fortælle dig om store og ufattelige ting, som du ikke kender."* Da vi kaldte på Gud i vores bøn, sendte Gud os troende og gav os de nødvendige ting til kirken.

"Gud, Giv os en mikrofon"

Efter at vi havde bedt i en uge, fik vi en mikrofon. Den næste uge havde vi brug for en telefon, så vi bad om den, og vi fik den. Fordi der ikke var mange kirkemedlemmer på det tidspunkt, arbejdede Gud gennem den nattelange fredagsgudstjeneste. De medlemmer, som deltog i denne gudstjeneste, modtog megen nåde, og en efter en skænkede de ting, som der var behov for i kirken. På denne måde modtog vi gardiner, prædikestol, et klaver, elektriske ventilatorer og endda et klokketårn med et kors. To måneder efter åbningen havde vi alle de ting, vi havde behov for.

I Apostlenes Gerninger står der, at Guds tjenere må koncentrere sig om ordet og om bøn. Så jeg overlod al vedligeholdelsen og alt vedrørende kirken til medlemmerne, og koncentrerede mig udelukkende om Guds ord og om bøn. På daværende tidspunkt vidste jeg ikke meget om Guds ord, og det som jeg forstod om Guds vilje, prædikede jeg ved den nattelange fredagsgudstjeneste og ved søndagsgudstjenesterne med inspiration fra Helligånden.

Selv om jeg manglede gode talegaver, opnåede lytterne liv og tro ved gudstjenesterne, fordi prædikenerne var rene, spirituelle beskeder. Der var også handlinger og ting, som fulgte ordet. I takt med at medlemmerne i stigende grad praktiserede ordet, voksede deres tro, og de begyndte at modtage svar på deres bønner. Lige fra åbningstidspunktet sendte Gud os nye troende hver uge, og de opnåede liv gennem budskabet. Ved at se Guds mirakler, som fandt sted i den nattelange fredagsgudstjeneste, modtog de nåde og deres tro voksede.

At finde svar i Bibelen

Idet de tidligste kirker blev etableret af de apostle, som var blevet undervist direkte af Jesus, fulgte de Herrens vilje, og Gud var tilfreds med dem og lod deres medlemmer modtage frelsen. De tidlige kirker blev mit mål og mine rollemodeller at gå ud fra, indtil Herren kommer tilbage. Den type kirke, som Gud helst ser, er ikke kun en kirke, som har en meget stor bygning eller mange medlemmer, men en kirke, som minder om de tidlige kirker. Når vi følger eksemplet fra de tidlige kirker, som fulgte Guds behagelige vilje, velsigner Gud os med den konstante vækkelse af kirken.

"Hver og en blev grebet af frygt, og der skete mange undere

og tegn ved apostlene. Men alle de troende var sammen, og de
var fælles om alt. De solgte deres ejendom og ejendele og delte
det ud til alle efter enhvers behov. De kom til enighed i templet
hver dag; hjemme brød de brødet og spiste det sammen, og
jublende og oprigtige af hjertet priste de Gud og havde hele
folkets yndest. Og Herren føjede hver dag nogle til, som blev
frelst" (Apostlenes Gerninger 2:43-47).

De tidlige kirker forsøgte at holde samling i kirkerummet hver
dag, og med dette som eksempel havde vi bønnemøder hver dag
og udbredte Guds ord, spiste livets brød fra Gud, særligt Guds
ord (Johannesevangeliet 6:48), og praktiserede det. Gud var med
os og viste sine tegn og undere, og idet der blev registreret nye
medlemmer hver uge, voksede kirken meget hurtigt.

At sætte sin lid til Ordet alene.

Efter åbningen af kirken var vi nødt til at spare på hver en øre.
Men jeg vidste, at hemmeligheden ved at modtage velsignelser,
er det som der står i Lukasevangeliet 6:38: *"Giv, så skal der*
gives jer. Et godt presset, rystet, topfyldt mål skal man give jer
i favnen. For det mål, I måler med, skal I selv få tilmålt med."
Jeg forsøgte at hjælpe de nødlidende med at sætte deres lid
udelukkende til ordet.

På dette tidspunkt havde vi 10 seminariestuderende i vores
kirke, og vi var nødt til at hjælpe dem. Det var ikke nemt at
betale lejen for kirkerummet, hvilket var 120.000 won (ca.
600 kr.). Et par uger efter kirkens åbning blev vi givet nogle
foræringer, og med troen på, at Gud ville velsigne os, tog vi en
del af foræringerne og sendte dem til andre nye kirker i vores

denomination. Siden etableringsgudstjenesten havde hvert medlem afgivet løfte om at give 1 million won (ca. 5000 kr.) til en seminariebygning til den denomination, vi tilhørte. Vi gjorde vores bedste for at blive en kirke, som hjælper andre med at sætte deres lid til ordet.

Da jeg åbnede kirken, ledte jeg i Bibelen efter en kirkemodel, som jeg kunne gå ud fra, og den var den tidlige kirke i Apostlenes Gerninger.

"Hvis I ikke får tegn og undere at se, tror I ikke"

Etableringsgudstjenesten

Da jeg bad for etableringsgudstjenesten, gav Gud mig sit ord og sagde: *"Hold etableringsgudstjenesten når alle afgrøder modnes, før den første frost."* Så den 10. oktober 1982 afholdt vi etableringsgudstjenesten, og vi havde allerede mere end 100 medlemmer. Siden kirken blev åbnet havde Gud sendt os mange medlemmer, og kirkerummet var allerede for lille. Ved den nattelange fredagsgudstjeneste var der mere end 100 deltagende på ca. 540 kvadratfod, så der var mennesker i bedecellerne og stående på trappen. Vi begyndte derfor også at leje kælderen.

Da jeg bad for julearrangementet, sendte Gud os mange talentfulde mennesker, som forberedte et bibelsk spil, så vi kunne have et godt arrangement. Gud sendte os en person, som havde talent for blomsterarrangementer, og en skuespillerinde, som også var en god danserinde. Hun underviste i dans og

Etableringsgudstjenesten

håndbevægelser i søndagsskolen. Snart kunne medlemmerne
selv forberede arrangementet. På dette tidspunkt holdt jeg
mere end 10 prædikener om ugen til forskellige gudstjenester
inklusiv bønnemøder ved daggry. Jeg gik også i skole, idet jeg
stadig ikke havde taget eksamen fra seminariet. Vi holdt desuden
altid natlige bønner kl. 4 om morgenen. Og jeg ledte altid
bønnemødet ved daggry. Da nyheden om at der foregik en hel
del helende arbejde spredte sig, kom der mange syge fra hele
landet, og jeg bad for hver af dem mange gange om dagen.

Forandringer i en familie

Hr. Youngsuk Kim var dranker, før han lærte Jesus at kende. Da hans hoste ikke forsvandt, tog han på hospitalet. Han fik diagnosen: tuberkulose i lymfesystemet. Han skulle opereres og holde sig i ro i mere end et år, men det havde han ikke råd til. Hans kone led af blærebetændelse efter en fødsel. Hun var så nedtrykt, at hun forsøgte at begå selvmord, men heldigvis overlevede hun. I oktober 1982 hørte Youngsuk Kim nyheden om vores kirke, og lod sig registrere som medlem. Han svor, at han ville holde en 10 dage lang faste med bønner ved daggry. Han havde høj feber og hostede voldsomt. Men da han så, at mange andre syge mennesker blev helbredt, opnåede han tro på, at det samme kunne ske for ham. Jeg bad hyppigt for ham. På den 10. dag var feberen faldet, og hosten var forsvundet. Han blev lovet fuld helbredelse, og fik den opfølgende diagnose: Der var ikke længere tuberkulose. Den var blevet fuldkommen helbredt af Helligåndens ild. Siden da lod hans kone sig også registrere som medlem, og snart blev også hun helbredt for sin blærebetændelse. Deres datter blev også sund og rask. Youngsuk Kim begyndte at læse teologi med taknemmelighed for Guds nåde. Han er nu pastor i sig eget sogn.

Den nattelange fredagsgudstjeneste med mirakuløse tegn fra bibelen.

Den nattelange fredagsgudstjeneste var stopfyldt med mennesker fra hele landet. Det blev en slags interdenominel gudstjeneste. Det smalle kirkerum var overfyldt med mennesker. Helligåndens hede var så varm, at loftet var dækket med vanddråber. Deltagerne priste passioneret Gud og bad til ham under gudstjenesten, som startede kl. 23 og fortsatte til kl. 6 om morgenen. De så, at mange syge mennesker blev helbredt, og rejste sig og gik eller sprang afsted, og ved hver fredagsgudstjeneste kom der flere og flere deltagere.

De, som havde modtaget dødsdom fra hospitalet, blev helbredt så snart, de kom til kirken, og de, som brugte krykker, begyndte at gå og springe. Den blinde fik synet tilbage, den stumme begyndte at tale, og de, som ikke havde været i stand til at undfange et barn, blev gravide. En person, som havde brækket hånden, begyndte at bevæge den frit efter at have modtaget en bøn.

En leukæmipatient helbredes

Der var engang en dame med et blegt ansigt, som kom til mig for at modtage min bøn. Hun fortalte mig, at hendes læge havde sagt, at hun kun havde 14 dage mere at leve i. Her følger hendes livshistorie: Hun havde været kristen siden den tidligste tid i søndagsskolen. Men på et tidspunkt havde hun modtaget et frieri fra en ikke-troende mand. Hun havde sagt til ham, at hun kun ville gifte sig med en troende, så han blev medlem af en kirke og deltog i gudstjenesterne over en periode.

Kvinden troede, at hendes mand ville føre et godt, kristent liv, men efter adskillige måneder pressede hendes svigermor hende til at være Buddhist med ordene: "Vores familie har været Buddhister i mange generationer, så du bør også blive buddhist." Hun lyttede ikke efter sin svigermor, men hendes mand støttede sin mor, og pressede hende til ikke at gå i kirke. Han slog hende og forfulgte hende. Hvis der opstod et problem, bebrejdede de hende alle.

Hun blev smidt ud at huset mange gange, men hun havde udholdt det hele. Siden hendes mand var begyndt at have en affære med en anden kvinde, kunne hun ikke længere klare det, og hun holdt op med at gå i kirke. Hun vidste, at hun var nødt til at gå i kirke, men hun levede i fortvivlelse, og til sidst fik hun leukæmi.

Selv om hun ikke længere kom i kirken, fortsatte hendes mand sin affære, og han fortsatte også med at slå hende.

Til trods for hendes sygdom var hendes mand og hendes svigermor kolde overfor hende, og de tog hende ikke engang på hospitalet.

Efter at hun blev erklæret dødeligt syg og nærmest fik en dødsdom, hørte hun nyheden om vores kirke og kom for at modtage min bøn i et sidste håb om at klynge sig til Gud. Og Gud helbredte denne kvinde. Efter en tid kom hun til mig med et sundt udseende og takkede mig, og tog tilbage til sit hjem.

To forskellige slags tegn

Jesus helbredte de syge og genoplivede de døde; Han udførte adskillige mirakler gennem sin tid. Han sagde: *"Hvis I ikke får tegn og undere at se, tror I ikke"* (Johannesevangeliet 4:48). Et under er Guds gerning, som bevæger eller igangsætter et hurtigt skift eller en ændring i vejrforholdene. På Josvas tid var der et slag ved Gibeon, og solen standsede midt på himmelen (Josvabogen 10:13). På Esajes tid gik solens skygge 10 trin tilbage (Anden Kongebog 20:11), og de hellige tre konger tog til Betlehem ved at følge en stjerne, der bevægede sig (Matthæusevangeliet 2).

Tegn er Guds gerning, som efterlader synlige spor og beviser. I tegnenes arbejde spiller Gud Fader til tider hovedrollen. Der er tilfælde af disse tegn i det Gamle Testamente, og et er optegnet i Johannesåbenbaringen 15:1. Markus 13:22 siger: *"For der skal fremstå falske kristus'er og falske profeter, og de skal gøre tegn og undere for om muligt at føre de udvalgte vild."* Dette vers siger "om muligt" for at understrege at dette (denne handling) rent faktisk er umulig. De falske profeter har nemlig ikke kræfter til at udføre tegn, men "om muligt" ville de forsøge at gøre det for at bedrage folk, selv de udvalgte. Eksemplerne på tegn fra Gud Fader er de ti plager i Egypten (Femte Mosebog 6:22) og flammen der stiger op mod himmelen (Dommerbogen 13:19-20).

Der er en anden slags tegn, som udføres, når Herren og Helligånden spiller hovedrollen sammen for at efterlade et spor. De findes mest i det nye testamente. Eksempler på tegn er Jesus, der forvandler vand til vin, helbreder de syge og genoplever de døde; får de blinde til at se, de døve til at høre, og de stumme til at tale. Disse tegn er ting, som ikke kan gøres af mennesker (Johannesevangeliet 6:2). Jesus udførte tegn efter at prædike Guds ord, sådan at de, som så det, kunne tro, at Guds ord er fuldkommen sandt. Naturligvis er det mere velsignet at tro selv uden at se disse beviser, men det er ikke let at have sand tro uden at have set. Da synden er fremherskende, bliver folks hjerter mere stædige, og det er mere vanskeligt for dem at have sand tro. I dag er det mere gavnligt og effektivt at have tegn og undere for at sprede budskabet og redde sjæle.

Disse tegn skal følge dem, der tror.

Nogle troende tro ikke, og synes nærmest at det er mærkeligt, når vi siger, at de tegn, som findes i Bibelen, stadig finder sted i dag. Andre kan komme i tvivl og tænke: "Jeg har bedt med tro, og hvorfor finder Guds gerning ikke sted?"

Men Jesus sagde bestemt: *"Og disse tegn skal følge dem, der tror: I mit navn skal de uddrive dæmoner, de skal tale med nye tunger, og de skal tage på slanger med deres hænder, og drikker de den dødbringende gift skal den ikke skade dem: de skal lægge hænderne på syge, så de bliver raske"* (Markusevangeliet 16:17-18). "Dem, der tror" henviser her til dem, som har en perfekt spirituel tro. Der er et mål for tro, som findes i Paulus' brev til Romerne 12:3. Der er en bestemt proces for et frø, som skal spire, vokse, blomstre og bære frugt. Når vi først har sået troens sæd i os, vil troen vokse på forskellige måder alt efter, hvor godt vi passer på den. Det er derfor hver og en har forskellige grader af tro. I den udstrækning vi praktiserer ordet og ændrer vores hjerter til at være sande hjerter, vil Gud give os spirituel tro fra oven (Hebræerbrevet 10:22). Derfor er det sådan, at hvis vi vokser til at have en perfekt tro, der minder om Jesu hjerte, så vil disse tegn ledsage os.

Vi vil særligt uddrive dæmoner i Jesu Kristi navn, og tale med nye tunger. At "tage på slanger" betyder i spirituel forstand, at vi vil ødelægge Satans arbejde med Guds ord. Dem, som har en perfekt tro vil heller ikke blive inficeret med sygdomme og bakterier, og selv hvis de ved et uheld drikker dødelig gift, vil det ikke skade dem, for Gud brænder giften med Helligåndens ild. Dette var tilfældet, da apostelen Paulus blev bidt af en giftig slange på øen Malta (Apostlenes Gerninger 28:5). Men hvis du vil teste Gud vel vidende at det er gift, kan Gud ikke beskytte dig. Med perfekt tro kan vi også vise helende arbejde med Guds kraft, når vi beder for selv uhelbredelige sygdomme.

Hvad er "Nye Tunger?"

Hvad menes der her med "nye tunger?" At tale med andre tunger er en gave fra Helligånden, som Gud ønsker, at alle hans børn skal modtage (Første Korintherbrev 14:5). Normalt beder vi til Gud med vores sprog. Dette er hjertets bøn. Men nogle gange beder vi i tunger, hvilket er sjælens bøn (Første Korintherbrev 14:15).

Når vi indser, at vi er syndere, fortryder, og tager imod Jesus i vores hjerter, giver Gud os Helligånden som gave, og i mange tilfælde giver han den gave at tale i tunger, hvilket er en af Helligåndens gaver. Når vi modtager Helligånden, genopvækkes den ånd, som har været død på grund af Adams oprindelige synd. Hvis vi modtager gaven at tale i tunger, er det sjælen selv, der taler til Gud. Så som kristne vil vi kunne bede med større styrke, og vores sjæle vil begunstiges, hvis vi modtager gaven at tale i tunger.

Da jeg var ny i troen, bad jeg af hele mit hjerte i mine nattelange bønner, og da jeg begyndte at bede i ånden, særligt i andre tunger, og skiftede frem og tilbage i bønnen, begyndte jeg at synge i andre tunger med Helligåndens inspiration. Når jeg sang lovsange i andre tunger, bevægede mine hænder sig til tider opad, uden at jeg var bevidst om det, og jeg dansede. Fra den tid talte jeg i tunger, når jeg bevægede mig ind i et dybere niveau af bøn. Bønnen er meget kraftfuld, når der tales i tunger.

Da jeg befalede i Jesu Kristi navn

Ikke engang planter skal sættes på prøve

Hvor er det forunderligt, at det samme forbløffende arbejde ved Gud, som Jesus viste på denne jord for ca. 2000 år siden, stadig finder sted på samme måde for alle, som beder med tro! Siden jeg var ny i troen, og ikke vidste meget om Guds gerning, har jeg akkumuleret utallige bønner om at lade mig udføre Guds kraftfulde arbejde, som profeterne og apostlene også udførte. På den tid, hvor kirken blev åbnet, fandt de tegn, som ledsager de troende, allerede sted.

Lige efter kirkens åbning i 1982 havde vi omkring 30-40 tusinde won (600-800 kr.) i ugentlige gaver. Vi ønskede os nogle blomsterdekorationer til alteret, men vi havde hverken en person, der kunne gøre det, eller penge nok til at købe blomster. I august var der nogen, der købte en urtepotte med et lille træ med mange blade. Selv om vi ikke havde blomsterdekorationer, havde vi denne plante, og den var køn og dyrebar. Men efter ca. 2 uger, blev dens blade gule, og den var ved at dø. Jeg var ked af, at dette kønne træ var ved at dø. Hvis Gud kan genoplive en død mand, ville han så også besvare mine bønner for dette træ? Med denne tanke i sindet, lagde jeg min hånd på træet og bad: "Genoplev i Jesu Kristi navn!"

Den næste dag, da jeg kom ind i kirkerummet for at lede bønnen ved daggry, var de gule blade blevet grønne igen. Jeg glædede mig sammen med menigheden, som så det, og takkede Gud. Jeg var rigtig glad og tilfreds efter at have oplevet, at det døende træ fik nyt liv. I september blev der givet en krysantemum til kirken. Ved synet af de smukke blomster fik jeg lyst til at teste, om blomsterne ville dø, hvis jeg bad for dette. Da Jesus forbandede figentræet, tørrede det ud. Så hvis jeg bad og befalede at denne krysantemum at dø, ville den så ikke gøre det?

Jeg bad og befalede at krysantemumen skulle dø bare for at opleve det. Men jeg havde en urolig fornemmelse i hjertet. Da jeg bad samme aften, hørte jeg Guds ord irettesætte mig brysk, selv om ingen havde set mig forbande planten.

"Tjener, selv en plante har sit liv og vokser op ved Gud, og hvordan kunne du forbande den? Tester du mig? Min tjener, du er ond. Fortryd! Du kan ikke bare velsigne eller forbande til enhver tid. Du må kun gøre det, når Helligånden bevæger dit hjerte."

Jeg var så overrasket, at jeg svedte. Jeg begyndte øjeblikkeligt en 3 dages faste og fortrød grundigt. Siden den tid har jeg ikke hadet eller bedt med had mod andre mennesker, selv om de har forfulgt, bagvasket og forbandet mig. Som Guds ord befaler, har jeg bedt for dem, som forfølger mig, og velsignet dem med kærlighed.

Opgave: Verdensmission

"Kald på mig, så vil jeg svare dig og fortælle dig om store og ufattelige ting, som du ikke kender" (Jeremias' Bog 33:3). Ud fra dette vers har jeg akkumuleret megen bøn i brydekamp med Gud ligesom Jakob ved floden Jabbok. Da jeg udsagde højlydte bønner og fastede i lydighed overfor Guds ord, og forsøgte at leve ved ordet, fuldbyrdede Gud sit ord. Jeg kom til at høre Guds stemme fra tid til anden, og jeg kom til at se store og ufattelige ting. Til tider lod Gud mig vide, hvad der ville ske i landet, og i hvilken retning verdenssituationen ville skride frem. På den tid hvor kirken blev åbnet, lod Gud os vide, at han ville gennemføre verdensmissionen i stor stil, og at vi skulle bygge en stor kirke til ham.

Siden jeg var blevet kaldet som hans tjener, havde jeg bedt om at blive en tjener, som kunne sprede budskabet til alle folk, og redde mange sjæle. Da Gud gav mig til opgave at gennemføre en verdensmission, modtog jeg ordet, der sagde: *"Du vil krydse bjerge og floder og hav, og udføre tegn og undere."* Han gav mig også til opgave at prædike budskabet til det udvalgte folk, Israel, under de sidste dage. Han lod mig vide, at budskabet ville vende tilbage til dets hjemland, og selv de jøder, som ikke anerkender Jesus som deres Frelser, ville fortryde.

Visionen om at bygge den store kirke

Lige efter åbningen af kirken havde vi helbredende sessioner i de nattelange fredagsgudstjenester, og Gud gav hver uge et af menighedsmedlemmerne den gave at se en vision. Jeg undersøgte personligt hvert medlem for at se, om den gave, de havde modtaget, virkelig var fra Gud. Gud giver os gaver fra Helligånden, fordi de er gavnlige for os, men til tider modtager folk gaver, som ikke er fra Gud, men som er Satans værk, og ser noget meget mærkeligt. Det er derfor, vi er nødt til at kunne skelne ånderne korrekt.

En dag i september i 1982 viste Gud en vision til 17 medlemmer angående den store kirke, som vi en dag skulle bygge. En så taget, andre så interiøret, og en anden bagsiden, og endnu en så de smukke marmorsøjler. Centrum af loftet skulle åbne sig i korsform, sådan at sollyset kunne komme ind. Prædikestolen i den store kirke var placeret i centrum af rummet, og den roterede langsomt. Et medlem så mig prædike der med kirkerummet fyldt af mennesker.

Vi sammensatte alle de ting, som vores medlemmer så, og vi konsulterede en ekspert, og konstruerede et fugleperspektiv af kirkerummet. Vi har stadig dette billede af kirkerummet set ovenfra, som var på forsiden af vores ugentlige bulletin. For at fyldestgøre den drøm, som Gud gav os i den første tid med vores kirke, har vi bedt med tro konstant.

Gud forklarede os, hvorfor der ville blive behov for kirken i den sidste tid, og hvordan den skulle bygges. Den store kirke, gennem hvilken Gud skal modtage ære, skal ikke bare bygges, fordi vi har penge til det. Gud ønsker, at hans kirkerum skal bygges gennem de af hans børn, som passioneret elsker Gud, og som har omskåret deres hjerter og er blevet hellige.

Første vækkelse i hjembyen

I februar 1983, ledte jeg den første vækkelse i min hjemby. Det var ved en kirke i Haeje Myeon, Muan Gun, Jeonnam provinsen. Men medlemmerne af denne kirke deltog ikke. I stedet var der andre mennesker fra byen, som fyldte kirken.

De fortalte en sørgelig historie. En anden kirke i en nærliggende landsby, som tilhørte en stor sekt, forsøgte at friste menigheden med penge, og de fleste af medlemmerne var ved at flytte til denne kirke. Så pastoren holdt dette vækkelsesmøde for at holde fast på de medlemmer, som ønskede at flytte, men medlemmerne samarbejdede ikke, og de mødte heller ikke op. Når de ikke deltog i vækkelsen, skyldes det, at pastoren ikke havde inviteret en berømt vækkelsesprædikant, men i stedet havde en ukendt og stadig ikke præsteviet pastor ved navn "Jaerock Lee."

Gud manifesterede store mirakler fra førte session. En kvinde, som ikke havde været i stand til at gå i 10 år, og ikke kunne sove på grund af skarpe smerter i knoglerne, lyttede til budskabet og fik tro. Gennem bøn kom hun til at rejse sig, gå, og springe. Denne nyhed spredte sig øjeblikkeligt til nærliggende landsbyer, og fra den følgende dag kom pastorer og menighedsmedlemmer fra afstande på op til 18 mil. Vækkelsesmødet fortsatte med kirken fyldt af mennesker, som kom fra en række forskellige steder.

Der var en ældre kvinde, hvis ryg var bøjet 90 grader. Når hun gik, kunne hun kun se jorden. Denne ældre kvinde forsynede mig med varme drikke ved bønnemøderne hver morgengry, middag og aften, selv i koldt vejr. Rent faktisk brød jeg mig ikke om den slags drik, hun bragte mig, men jeg drak det alligevel med tanke på hendes anstrengelse. Og den sidste dag af vækkelsen var hendes bøjede ryg blevet rettet fuldstændig. Ud over dette havde mange andre mennesker oplevet Guds helende gerning og priste ham. Først da kom medlemmerne af kirken til at kende Guds storslåede arbejde, og de kom til erkendelse af, hvad de havde gjort galt. Og så fortrød de overfor deres pastor, og deltog i resten af vækkelsens sessioner.

Befalede kullilte i Jesu Kristi navn

På den tid brugte de fleste hjem en slags store trækulsbriketter til opvarmning. Så om vinteren var der mange uheld. Hver dag hørte man om mennesker, som døde eller blev indlagt på grund af forgiftning med gas. Den 12. februar, 1983 havde vi den nattelange fredagsgudstjeneste lige før det lunare nytår. Kælderen i bygningen blev på det tidspunkt brugt til min bolig. Der var soveværelser, stue, pedellens rum og kontorer.

Før fredagsgudstjenesten begyndte, tænkte en ung mand ved navn Suk-ki Park, at når nu dagen efter gudstjenesten var starten på ferien i forbindelse med det lunare nytår, så ville han overveje ikke at tage til søndagsgudstjeneste, men i stedet mødes med en ven. I samme øjeblik følte han sig døsig, og han fik lyst til at tage sig en kort lur og derefter vende tilbage til gudstjenesten. Han gik ned i kælderen, hvor min bolig var placeret.

Han tænkte, at han kun ville hvile sig et øjeblik, men han faldt i dyb søvn. I soveværelset i boligen lå mine tre døtre og sov. Kirkerummet, som kun var ca. 540 kvadratfod, var fyldt med mere end 150 personer, så der var ikke plads til børnene. Der var overfyldt med mennesker, som deltog i gudstjenesten. De fyldte endda det lille bederum, og stod på trappen uden for indgangen.

Idet himmelen var svært overskyet denne dag, blev carbonmomoxid gassen fra trækullene ikke ventileret ordentligt ud. Da den nattelange fredagsgudstjeneste begyndte kl. 23 og sluttede kl. 6 den næste morgen, var den unge mand og mine døtre udsat for dødelig gas i mere end 7 timer. Den unge mand fortalte, at han havde genvundet bevidstheden en gang, men da hans krop allerede var stivnet, kunne han ikke bevæge sig. Efter gudstjenesten, da menigheden tog hjem, gik pedellen nedenunder og var det første vidne på stedet. Da han fandt dem, råbte han: "De er døde!" Dette nødråb tilkaldte de mennesker, der var i kirken. De bragte mine tre døtre og den unge mand, som havde mistet bevidstheden, ind i kirkerummet. Deres øjne var blevet hvide, og de havde boblende skum om munden.

Mine tre døtre trak stadig vejret svagt, men den unge mand, Suk-ki Park, åndede ikke længere. Hans krop var allerede stivnet. Han var rent faktisk et lig. Jeg kendte udmærket faren ved kuliltegas, men da jeg aldrig havde haft den slags oplevelse med det tidligere, troede jeg ikke, at de kunne genoplives. Det var højest utænkeligt at Gud ville genoplive dem gennem min bøn. Selv hvis de kom på hospitalet for at modtage behandling, ville de blive mentalt eller fysisk handicappede, eller menneskelige grøntsager resten af deres liv.

Jeg havde netop startet mit præsteembede, men hvis nogen dør i en ulykke lige efter åbningen af en kirke, hvordan kan man så fortsætte sit embede? Jeg kunne ikke kaste skam over Gud ved at gøre noget sådant, så jeg gik op til alteret og bad: "Gud, du er den som giver liv og tager det igen. Jeg takker dig for, at mine døtre er sammen med Herren i himmelen, hvor der ikke er tårer, sorg eller smerte. Men denne unge mand er et medlem af kirken, og hvis han dør, vil det kaste skam over dig. Jeg beder dig, lad denne mand komme tilbage til livet igen."

Efter at jeg havde takket Gud i denne bøn, var der mange medlemmer, som bad til Gud på deres knæ for, at de skulle genoplives. Jeg gik først hen til den unge mand, lagde min hånd på ham og bad: "Jeg befaler i Jesu Kristi navn: kuliltegas, forsvind! Fader, genopliv hans ånd og bliv glorificeret." Så bad jeg over hver af mine tre døtre en efter en. Efter at jeg havde bedt for den unge mand, bad jeg for min yngste datter Soojin. Mens jeg var i gang med bønnen, rejste den unge mand sig og han satte sig ved siden af stolene i koret. Han virkede som om, han ikke vidste, hvad der var sket, og han huskede kun at have sovet i kælderen. Mens jeg bad for min næstældste datter, kom min yngste datter Soojin til bevidsthed og satte sig op. Ikke engang et minut efter, at jeg havde bedt for mine tre døtre, havde de alle sat sig op. De menighedsmedlemmer, som så dette, lovpriste Gud med åndfuld emotion. Senere fortalte den unge mand, at hans ånd, som havde forladt hans krop, betragtede det der foregik oppe fra. Han havde set, hvordan pedellen havde båret hans krop ind i kirkerummet, og hvordan han havde modtaget min bøn.

Da kuliltegas ødelægger hjernecellerne, var det åbenlyst, at de burde have været døde efter at have indåndet gassen i 7 timer. Selv om de var blevet bragt på hospitalet og havde overlevet, ville de have lidt af eftervirkningerne. Men fordi Gud helbredte dem og rensede dem for gassen og enhver tænkelig eftervirkning, levede den unge mand og mine døtre sundt og godt uden mén. Når jeg blev udsat for en test af denne type, stolede jeg udelukkende på Gud, og jeg overvejede ikke engang at stole på verden. Da jeg havde bestået denne test med tak, indså jeg, at Gud gav mig kraft til at kontrollere og regere over selv livløse ting som kuliltegas.

Derefter lærte Gud mig at uddrive denne gas. Idet gassen først paralyserer hjernecellerne og derefter nerverne i hele kroppen, vil en person, som forgiftes, først miste bevidstheden, og derefter vil kroppen stivne. Så Gud lærte mig, at i tilfælde af forgiftning med gas skulle jeg bede og sige: "Jeg befaler i Jesu Kristi navn: forsvind hurtigt fra næse, mund, og begge ører, og fra alle celler." På denne måde vil gassen, som har paralyseret kroppen, adlyde befalingen om at frigive kroppen og forsvinde hurtigt.

Var der ikke ti rensede? Men de ni, hvor er de?

Jeg bad, og Gud lod mig se

I de første to år efter åbningen af kirken besøgte jeg selv medlemmerne og tog mig af dem. Hvis der var nogle medlemmer, som ikke deltog i søndagsgudstjenesten, eller som gennemgik en svær periode, fastede jeg og bad for dem natten lang, og angrede med tårer på deres vegne. De fleste medlemmer levede forholdsvis langt fra kirken. Hovedparten af dem var ikke økonomisk velstillede, nogle af dem var gået konkurs og levede i fortvivlelse.

Indtil antallet af medlemmer nåede op på nogle hundrede, kunne jeg se med et øjekast, hvem der ikke var kommet til søndagsgudstjenesten. Jeg fastede for medlemmerne, og når det var vanskeligt for mig at besøge dem selv, sendte jeg nogle medarbejdere for at besøge dem i mit sted. Jeg forsøgte ikke at miste en eneste sjæl, som Gud havde betroet mig.

Råd med kærlighed

Jeg gav nogle gange råd med kærlighed eller påpegede noget for medlemmerne med ønske om, at de skulle ændre sig og vokse i troen. Når jeg var bekymret for et medlem og bad for denne person i 10 minutter, lod Gud mig se og forstå problemerne med denne persons familie eller arbejdssted.

En søndag manglede et medlem, som ellers aldrig plejede at være fraværende. Jeg kunne ikke lade være med at bekymre mig for ham. Jeg bad: "Gud, netop dette medlem kom ikke til søndagsgudstjenesten. Hvad er der sket med ham?" Gud viste mig, at han havde været i en pub denne søndag. Efter et stykke tid fortalte jeg ham, hvad jeg havde set, idet jeg var overbevist om, at han ikke ville blive fornærmet eller stødt, hvis jeg gjorde det. Hans ansigt blev rødt, men han anerkendte, at det var sandt.

Der var et andet medlem, som havde deltaget i morgengudstjenesten, men jeg havde ikke kunne finde ham ved aftensgudstjenesten. Han var også en af dem, som regelmæssigt overholdt søgnedagen. Da jeg bad for ham, viste Gud mig, at han drak ved en bryllupsreception. Efter nogle dage sagde jeg til ham: "En person, som bar tøj i en særlig farve, nødede dig til at tage en drink. Du afslog nogle gange, men til sidst gav du efter og drak." Hans ansigt blev rødt, og han skammede sig.

Men i tilfælde som dette kunne jeg mærke, at de medlemmer, som syndede, blev bange for mig og forsøgte at undgå mig. Da jeg så, at medlemmerne syndede, bedragede, handlede utugtigt og begik ægteskabsbrud, blev jeg knust og bad til Gud med tårer.

En dag i en bøn, hørte jeg Gud tale til mig.

"Se ikke på den nuværende situation for dine menighedsmedlemmer. Se på dem med troens øjne og med forventningen om, at de ændrer sig fremover. Hvis de snyder dig, så bare lyt til dem og forsøg ikke at få mere at vide... Hvis du kun ser på medlemmernes nuværende situation, vil dit hjerte blive knust, din sjæl vil rådne, du vil miste dit helbred, og sådan vil du ikke være i stand til at gøre din pligt."

Siden da har jeg overladt alt i Guds hænder, og jeg er holdt op med at bede om at vide, hvad mine medlemmer foretager sig.

Der var ikke alene mennesker, der kom til kirken fra hele landet for at modtage helbredelse, men også dem, som havde ledt efter det levende ord med spirituel tørst. Der var mennesker, som tjente Gud, og som hengav sig til Gud og glædede sig til den himmelske belønning efter at deres problemer var blevet løst, og de var blevet helbredt, mens der var andre, som tog tilbage til verden og søgte deres egen fortjeneste.

At bortkaste idoler og komme ind i lyset.

Kyeongsoon Park var fra en familie, der havde tilbedt falske idoler, før hun kom i kirke. Hendes svigermor havde en evnesvag datter, og gennemførte mindst et eksorcistisk ritual om måneden for at kurere datteren.

Kyeongsoon satte også lykkemønter og amuletter på møblerne, i puderne og endda i loftet. Hun satte dem i enhver krog i huset.

Ikke længe efter åbningen af kirken besøgte jeg dette hus for at holde en hjemmegudstjeneste, og jeg kunne se dæmonerne, så jeg sagde til hende: "Du må stadig have nogle amuletter tilbage i huset." Hun insisterede: "Nej, pastor. Jeg har allerede ledt alle vegne, og smidt dem alle sammen ud." Igen sagde jeg til hende: "Der er en dæmon i dette hus, som ikke er forsvundet. Der må være nogle flere amuletter. Find dem og brænd dem."

Da Kyeongsoon Park gennemsøgte huset igen, fandt hun flere amuletter. Hele familie bortkastede idolerne, blev registreret i kirken og kom til at leve i Kristus. Kyeongsoon Park blev helbredt for en hjertesygdom, som hun havde lidt af gennem længere tid. Desuden blev hendes svigermor helbredt for sine problemer med maven.

En ung mand med dødelig tuberkulose

Der var mange mennesker, som havde tuberkulose på det tidspunkt. Daehee Cho fra Kwangju havde haft lungetuberkulose, da han gik i skole. Han tog medicin fra det offentlige sundhedscenter og kom sig, men da han kom i gymnasiet, begyndte han at ryge og drikke, og det kom tilbage. Da det først var komme tilbage, var der ikke noget, der hjalp, selv om han tog medicin. Han mor skaffede alt, hvad der efter sigende skulle være en "god kur" for hendes søns sygdom, og gav ham det. Disse "kurer" inkluderede slanger, katte, frisk lever, saft fra menneskelige ekskrementer, og endda medicin til spedalske. De lavede også eksorcisme, gav ham moderkage, skaffede kød fra et lig på kirkegården og gav ham det at spise, fordi nogen sagde, at det var "god medicin."

I januar 1982 blev han diagnosticeret på Severence Hospitalet ved Yonsei Universitet. Hans lunge var allerede forsvundet, og der var intet håb om en kur. Han blev indlagt på hospitalet, men kom sig ikke. Hans mor gav op, og ville have ham udskrevet fra hospitalet. På dette tidspunkt kom hans bedstemor for at se til ham. Denne gamle kvinde levede nær Manmin kirke. Selv om hun aldrig havde besøgt kirken, havde hun set, at mange syge mennesker kom og blev helbredt. Hun så dem gå derfra med sunde kroppe. Derfor tilskyndede hun sit barnebarn til at tage i Manmin kirken. Den 13. marts 1983 deltog Daehee Cho i den nattelange fredagsgudstjeneste. Han følte, at det var hans sidste håb. Han var så tynd, at hans øjne stak ud.

Således deltog han i møder for de syge hver dag sammen med sin mor, og han fastede i tre dage. På den tredje dag gav Gud ham angerens ånd, og han angrede fuldt ud og grundigt tre gange. På den 13. dag efter at han første gang kom i kirken, var Daehee Cho overbevidst om, at han var helbredt. Efter bønnemødet ved daggry gik han på badeværelset og spyttede. Der var ikke noget blod. Han havde hostet blod op den forgående dag, men denne dag var der ikke noget. Den skarpe smerte i brystet var forsvundet, og der var nu hverken opspyt eller blod. Senere blev han kaldet til at være Guds tjener, og han er nu i gang med sit præsteembede som assisterende pastor i vores kirke.

Jeg bad for helbredelse af alle syge

I begyndelsen, når de syge kom til kirken, bad jeg for deres umiddelbare helbredelse. Jeg mente, at det var bedst at lade dem opleve Guds nåde og sætte dem fri fra sygdommenes byrde. Jeg bad simpelthen: "Gud, helbred alle syge, så snart de kommer." Og Gud gjorde det, som jeg bad om. Enhver syg, som kom til kirke, blev helbredt med det samme. Men snart indså jeg, at dette ikke bar frugt i form af frelse, hvilket var det vigtigste. Mange af dem forlod Gud, efter at de var blevet helbredt.

En gang var der et ægtepar, som deltog i den nattelange fredagsgudstjeneste. De fortalte mig, at manden havde fået skadet en sene i en trafikulykke. Han kunne dårligt gå, og han havde så stærke smerter, at han end ikke kunne sidde op under gudstjenesten. Helligånden bevægede mig, og jeg lagde hånden på ham. Lige efter bønnen rejste han sig op og sprang rundt. Men han holdt op med at komme i kirken efter ganske få gange.

En pastor fra kirken besøgte ham, og han sagde: "Er det ikke nok, at jeg er kommet til gudstjeneste et par gange i taknemmelighed for helbredelsen? Er der nogen, der vil give mig penge for at gå i kirke?" Og derefter kom ham aldrig mere. Han mente ikke, at han havde behov for at gå i kirke, idet han allerede var blevet helbredt. Hvis Gud ikke havde helbredt ham, ville han ikke have været i stand til at arbejde. Gud gav ham liv og nåde, og helbredte ham, men idet han ikke havde det levende ord i sig, søgte han kun sin egen fordel.

Der var et ægtepar, som fik en baby i 7. måned. Babyen lå i kuvøse på hospitalet i tre måneder, men fik det ikke bedre. Lægen sagde, at der ikke var noget håb. Faderen sagde: "Når babyen bliver et år gammel, vil vi holde en fest og inviterer alle i kirken." Da forældrene indså, at lægevidenskaben ikke kunne hjælpe dem, tog de deres baby med i kirke. Babyen modtog bøn og blev helbredt, og efter 15 dage var den fuldstændig sund og rask.

"Mange tak, pastor. På vores babys første fødselsdag vil vi invitere dig og hele menigheden til en stor fest."

"Ja tak, gør det!"

Faderen var rigtig glad på dette tidspunkt, fordi hans baby var blevet helbredt, og han forslog selv festen. Men han begyndte langsomt at springe søndagsgudstjenesten over, og da babyens første fødselsdag oprandt, holdt han en fest, men han inviterede kun sine slægtninge og de verdslige personer, han kendte.

En ung mand fra Gang-won Do havde en sund krop, men han var pralede ualmindeligt meget. Da han hørte budskabet i kirken, begyndte han at fortryde. Jeg bad for denne unge mand for at uddrive hans dæmoner, og han fik fråde om munden og faldt sammen. Efter at dæmonen var blevet drevet ud af ham, blev han en normal person med en mild karakter. Men han vendte tilbage til sin kirke, så vi så ham ikke mere.

Der var også en ældre dame, som havde mistet synet i den grad, at hun var så godt som blind. Da hun hørte om vores kirke, tog hendes familie hende dertil, og hun fik synet tilbage. Men så snart hun var blevet helbredt, forlod de kirken.

Synd ikke mere

I Johannesevangeliet 5:14 helbreder Jesus en syg person, og finder ham derefter i templet, hvor han siger til ham: *"Nu er du blevet rask; Synd ikke mere, for at der ikke skal ske dig noget værre."*

Da disse mennesker er blevet helbredt ved Guds kærlighed og kraft, skulle de nu leve efter hans ord, og takke for hans nåde. Men hvis de begår nye synder, hvordan kan Gud så beskytte dem? Idet Gud ikke kunne holde på den og vendte sit ansigt bart fra dem, blev de syge igen ved Satans værk, og da de forsagede

Gud nåde, fik de endnu mere alvorlige sygdomme end det, de før havde haft.

Vi kan blive beskyttet, når vi lever i verden

Sådan en hændelse fandt sted i november 1982. På det tidspunkt havde vi en nattelang fredagsgudstjeneste, som fortsatte indtil kl. 6 om morgenen. Kort efter midnat kom et par ind i kirkerummet, bærende på en pige på omkring 5 år. Pigen græd, idet hun ikke var i stand til at udholde sin smerte. Hun boede i Busan, og hun havde fået diagnosen dødelig kræft i bugspytkirtlen.

Lægerne havde forsøgt at operere hende, men da tumoren var stor, havde det ikke kunne lade sig gøre. Og da den voksede i maven, var det farligt at sy. Lægen havde sat en særlig trådlignende ståltråd løst om hendes mave. Det var et skrækkeligt syn.

Pigen hed Wonmi. Hun fik morfin flere gange om dagen. Det var den eneste måde, hvorpå hun kunne udholde smerten. Hun havde iltmaske på, og hun var døende. Hendes tante, faderens søster, havde overtalt forældrene ved at sige: "bror, der er en kirke i Seoul, som er fyldt med Guds nåde. Lad os tage derhen og lad hende modtage bønnen. Gud vil helbrede Wonmi." Hendes forældre havde allerede opgivet, og havde ikke længere noget håb, men de lyttede til tanten. De tog afsted med Wonmi til kirken i Seoul.

Jeg bad for pigen i 15 dage. Da hun modtog bønnen første gang, forsvandt hendes smerte. Efter et par dage var det synligt, at et helbredende arbejde fandt sted. Smerten var forsvundet, og den opsvulmede mave blev normal. Så begyndte forældrene at få tro. Jeg rådede dem til at få ståltråden fjernet på hospitalet, men de ville ikke derhen, og fjernede den i stedet selv med tro. Forbløffende nok lod Gud såret hele og lukke sig efter nogle dage.

Wonmi havde været ved at dø i ulidelig smerte, men nu var hun blevet helbredt på ca. 10 dage. Hun lærte lovsange og danse i søndagsskolen, og hun sang og dansede med sine venner. De, som så hende, glædede sig over det. Hun var kvik, og hun blev elsket af mange menighedsmedlemmer.

De blev i kirken i 15 dage og modtog bønner, og derefter tog de tilbage til deres hjemby. Da jeg bad for forældrene, kom Guds ord:

"Når de tager tilbage, skal de overholde de Ti Bud, og deres datter vil vokse op sund og rask. Men hvis de ikke overholder de Ti Bud, vil Gud vende sit ansigt bort fra dem."

Jeg sagde til dem: "I skal overholde søgnedagen, give tiende, og tjene Gud godt. I forældre skal overholde de Ti Bud, for at barnet skal holde sig rask." Wonmis fader sagde: "Tak, pastor! Det vil vi naturligvis gøre. Og jeg tror ikke, at kirken har en bus endnu. Når jeg kommer hjem, vil jeg sende en stor bus som gave."

Men kort efter hørte jeg, at barnet var dødt. Wonmis forældre var i starten gået i kirke, efter at de var kommet hjem, men som tiden gik, holdt de op med at overholde Herrens dag. Men man må være taknemmelighed for, at Wonmis sjæl blev frelst, og at hun vil leve lykkeligt fremover i det himmelske rige, hvor der ikke er hverken tårer eller sorg.

Gud helbreder dem i overensstemmelse med deres tro

Da jeg netop have startet mit præsteembede, var jeg knust over at se mennesker, som forsagede Guds nåde, forlod kirken og vendte tilbage til verden.

"Gud Fader, de mødte dig, de oplevede din gerning og blev helbredt, så hvordan kan de bare forlade dig på denne måde?" Jeg græd med knust hjerte og fældede mange tårer i min bøn, og en dag hørte jeg Herrens stemme:

"Min tjener, da jeg helbredte ti spedalske, tog ni af dem bort, og kun en kom tilbage for at lovprise Gud. Og på samme måde, når du beder Faderen om at helbrede dem med din tro: Hvis de ikke har sandhed og liv i sig, vil de forsage nåden og forlade kirken. Derfor vil de kun undlade at forlade kirken, hvis de lytter til ordet og har tro. Når de så er blevet helbredt med deres egen tro, vil de ikke forlade kirken. Fordi du bad, helbredte jeg dem gennem din styrke, men nu skal du ændre indholdet af din bøn. Du skal bede om, at de bliver helbredt i overensstemmelse med deres tro."

Det endelige mål med at leve at kristent liv er, at vores sjæl bliver frelst, og at vi kommer ind i det himmelske rige. Og det, der er vigtigst for at komme ind i det himmelske rige, er at kende Guds vilje og at have tro. Da Jesus helbredte ti spedalske, var der kun en af dem, der kom tilbage til Jesus og lovpriste Gud (Lukasevangeliet 17:11-19). De andre ni forlod Gud, og tog ud i verden. Kun en blev frelst.

Mennesker, som kommer til kirken, fordi de har en sygdom eller andre problemer, men som deltager i gudstjenesten, lytter til beskeden, og kommer til at kende Guds vilje, får tro og liv. Det er Guds vilje at helbrede dem, når de modtager Helligånden, tror på himmel og helvede, og har tro til at blive frelst. Hvis de bliver helbredt uden at have tro, så vil de fleste tage tilbage til verden, undtagen dem, som har en særlig stærk samvittighed. Og i sidste ende vil de fleste ikke blive frelst. Så fra det øjeblik ændrede jeg min bøn, og sagde: "Gud, lad dem blive helbredt i overensstemmelse med deres tro." Og Gud viste for alvor sin helbredende gerning, når de demonstrerede deres tro.

Tro der kontrollerer vejret

Den første august 1983 havde vi den første sommerlejr på Daebu øen nær Inchon. Men natten før lejren regnede det voldsomt med torden og lyn. Færgen til Daebu øen sejlede kun en gang om dagen. Jeg spurgte Gud: "Gud, hvordan kan vi tage på lejr i denne regn? Stop venligst regnen!"

Vi havde planlagt at tage afsted fra kirken kl. 5 om morgenen, så nogle studerende, som boede langt væk, sov i kirkerummet den nat. Jeg ville gerne sove lidt i min bolig, men kunne ikke falde i søvn på grund af stormens larm. Jeg lå bare i sengen uden at være i stand til at sove. Og jeg bad i mit hjerte, men omkring kl. 3 hørte jeg Helligåndens stemme, som sagde, at jeg ikke skulle bekymre mig. Jeg gik ind i kirkerummet for at lede bønnemødet ved daggry kl. 4, og der var nogle af de unge medlemmer tilstede. Da bønnemødet sluttede kl. 4.55 var stormen blevet endnu voldsommere. Der var kraftigere torden og lyn, og den tunge regn slog ind på vinduet.

Jeg sagde: "Lad os bede sammen om at denne regn stopper!"

Da de studerende havde bevidnet mange mirakuløse tegn i de nattelange fredagsgudstjenester, havde de god tro. De, som var tilstede i kirkerummet, bad inderligt et par minutter, men torden og lyn fortsatte.

Jeg hørte: "Vær ikke bekymret. Tag din bagage og gå ned i stueetagen. Når nogen træder ud på jorden, vil regnen stoppe!"

Da jeg frejdigt kundgjorde dette, svarede alle med "Amen." De rejste sig, og gik ned i stueetagen. Da den første person i rækken trådte ud på jorden, stoppede den tunge regn øjeblikkeligt, og torden og lyn holdt også op. Gennem denne oplevelse gav Gud os stor tro som gave.

Modtagelse af forklaring på vanskelige passager og "Budskabet fra Korset"

Efter åbningen af kirken blev jeg inviteret til at tale ved en række vækkelsesmøder. Jeg prædikede ordet for at skabe tro i hver og en af de deltagende, og give dem en mulighed for at forstå Guds kærlighed. Når som helst jeg prædikede for de syge, var der mange mennesker, som blev helbredt. Den lamme begyndte at gå, og den blinde begyndte at se. Mange mirakler fandt sted. Gud lærte mig også, hvad jeg skulle prædike ved disse vækkelsesmøder. Jeg prædikede om Jesus Kristus, Gud Fader, sand tro og evigt liv, mirakler, genopstandelse, Herrens tilbagevenden og om det himmelske rige.

Sædvanligvis foregik møderne fra mandag til torsdag. De begyndte kl. 18, og ca. kl. 19.30 var jeg gået i gang med budskabet. Jeg fortsatte normalt indtil kl. 23 eller midnat, fordi pastoren og deltagerne bad mig om at fortsætte min prædiken. Efter aftensessionen sov jeg nogle timer, og så ledte jeg mødet ved daggry. I 1983 tog jeg rundt over hele landet for at tale ved vækkelsesmøder. En dag gav Herren mig besked om at holde op med dette, og i stedet tage af sted til bjergene for at bede.

Han ønskede at forklare mig de bibelpassager, som er vanskelige at fortolke. Jeg havde bedt om at modtage forklaringer på disse vanskelige passager i 7 år, og nu fik jeg endelig svar fra Herren. Så fra maj 1983 holdt jeg op med at tale på vækkelsesmøder, og jeg tog afsted til Kwangju bedebjerget i Kwangju, Gyeong-gi provinsen. Efter gudstjenesten søndag aften tog jeg dertil for at bede dagen lang, og om fredagen tog jeg tilbage til kirken for at lede den nattelange fredagsgudstjeneste. Dette liv fortsatte i mange år.

Kæmpende i den kolde vinter og den hede sommer

Om sommeren skinnede solen stærkt, og om vinteren kom temperaturen ned på minus 10-15 grader. Men jeg lagde et militærtæppe på klippen, og kaldte op mod himmelen i bøn. Selv i den kolde vinter tog jeg op på bjerget, og jeg bad grundigt hele dagen indtil aften. Jeg kæmpede i det kolde vejr. Når temperaturen kom under minus 10 grader, svedte jeg slet ikke, selv om jeg råbte højt og kæmpede af hele min styrke i bønnen.

Da jeg ikke havde nogen penge, havde jeg ikke råd til et behageligt og varmt logi. Jeg havde kun råd til én trækulsbriket om dagen til opvarmning. Luften i rummet var kold. Papiret for vinduet var revet i stykket, og den kolde vind kom ind. På værelset havde jeg blæk, som jeg brugte til at nedskrive Herrens forklaringer af de svære bibelpassager. Værelset var så koldt, at blækken frøs til is. Jeg var nødt til at smelte den på en eller anden måde, før jeg kunne skrive. Idet jeg ikke havde et ordentligt tæppe, sov jeg meget ubekvemt, kun dækket af et enkelt militærtæppe. Jeg stod op tidligt om morgenen og tog i kirke for at deltage i bønnemødet ved daggry. Efter morgenmaden tog jeg op til bjerget og bad hele dagen.

Forklaringer af vanskelige passager, som har mange betydninger

Nogle gange brød jeg hul på isen og vaskede mig med koldt vand, og så bad jeg og læste i Bibelen hele dagen. Kl. 19 deltog de fleste i aftensessionen, så der var stille. På dette tidspunkt gik jeg ind i en bedecelle og kæmpede svedende i bøn. Herren forklarede mig de bibelvers, som jeg havde bedt om i løbet af dagen. Han forklarede mig først de passager, som var sværest at forstå, og de var sødere end honning. Guds uudgrundelige og endeløse vilje var indeholdt i disse vers. Lad os se på bare én af de vanskelige passager, som Herren forklarede mig. I Johannesevangeliet kapitel 2 tager Jesus til en bryllupsfest i Kana og forvandler vand til vin. Normalt er et bryllup en lejlighed, hvor folk drikker og bliver overdrevent eftergivende. Man kan undre sig over, at Jesus, som kom for at redde menneskeheden, deltog til denne slags fest og viste det første tegn i sit virke.

Bryllupsfesten repræsenterer verdens ende, hvor folk spiser og drikker, og synden fremhersker. Jesu første tegn bebuder begyndelsen og enden på Jesu virke. Han blev inviteret til bryllupet i Kana, og dette betyder, at når de verdslige mennesker inviterer Jesus, er det for at korsfæste ham. Han tillod, at de korsfæstede ham, og det skete til sidst. Vandet symboliserer det evige livs vand (Johannesevangeliet 4:14), og dette vand er Guds ord, som giver evigt liv. Ordet er Jesus Kristus, som kom til denne jord i en menneskelig krop. Vinen står for Jesu dyrebare blod. Den symboliserer at Jesus, ordet, som kom i en menneskelig krop, ville blive korsfæstet og udgyde sit dyrebare blod engang i fremtiden. Jesus, som kom ned til jorden, der var fuld af synd, ville give sin hellige krop på korset, og udgyde sit blod og vand. Dette vers viser os Herrens kærlighed.

At forvandle vand til vin betyder, at det blod, som Jesus udgød på korset, ville blive det blod, som giver evigt liv. Den vin, som Jesus lavede ved brylluppet, var så ren som frugtsaft fra druer, uden nogen substans som berusede folk. Og folk, som smagte den vin, der var lavet fra vand, sagde at det var en god vin. Det betyder, at folk vil blive lykkelige, når de bliver renset for synder ved at drikke Jesu blod og få håb om det himmelske rige.

Til sidst siger verset: *"Dette gjorde Jesus i Kana i Galilæa som begyndelsen på sine tegn og åbenbarede sin herlighed, og hans disciple troede på ham"* (Johannesevangeliet 2:11). Det at "åbenbare sin herlighed" er relateret til de fire evangelier, som nævner, at Jesus ville blive korsfæstet, men på tredjedagen for hans begravelse ville han bryde dødens autoritet, og genopstå for at åbenbare sin herlighed. Denne simple frase indeholder således mange forskellige betydninger.

Disciplene blev splittet, da Jesus blev korsfæstet, og da de mennesker, som havde set den genopstandne Herre, fortalte dem, at Jesus var genopstået, troede de det ikke. Først da de selv havde set den genopstandne Herre, troede de. Disciplene troede på Jesus; ikke efter at de så de første tegn i Jesu virke, men da Herren åbenbarede sin herlighed – blev korsfæstet, brød dødens autoritet, og genopstod. Gennem dette første tegn, som Jesus viste os, er vi nu i stand til at indse, at det ikke kun var ment som en hjælp til afholdelsen af et bryllup i denne fysiske verden.

"Budskabet fra Korset" og den hemmelighed, der blev skjult før tidernes begyndelse

Mens jeg læste de fire evangelier, som skriver om Jesu virke, begyndte jeg at forstå Guds nåde og kærlighed, og jeg kunne næsten ikke fortsætte med at læse, fordi min næse løb, og jeg fældede mange tårer. Jeg begyndte at græde på det sted, hvor Jesus står i Pilatus' gård. Da jeg læste om, at Jesus blev pisket, bar en tornekrone og blev korsfæstet, græd jeg særlig meget og længe. Jeg kunne ikke holde op, og var nødt til at lukke Bibelen.

Selv om jeg forsøgte at kontrollere mig, kom det til at tage mange dage bare at læse de fire evangelier. I mange år efter at jeg havde åbnet kirken, begyndte jeg at græde, når jeg læste Bibelen. Og jeg var kun med nød og næppe i stand til at kontrollerer min trang til at græde, når jeg deltog i nadveren. Men derefter kontrollerede jeg tårerne, idet jeg fuldt ud forstod, hvilken velsignelse det er, at Jesus tog korset fra os og dermed frelste os. Nu kunne jeg læse Bibelen og deltage i nadveren med glæde og taknemmelighed. Da jeg modtog "Budskabet fra Korset," som Herren viste mig gennem inspiration, forstod jeg på et dybere plan Guds kærlighed.

I 1983 mens jeg bad ved Kwangju bedebjerg, forklarede Herren mig "Budskabet fra Korset." Han forklarede mig, hvorfor Jesus er den eneste frelser; hvorfor vi kan blive frelst, når vi tror, at han er frelseren; hvorfor Gud plantede kundskabens træ; og hvorfor Gud kultiverer menneskeheden på denne jord. Han forklarede mig "Budskabet fra Korset," hvilket er en hemmelighed, som blev skjult før tidernes begyndelse. Og han viste mig og forklarede mig den spirituelle verden, som er optegnet i Første Mosebog. God lod mig fuldt forstå og nedskrive i detaljer de måder, hvorpå vi kan deltage i den guddommelige natur gennem "Helligåndens Ni Frugter," "Lyksaglighederne" og "Spirituel Kærlighed."

Hvordan kan jeg føde flokken med den spirituelle verden?

Hvis jeg bad på samme sted i en længere periode, så spredte rygtet sig, og folk kom for at modtage min bøn. Efterhånden som der var flere og flere mennesker, som kendte mig, var jeg nødt til at tage et andet sted hen. For at kommunikere med Gud i bønnen, ligesom apostelen Johannes nedskrev sine åbenbaringer på øen Patmos, havde jeg behov for et ensomt sted langt fra verdslige ting.

Så jeg tog til et sted i Gang-won provinsen, og Jochiwon. Når jeg bad i den varme sommer uden elektrisk ventilator, blev jeg badet i sved, men jeg følte intet ubehag eller grund til klage.

Jeg havde to spørgsmål: "Hvordan kan jeg få flokken til at forstå Guds vilje korrekt og forsyne dem med spirituelle budskaber, sådan at jeg i spirituel forstand kan nære dem til at have en perfekt tro?" og "Hvordan kan jeg bede mere, og modtage den kraft fra Gud, som profeterne og apostlene udøvede, sådan at jeg bliver i stand til at gennemføre verdensmissionen med succes og bygge den store kirke?" Da jeg var så fokuseret på disse mål, havde jeg ikke tid til at tænke på andre ting.

I maj 1984 et par dage før min fødselsdag, blev jeg af Seniordiakonisse Geumsun Vin, som nu leder Den Forenede Kvindemissions Gruppe, præsenteret for et hus, som tilhøret en slægtning i Gang-won provinsen, og jeg bad der i et stykke tid. Det var et sted, som jeg var nødt til at tage til med robåd.

Om fredagen skulle jeg tilbage til Seoul for at prædike budskabet ved den nattelange fredagsgudstjeneste og søndagsgudstjenesten, men Gud bevægede mit hjerte til at blive der og faste i 3 dage. Efter den tredages faste lærte Gud mig om det dybt spirituelle rige, og om det himmelske kongedømme i meget udførlige detaljer. Jeg ville med glæde have tilbragt min fødselsdag sammen med menighedsmedlemmerne, men det var mere dyrebart og glædeligt at modtage en stor gave fra Gud efter at have fastet og bedt. Indholdet omkring himmelens kongedømme, som Herren lærte mig, var som et altomfattende budskab. Det sammenførte mange parvise vers, som er nedskrevet i Bibelen. Senere leverede jeg dette budskab søndag morgen i mange år, og det er blevet offentliggjort i to bøger.

Selv naboerne på markedet sagde: "Tag til Manmin kirke."

Der var et marked ved siden af kirken. Idet kirken var placeret ved hjørnet af markedet, var der mange mennesker, som måtte gå igennem markedet for at komme i kirke, efter at de var stået af bussen. Så sælgerne på markedet så ofte mennesker, som kom bærerne med børn, som var i en livstruende situation, f.eks. efter at have været udsat for en trafikulykke.

Nu om stunder ser man ofte kørestole, men det var ikke særligt almindeligt på dette tidspunkt i Korea. Når som helst sælgerne så de nødlidende personer, sagde de: "Disse mennesker er på vej til at mødes med pastoren i Manmin kirken." Og når så de samme mennesker blev raske på en dag eller to, og kom og købte ting i markedet, blev sælgerne meget overraskede.

"Var det ikke dig, de bar på en bårer i går?"

"Jo, det var mig."

"Hvordan er du så kommet dig så hurtigt?"

"Jeg blev helbredt af bønnen i går."

Fordi sælgerne så dette meget ofte, anerkendte de at Gud lever. Men når vi prædikede for dem, sagde de, at de vidste, at Gud lever, men at de havde for travlt med at tjene penge til at kunne deltage i gudstjenesterne. Selv om de ikke selv deltog, foreslog de andre mennesker at tage til Manmin kirke, hvis de var syge.

Herren arbejdede med os

Flytning til den anden kirke

Ca. et år efter åbningsgudstjenesten var der ikke længere plads til flere mennesker i kirkerummet. Når vi havde gudstjeneste, var bedecellerne, gangen, og endda stuen i boligen fyldt med mennesker. Der var simpelthen ikke mere plads. Så vi begyndte at bede for at flytte til et større sted.

Vi var nødt til at finde et sted med mindst 7000 kvadratfod, men menighedens tro var ikke tilstrækkelig. Da jeg bad for en ny kirke, gav Gud sit ord: *"Byg en midlertidig barak på et ledigt sted. Den vil falde sammen, men byg den igen. Så vil den falde sammen igen, og derefter vil mit forsyn blive åbenbaret."*

I september 1984 var der en ledig plads på taget af en enetages bygning nær markedet. Gud sagde, at vi skulle bygge en midlertidig bygning der, men han tillod mig ikke at fortælle medlemmerne, at det ville gå galt. Det var naturligvis ikke lovligt at bygge en permanent bygning ovenpå et tag. Jeg forklarede derfor bare, at det var Guds vilje at bygge en midlertidig bygning der, og lod dem gå i gang med konstruktionen. Bygningens indehaver gik med til det, og han sagde, at han ville tage til kontoret for det lokale byråd for at få tilladelse til at konstruere en midlertidig bygning.

Ud fra almindelig menneskelig tænkning var det til tider svært at acceptere at bygge en midlertidig struktur på taget af en bygning, og bruge den som kirkerum. Men da det var på Guds befaling, adlød jeg. Jeg vidste også, at den midlertidige bygning ville falde sammen, når den var blevet bygget. Efter at medlemmerne havde lagt mursten og cement, kom offentlige ansatte fra byrådskontoret og rev det ned med det samme. Da vi byggede det igen, rev de det ned igen. I denne proces var der nogle af menighedsmedlemmerne, der beklagede sig, men de fleste medlemmer rettede blikket mod Gud, som forårsager, at alt i sidste ende går godt, og bad inderligt med forenede hjerter. De lokale beboere, som så alt dette, tænkte: "Skal byrådet virkelig blande sig så meget?" og de begyndte at få medlidenhed med kirken. Selv sælgerne på markedet var bevidste om, at Guds arbejde fandt sted i Manmin kirken. Da vores medlemmer gennemgik en vanskelig situation, blev længselen efter at få en ny kirke stærkere, og vores hjerter var så forenede, som var de ét. Sådan var Gud allerede i gang med at forberede en ny bygning.

Indtil da havde der ikke været nogen bygning, som vores kirke kunne bruge. Men på et nærliggende sted blev der opført en bygning på ca. 7000 kvadratfod, og vi fik mulighed for at bruge den. Gud sagde, at vi skulle flytte ind i denne bygning. Vi havde ca. 300 medlemmer på dette tidspunkt, men deres gaver var ikke engang store nok til, at vi kunne bruge penge på missionsformål.

De fleste medlemmer var langt fra rige, så det var vanskeligt at samle bare nogle millioner won. Så da jeg foreslog medlemmerne, at vi flyttede over i den nye bygning med 7000 kvadratfod, kunne de have beklaget sig. Bare for at leje stedet havde vi brug for 40 millioner won (200.000 kr.). Og vi havde brug for yderligere 20 millioner won for at konverterer bygningen til en kirke. Dette ville være vanskeligt at skaffe med vores medlemmers tro. Men da medlemmerne havde gennemgået en vanskelig tid, var deres tørst efter en ny kirke vokset, og de bad med passionerede hjerter og forenet tanke og styrke. Det var som om, vi på et øjeblik samlede det nødvendige beløb for at flytte kirken. Den 31. december 1984 lejede vi bygningen i Dae-Bahng Dong, Dong-jak Gu, og holdt den første gudstjeneste der. Gud øgede medlemmernes tro gennem denne slags prøver.

Etablering af kirkelige organisationer

Kirken voksede hurtigt, idet Gud sendte os mange nye medlemmer. Og medlemmernes tro voksede stærkt på grund af Guds kraftfulde arbejde, som var med os i de tegn og undere, som hele tiden fandt sted. Nogle kom kun til kirken for at modtage helbredelse, men der var også mange, som kom tørstende og ledende efter det levende ord.

I oktober 1983 blev Manmin bedecenter etableret. Gud ledte min kone, Boknim Lee, til at gennemføre helbredelsesmøder hver dag for at helbrede de syge spirituelt og fysisk. Han tildelte hende opgaven som præsident for bedecenteret. Hun ledte helbredelsesmøder hver dag og koncentrerede sig om bønner, rådgivning, besøg og omsorg for medlemmerne. I januar 1984 blev "Missionen for de Hengivne i Bøn" etableret med den opgave at bede for Guds rige og retfærdighed. De hengivne i bøn bad ikke kun, men deltog også i helbredelsesmøder og hjalp de syge med deres bønner. I marts 1984 åbnede Manmin børnehavemissionen for børn. Indenfor få år efter, at kirken var blevet åbnet, var kirkeorganisationens struktur ved at tage form.

Mens min kone udførte opgaven som præsident for bedecentret, begyndte hun i oktober 1985 at afholde natlige bønnemøder med nogle få personer. Disse bønnemøder blev begyndelsen til Daniel bønnemøderne, hvor tusindvis af medlemmer nu samles og beder hver nat. Præsident Boknim Lee koncentrerede sig om faste og bøn. Hun søgte ikke kun den personlige lykke i familien, men levede for andre sjæle. Gud arbejdede med Helligåndens klare stemme, og velsignede hende til at manifestere mange kraftfulde gerninger. Selv nu leder hun Daniel bønnemøderne hver nat. Mange medlemmer oplever Guds kraft og modtager svar, som gives gennem deres bøn og lovsigelse i kirken. Og menighedsmedlemmernes sjæle profiterer gennem disse møder. De er en drivende kraft i kirkevækkelsen.

De, som længtes efter det levende ord, kom og lyttede til det spirituelle budskab, og de opnåede fred og hvile. De, som fik svar og løsninger på deres problemer, blev i kirken, og kirken fik et stabilt fundament.

Studerende med hjernesvulst

Sooyeol Cho blev født i en kristen familie. Han fik en sygdom, som hedder nasopharyngealt fibrom. Blodårerne i næsen blev presset sammen, og blev derefter til en svulst. Det udviklede sig senere til en hjernesvulst.

På den tid var en af Sooyeol Chos slægtninge vicedirektør ved

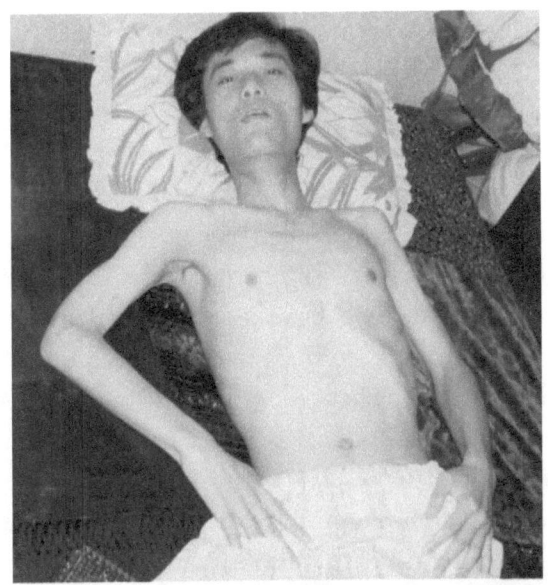

Sooyeol Cho lider af lungebetændelse

I dag er han sund og rask, og er pastor

Seoul Nationale Universitetshospital. Sooyeol blev opereret i 8 timer. Men selv da havde han stadig blokeringer i næsen. Han gik i gymnasiet, viste velvilje mod verden, og hans symptomer blev værre. Tre måneder efter operationen var hans næse blokeret, og der var atter blødninger fra næsen. Han tog på hospitalet, og lægen sagde, at problemet var kommet igen.

Før operationen havde lægen sagt, at der var stor risiko for, at svulsten ville brede sig, og at roden af svulsten allerede var i hjernen. Nu havde han en hjernesvulst. I december 1984 indså han, at han ikke kunne helbredes ved medicinsk videnskab. Han hørte om vores kirke, og blev registreret som medlem sammen med sin familie.

I januar 1985 modtog han nåde ved et vækkelsesmøde, og han fik det bedre. På dette tidspunkt foreslog lægen endnu en operation, og Sooyeol overvejede stadig i nogen udstrækning, om han kunne blive helbredt ved medicinsk behandling.

Men i 1986, hvor han havde haft alvorlige blødninger mere end 10 gange, indså han for alvor, at han kun kunne leve ved Guds nåde. To gange havde han kraftige endetarmsblødninger, der udmattede ham.

Mens jeg bad i Jochiwon på hverdagene, følte jeg en dag under min bøn en uudtrykkelig stor sorg i mit hjerte, og jeg indså, at Sooyeol Cho var i en ekstrem kritisk tilstand. Jeg bad til Gud med tårer.

På dette tidspunkt var der en diakonisse, der bad meget i vores kirke, og hun havde en vision. Hun sagde, at jeg indtrængende holdt fast i hjørnet af Jesu robe, mens jeg bad for denne unge mands liv. Og derefter lod Helligånden mig vide det, når som helst den unge mand var i en livstruende situation, og han modtog min bøn, mens han passerede disse kritiske øjeblikke. Efterhånden fik Sooyeol Cho spirituel tro, og bedredes i samme udstrækning. Hvis han ikke bad, og hvis han var fyldt af Helligånden, blev klumpen i hans næse meget stor, og hans hals blev blokeret. Andre gange kom noget, der lignede en tunge, ud af hans mund, eller klumpen kom ud gennem næseborene. På disse tidspunkter blev han renset, når han angrede og modtog min bøn. Gennem denne proces opdagede den unge mand de kødelige tanker og ondskaben i sig, og han fastede med tanken: "Hvis jeg skal dø, dør jeg."

Han gjorde sit bedste for at ændre sig. Og til sidst blev han fuldstændig sund og rask. Han tjener nu kirken som assisterende pastor, og har en lykkelig familie med sin kone og søn.

En krop stivnet af kulilteforgiftning

I februar 1985 bad jeg en lørdag eftermiddag i mit værelse. Udenfor døren var der pludselig en tumult af mennesker, og jeg hørte nogen råbe, at en person var død. Da jeg kom ud efter bønnen, så jeg, at det var en af kirkens søstre, som var blevet udsat for forgiftning med kulilte.

Hun var taget hjem efter den nattelange fredagsgudstjeneste, havde tændt en trækulsbriket og lagt sig til at sove.

Men efter kl. 14 om lørdagen var hun blevet fundet med gasforgiftning. Da hun blev fundet, havde hun allerede indåndet gassen i mange timer, så hendes krop var blevet paralyseret, og hun havde skum omkring munden. En af naboerne havde fundet hende og båret hende til min bolig, men hun lignede, at hun allerede var død. Hun havde mistet bevidstheden, og hendes krop var stiv og kold.

Jeg lagde min hånd på hende og bad: "I Jesu Kristi navn befaler jeg: kuliltegas, forsvind! Forsvind fra begge øjne, begge næsebor, munden og fra cellerne over hele kroppen!" Da jeg blev færdig med min bøn, og fjernede hånden fra hende, havde hun allerede fået nogen varme i kroppen, og hun åbnede langsomt øjnene. Så begyndte hendes stivnede krop at løsne sig. Folk omkring hende masserede hende et par minutter, og hendes kropsbevægelser blev genvundet. Hun satte sig op, og kom sig uden problemer.

Hvis hun var blevet bragt på hospitalet, efter at hun var blevet fundet, havde der været meget ringe chance for, at hun havde kommet sig. Selv hvis hun havde overlevet, ville hun have lidt af livslange traumatiske og debiliterende hjerneskader. Men den almægtige Gud, som genopliver selv den døde med sin kraft, viste sin styrke, og hun blev fuldstændig normal på to minutter. Der er tale om Minsun Lee, som senere giftede sig med pastor Jeon-hwan Cha fra vores kirke.

"Tag venligst til Shindaebang Dong."

Nogle gange har jeg også bedt for mennesker, som var holdt op med at trække vejret. I juni 1985 skete dette for diakon Seok-hee Chos to år gamle datter, Seung-ah. Hendes mor var ved al lave nogle pølser, og datteren gik hen til hende og strakte hånden frem. Så moderen gav hende et lille stykke pølse. Men snart havde hun en fornemmelse af, at datteren ikke var i rummet. Hun gik ind i det tilstødende rum, og der lå Seung-ah for døden med bobler omkring munden, gispende efter luft, og hendes hudfarve nærmede sig blå.

Det stod på nogle minutter, og moderen var meget

forskrækket. Hun tog hurtigt pigen op på ryggen, og tog afsted i taxa. Idet hun havde hørt og set, at uhelbredelige sygdomme blev helbredt, og at de døde blev vækket til live i kirken, viste hun Gud sin tro. Hun sagde til taxachaufføren, at han skulle køre dem til Shindaebang Dong. Han svarede, at der var mange hospitaler i området, så hvorfor ville hun dog så langt væk?

"Nej, der er en meget kompetent læge i Shindaebang Dong."

Jeg var hjemme, da hun kom, så jeg kunne bede for pigen. Jeg fik at vide, at det lille barn allerede var holdt op med at trække vejret, og hendes krop var blevet kold af at være i taxaen. Jeg bad indtrængende Gud om at bringe det døde barns sjæl tilbage. Og så snart bønnen var overstået, vågnede barnet, og begyndte at trække vejret igen. Siden da er hun vokset op uden de mindste gener. På nuværende tidspunkt læser hun på Kyung-hee universitetet, og hendes far har embede som pastor i Suncheon Manmin kirken i Suncheon, i Jeonnam provinsen.

Tredjegradsforbrænding helbredt ved Guds kraft.

Søndag d. 6. april 1986 havde senior diakonisse Eun-deuk Kim, som på daværende tidspunkt var 62, et uheld, mens hun arbejdede i kirkens køkken.

Der var en meget stor gryde med kogende vand til at lave nudler på køkkenets gasbrænder. Hun faldt, og greb ved et uheld fat i håndtaget på

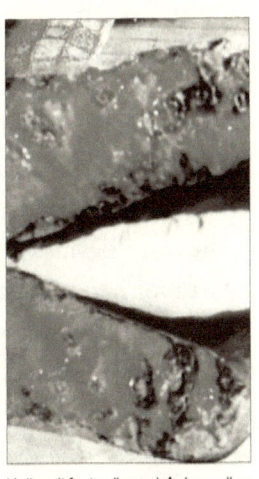

Helbredt for tredjegradsforbrænding

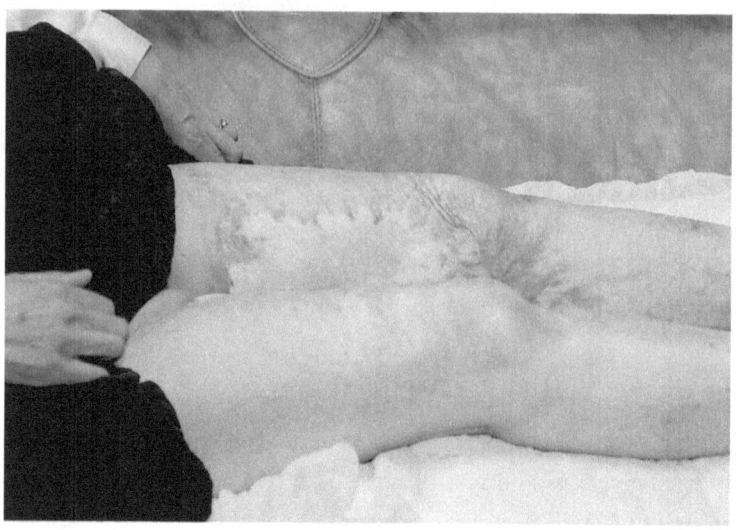
Fuldkommen helbredt og ved at få nyt kød efter bøn

gasbrænderen, og som resultat spildte hun det kogende vand fra den store gryde ud over sig. Det ramte hendes bryst, underliv, arme og ben, og efterlod alvorlige forbrændinger. Det var et held, at hun ikke blev forbrændt i hoved og ansigt.

Da jeg hørte nyheden, gik jeg ind i køkkenet. Jeg bad for hende, mens hun lå på gulvet. Forbrændingerne var så alvorlige, at hendes hud var kogt, og den klæbede til hendes tøj. Hun var stadig svagt bevidst. Varmen var uudholdelig for hende, men da jeg bad for hende, sagde hun, at hun mærkede varmen forsvinde fra sin krop. Den forsvandt først fra hendes venstre bryst, så fra højre bryst, og så nedefter og ud af kroppen gennem den højre fod.

Selv om varmen var forsvundet, lignede de forbrændte dele

stegt kød, og der hvor tøjet havde klistret sig til huden, var huden revet af. Det var ganske forfærdeligt. Hvis hun var taget på hospitalet i den situation, ville de ikke have kunne garantere, at hun overlevede. Og selv om hun havde overlevet en operation, ville hun have haft mange mén og ar. Hun blev bragt til min bolig, og jeg bad for hende en gang om dagen. Hun tog hverken medicin eller injektioner, men ved Guds gerning kom hun sig hurtigt.

De fuldstændig kogte og døde celler blev til skorper som barken på et træ, og snart faldt barken af, og den nye hud kom frem. Der blev også formet nye blodårer. Den døde hud blev genoplivet. De medlemmer, som besøgte hende, så hele denne proces finde sted.

Senior diakonisse Eun-deuk Kim var fuldstændig helbredt bare 3 måneder efter ulykken. Hun blev helt normal. Her i 2012 er hun 87, og lever et flittigt kristent liv.

Fyrigt arbejde

"Da Herren Jesus havde talt til dem, blev han taget op til himmelen, og han satte sig ved Guds højre hånd. Men de drog ud og prædikede alle vegne, og Herren virkede med dem og stadfæstede ordet ved de tegn, som fulgte med" (Markusevangeliet 16:19-20).

Da disciplene tog ud for at prædike, virkede Herren med dem. På samme måde kunne det synes, at jeg lagde hænderne på de syge, men rent faktisk var det Herrens blodplettede hænder, som blev lagt på dem. De, som havde fået den gave at se visioner, eller som så spirituelle ting, bekræftede, at når jeg bad, lagde Herren sine hænder på de syge dele af patienterne.

Jeg beder for de syge mennesker ved hver gudstjeneste, og mange mennesker ser en slags ild, som går ud fra mine arme. Denne ild, som er Helligåndens ild, går ud til hvert medlem i overensstemmelse med deres tro, og brænder deres sygdomme. Når jeg lægger mine hænder på dem, beder jeg indtrængende af hele mit hjerte og med tro om at de skal blive helbredt og at deres problemer skal blive løst. Og Gud besvare disse bønner gennem Helligåndens fyrige arbejde.

Forudsagde fremtiden ved Helligåndens inspiration

Præsteordination

I maj 1986, fire år efter at jeg havde åbnet kirken, blev jeg præsteordineret. Vi afholdt en kirkeoverdragelsesgudstjeneste i juni. På denne dag gav menighedsmedlemmerne mig en stor gylden nøgle som symbol på deres tillid og kærlighed. Dette betød, at den fulde autoritet vedrørende kirken ville blive overdraget til mig som pastor, og at de ville have tillid til mig og adlyde mig. Jeg gemmer stadig denne gave fra medlemmerne som en skat, idet den er givet med oprigtighed.

Efter ordinationen guidede Herren mig til at opofre en 21 dages Danielbøn. Jeg forsøgte at kommunikerer med Gud gennem faste og bøn på mit bedested i Jochiwon. Og så begyndte Herren at forklare mig om Johannesåbenbaringen, som er en optegnelse over de ting, der vil ske på de sidste dage.

Ved gudstjenesten søndag morgen d. 20. juli 1986 begyndte jeg en serie af prædikener omkring Johannesåbenbaringen. Denne serie fortsatte i ca. 4 år indtil d. 20. december 1989. Dem, som kun vidste lidt om det spirituelle rige lyttede til beskeden med stor glæde, idet de længtes efter at lære mere.

Nattelang fredagsgudstjeneste med mennesker fra hele landet

Efter at vi flyttede til en ny bygning og holdt vækkelsesmøde, blev kirken snart fyldt op igen. Da vækkelsen gik meget hurtigt, havde vi ikke tid til at bygge nogen kirkebygninger.

I 1987 lejede vi en bygning i Shindaebang Dong, Dongjak Gu, og flyttede derhen. Det var vores tredje kirkebygning. Og tre måneder efter, at vi afsluttede vækkelsesmødet for at højtideligholde, at vi var flyttet, var hele kirken fuld igen. Antallet af registrerede medlemmer var på det tidspunkt over 3000. Vi brugte både anden og tredje sal som kirkerum, men vi havde ikke plads til alle – der var simpelthen ikke plads. Nogle af de mennesker, der kom, måtte tage hjem igen.

I juni 1989 var vi blevet en enormt stor kirke med 6000 registrerede medlemmer. Siden kirkens åbning havde jeg kun ønsket at koncentrere mig om Guds ord og om bøn for at udføre de gudgivne pligter fuld ud. Så jeg overlod omsorgen for medlemmerne til assisterende pastorer. I de tidligste kirkers dage valgte apostlene syv diakoner, som udførte kirkens arbejde, idet der var meget at gøre med den voksende kirke. Apostlene koncentrerede sig kun om Guds ord og bønner (Apostlenes

Gerninger 6:3-4). På samme måde undlod jeg at involvere mig i kirkens økonomi, og vi havde flere forskellige andre afdelinger, som tog sig af hver sin opgave.

Vi afholdt præstekonference en til to gange om året for at opmuntre præsterne og gøre dem kraftfulde i deres gerning. Jeg ønskede oprigtigt at finde stærke præster, som ville blive elsket mere end mig af Gud og af kirkens medlemmer, så jeg gjorde mit bedste for at fremelske så mange assisterende præster som muligt.

Den nattelange fredagsgudstjeneste var velkendt over hele landet for at være fyldt af Helligånden, og mange mennesker kom uafhængigt af, hvilken kirkelig denomination, de tilhørte. Hvor var det godt at se, at de blev fyldt af Helligånden i løbet af natten, og derefter tog tilbage til deres respektive kirker for at tjene kirken om søndagen. Ved den nattelange fredagsgudstjeneste d. 12. december 1986 begyndte jeg min prædikeserie over Jobs bog, som Herren havde forklaret mig. Denne serie endte ved den nattelange fredagsgudstjeneste den 11. december 1992.

Det var en spirituel besked, som var anderledes end andre fortolkninger af Jobs bog. Det var et dyrebart budskab, som analyserede hjertet hos en person, der hed Job. Det blev fortalt, sådan at vi kunne finde det onde i vores hjerter, og opdage det usande. Det var også i 1989 at Herren begyndte at fortælle mig om menneskets "ånd, sjæl og krop" i detaljer. Derefter lærte han mig om forskellige "Dimensioner." Når jeg underviste medlemmerne i disse budskaber, blev deres spirituelle øjne åbnet, og jeg kunne klart se deres ændring. I den udstrækning deres tro voksede, måtte jeg lærer dem nye ting. Så jeg blev ved med at gå ind i dybere niveauer af det spirituelle rige.

At forandre endnu en person til hvede

En dag mens jeg bad, sagde Herren med beklagelse i stemmen:

"Min tjener, udgiv hurtigt bøgerne med de budskaber, jeg har lært dig. I dag er der få, som har sand tro, og som kan reddes. De siger, at de tror, men de er lovløse. De korsfæster mig igen. De tror ikke, men de har den misforståelse, at de tror."

Jesus sagde: *"Når menneskesønnen kommer, mon han så vil finde troen på jorden?"* (Lukasevangeliet 18:8) I dag fremhersker synd og lovløshed i så høj grad, at det er meget svært at finde mennesker, som har den sande, spirituelle tro, som Gud ønsker.

Når bønderne høster, samler de kun hveden, og avnerne bliver brændt i ilden. På samme måde vil Gud hellere have et enkelt hvedekorn end en masse avner. Han samler kun hveden i sit rige (Matthæusevangeliet 3:12). Han ønsker, at vi flittigt beder, og handler i overensstemmelse med hans ord om at sky kødeligt begær og opnå Herrens hjerte, hvilket vil sige en fuldstændig ånd (Første Thessalonikerbrev 5:23).

Da menighedsmedlemmerne lærte budskabet i "ånd, sjæl og krop" og "Dimensioner," begyndte de at forstå deres fundament og at forsøge at skille sig af med synden. Hvis mennesker ikke er bevidste om kompromisset med verden, er et sandsynligt, at de til sidst vil blive avne-lignende troende, som ikke kan frelses. Derfor må en præst grundigt lære menigheden, hvad synder er.

At sætte sin lid til Guds budskaber

Da Jesus udsendte sine disciple, sagde han: *"Men når de udleverer jer, så vær ikke bekymrede for, hvordan I skal tale, eller hvad I skal sige; for det skal blive givet til jer i samme stund, hvad I skal sige. For det er ikke jer, der taler, men det er jeres faders ånd, som taler gennem jer"* (Matthæusevangeliet 10:19-20). Det år, jeg åbnede kirken, gik jeg på sidste år af præsteseminariet. Jeg måtte lave lektier og gå i skole. Jeg måtte også forberede mere end 10 prædikener hver uge til bønnemøderne ved morgengry, den nattelange fredagsgudstjeneste og gudstjenesterne søndag morgen og aften. Desuden måtte jeg besøge og rådgive medlemmerne, og jeg bad personligt for de syge, så jeg havde altid travlt.

Jeg havde ikke engang tid til at nedskrive mine prædikener i en notesbog, men når jeg bad, gav Gud mig titlen og bibelstedet. Desuden gav Gud mig inspiration under prædikenen. Når jeg stod på talerstolen, fløj Guds ord gennem mit sind.

I dag sendes gudstjenesterne ud over hele landet og til andre lande via satellit eller internet, så jeg har forberedt noter. Men fra vi åbnede kirken og til udsendelserne af prædikerne begyndte, talte jeg uden noter.

Jeg er blot en uværdig tjener

En dag i april 1987 modtog jeg ikke inspiration til prædikenen, fordi jeg ikke havde tid til at bede nok. Jeg følte selv, at prædikenen ikke gik godt. Efter prædikenen skammede jeg mig overfor Gud, fordi jeg ikke havde forberedt prædikenen med flere bønner. Når som helst jeg stod i situationer af denne type, følte jeg dybt, at jeg ikke var i stand til at gøre noget, og at jeg ikke var nogen, hvis ikke Gud var med mig. Hvis Gud forsagede mig, ville jeg ikke være i stand til at formidle budskabet, og der ville ikke være nogen helbredende gerning selv om jeg bad, for Helligånden ville ikke arbejde når jeg prædikede, og menighedsmedlemmerne ville ikke ændre sig. Selv om jeg har været i stand til at gøre visse ting, er jeg kun en uværdig tjener for Gud. Derfor kan jeg aldrig være arrogant, selv om jeg har modtaget stor kraft fra oven, og har brugt den som instrument for Gud.

I april 1987 blev mit personlige vidnesbyrd *En Smagsprøve på Det Evige Liv før Døden* udgivet. Denne bog er blevet genudgivet gang på gang og sælges stadig. På nuværende tidspunkt er den blevet oversat til mange forskellige sprog, og er blevet distribueret i mange lande verden over. I kraft af denne bog er mange mennesker kommet til at tro på den levende Gud, helbredelsens Gud, den Gud, som besvare bønner, og kærlighedens Gud.

Soojung Maeng, som på daværende tidspunkt boede i Tyskland, modtog denne bog fra en berømt præst i Tyskland, og læste den. Hun fik et godt indtryk af bogen. Da hun kom til Korea, besøgte hun vores kirke og deltog i en gudstjeneste, og til sidst blev hun fast menighedsmedlem. Hun oplevede, at hendes liv forandrede sig ved det levende ord, og hun blev fyldt med glød til at udbrede budskabet. Netop nu missionerer hun i Washington D. C. og har helliget sig udbredelsen af budskabet.

"Dette er 837 khz AM, kristen radio. I dag, i denne udgave af "Du er med mig" vil vi fortælle historien om pastor Jaerock Lee ved Manmin Joong-ang kirken."

Fra 1. til 30. juni blev min historie fortalt som dramaserie og udsendt i programmet "Du er med mig" i den kristne radio. I en måned blev den sendt to gange om dagen, morgen og aften. Gennem dette program var der mange mennesker rundt omkring i landet, som modtog Guds nåde gennem vidnesbyrdet, og som husker mit navn. Nogle mennesker siger, at de begyndte at tro på Gud.

Den 18. august deltog jeg i et program, der hed "Forny mig" i den kristne radio, og bar vidnesbyrd. I den forbindelse bad producenten mig om ikke at nævne, at Gud havde helbredt mig. Han sagde, at der ville komme protester, hvis vi talte om mirakler. Jeg kunne ikke gå med til det, så jeg smilede bare. Og da vi optog udsendelsen, fortalte jeg min historie og om den proces, hvormed Gud havde helbredt mig. Men på den aftalte dag for udsendelse af programmet blev min historie stadig ikke udsendt, så jeg forhørte mig hos radiostationen. De skulle lige til at ødelægge båndet med optagelsen, men det lykkedes os med nød og næppe at redde det, og det blev udsendt i en time. Men jeg synes, det ville have været bedre, hvis de bare havde udsendt sandheden, som den er.

Profetier inspireret af Helligånden

Gud giver os Helligåndens gaver til vores gavn (Første Korintherbrev 12:7). I Første Korintherbrev 14:1-5 står der: *"Jag efter kærligheden, og stræb efter åndsgaverne, men især efter at tale profetisk. For den, der taler i tunger, taler ikke til mennesker, men til Gud; ingen forstår ham jo, det, han taler ved ånden, er hemmeligheder. Men den, der taler profetisk,*

taler til mennesker, til opbyggelse, formaning og trøst. Den,
der taler i tunger, opbygger sig selv, men den, der taler
profetisk, opbygger menigheden. Jeg ser gerne, at I alle taler
i tunger, men hellere, at I taler profetisk. For den, der taler
profetisk, er større end den, der taler i tunger, hvis han da ikke
tolker det, han siger, så menigheden kan blive opbygget."

Apostelen Paulus ønskede, at alle Guds børn skulle modtage
den gave at tale i tunger, og han tilskyndede de troende til især
at modtage profetiens gave. Med inspiration fra Helligånden
fortalte jeg til tider menigheden, hvad der ville ske for at
opbygge dem og plante større tro i dem. Mens jeg bad i
bønnen ved daggry, sagde jeg: "Gud Fader, send os et bestemt
antal deltagende i gudstjenesten næste uge." Så fortalte jeg
menigheden, at dette antal mennesker ville deltage næste uge. På
den tid voksede antallet af medlemmer hurtigt.

"Der vil være 50 personer til gudstjenesten næste uge."

Næste søndag fik jeg menighedsmedlemmerne til at tælle de
deltagende i gudstjenesten. Og der var præcis 50 personer.

"Næste uge vil der komme 65 personer."

Hver uge voksede antallet af deltagende, og jeg profeterede
hver søndag. Den efterfølgende søndag talte menigheden antallet
af deltagende, og de blev altid overraskede.

Men da vi nåede op på ca. 80 personer, voksede antallet af
deltagende ikke gennem flere uger. Da jeg bad omkring det,
indså jeg, at den fjendtlige djævel hindrede os, for at antallet ikke
skulle komme over 100. Jeg fastede og bad med medlemmerne,

og uddrev djævelen, og fra denne uge begyndte antallet igen at stige, så på etableringsdagen d. 10. oktober var der mere end 100 personer. Ved særlige lejligheder lod Gud mig vide på forhånd, hvor mange gaver, vi ville modtage. Efter kirkens åbning fik vi omkring 6 millioner won (30.000 kr.) om ugen. Idet vi konstant fokuserede på verdensmissionen, var vi nødt til at bruge flere penge end dette. Vi havde altid behov for mere, og vores kirke klarede sig ikke godt rent økonomisk. Jeg begyndte at bede til Gud om det. Når jeg bad inderligt, arbejdede Herren på sin særlige måde for at løse den vanskelige situation. Ved klar inspiration fra Helligånden lod Gud mig vide det præcise gavebeløb.

"Næste uge vil gaverne beløbe sig til 33 millioner won (165.000 kr.)"

Jeg modtog svaret, og fortalte det præcise beløb til de medarbejdede, der tog sig af kirkens finanser for at skabe mere tro hos dem. Men de reagerede ikke særligt, formodentlig fordi de ikke var i stand til at tro mig. De syntes at tvivle på, at gavebeløbet kunne vokse sig mere end 5 gange så stort på en uge.

Men om eftermiddagen den næste søndag, hvor medarbejderne i finanskomiteen talte gaverne, fortalte de mig, at der var præcis 33 millioner won. Siden da bad jeg til Gud, når som helst vi var i økonomiske vanskeligheder, og hver gang velsignede Gud os så meget, at vi overvandt vanskelighederne ved hans nåde. Når han gav os særligt store gaver, lod han mig vide det, så jeg på forhånd kunne sige det til finanskomiteen. Jeg kunne se, at deres tro voksede, efterhånden som de oplevede dette gang på gang.

Fortalte om fremtidige ting i Korea og i verden

Jeg bad altid højlydt og levede i åndens fylde. Og Herren lod mig til tider vide ting, der ville ske, også store og hemmelige ting. Herren gav Peter en vision af fremtiden (Apostlenes Gerninger kapitel 10), og Stefan så Guds herlighed og Herren, som stod ved Guds højre side. Gud kan udføre hvad som helst med sin nåde, og både i det Gamle Testamente og i det Nye Testamente arbejder han på samme måde.

I Amos' Bog kapitel 3, vers 7 står der: *"Nej, Gud Herren gør ikke noget, førend han har åbenbaret sine planer for sine tjenere, profeterne."* Når jeg bad, lod Gud mig som nævnt forudse ting omkring kirkens medlemmer, vores land og verdenssituationen.

Mens jeg gik på seminariet, fik jeg pludselig om morgenen d. 26. oktober 1979 en urolig fornemmelse. Jeg bad omkring den. Og så åbenbarede Herren for mig, at en stor stjerne i vores land ville falde. Han lod mig vide, at Præsident Park Chung Hee ville gå bort. Jeg fortalte min kone, at en stor ulykke ville finde sted, og tog afsted til seminariet. Mit hjerte var tungt. Jeg blev ved at fælde tårer hele dagen. Næste morgen hørte vi nyheden om, at præsidenten, Park Chung Hee, var blevet myrdet samme nat.

Medmindre han afslører sit hemmelige råd for sine tjenere, profeter

Gud lod mig vide på forhånd, hvordan verdenssituationen ville bevæge sig, og til tider lod han mig vide ting om væsentlige personer. I 1984 åbenbarede Gud for mig, at I.P. Gandhi, som var den kvindelige statsminister i Indien, ville gå bort. Gud lod mig vide det et par måneder før, hun døde, og jeg fortalte det til kirkens medlemmer. I oktober samme år læste jeg i avisen, at hun var blevet myrdet af nogle Sikh'er.

Samme år lod Gud mig vide, at præsident Reagan og statsminister Thatcher ville blive genvalgt. Han forklarede mig også, hvorfor de ville blive genvalgt. Margaret Thatcher var kortfattet ligesom en mand, og med hendes ydmyghed og sagtmodighed forsøgte hun at være ulastelig overfor Gud. Hun interesserede sig ikke for rigdom eller autoritet, og hun tjente sit folk med kærlighed. Gud forklarede mig, at disse to mennesker var elsket af folket, fordi de elskede deres land, og tjente og elskede deres folk.

I 1985 døde lederen af kommunistpartiet i Sovjetunionen, K.U. Chernenko. Men flere måneder før, i 1984, lod Gud mig se det i en vision. For at skabe tro hos menigheden, fortalte jeg dem, hvad jeg havde set. Flere måneder derefter begyndte der at komme avisartikler om hans sygdom, og til sidst døde han.

Deklarationen af d. 29.6. og demokratiseringsprocessen

Den 29. juni, 1987 udstedte Hr. Taewoo Roh, præsidenten for det Demokratiske Retfærdighedsparti deklarationen af d. 29.6. Efter valget d. 12. februar 1985 kritiserede oppositionen manglen på autoritet hos Præsident Doohwan Chun, som blev valgt ved et indirekte valg, og de bad om et direkte præsidentvalg. De insisterede på, at folket i landet skulle vælge præsidenten direkte.

Som reaktion udstedte Præsident Doohwan Chun "Beskyttelse af konstitutionen" for at stoppe alle diskussioner om at ændre konstitutionen og at overdrage regeringen i overensstemmelse med den daværende lov. Den 10. juni ledte han konventionen for det Demokratiske Retfærdighedsparti, og valgte Taewoo Roh som præsidentkandidat for partiet i et forsøg på at udvide militærstyret. Ved denne lejlighed var der en studerende ved navn Jongcheol Park, som døde efter at være blevet tortureret af politiet. D. 10. juni begyndte store demonstrationer over hele landet. Den 26. juni var der mere end en million mennesker i 37 byer landet over, som demonstrerede indtil langt ud på natten. Derefter var der ikke længere politi nok til at kontrollere demonstrationerne, og regeringen overvejede at indsætte militæret. Men til sidst vandt de moderate. De besluttede at acceptere folkets krav om et direkte valg, og dette blev gennemført med deklarationen af d. 29.6.

Den 15. juni 1987 ledte jeg et vækkelsesmøde i Cheil kirken ved Bupyeong. Den 18. juni gav Gud mig pludselig inspiration og vision. Han forklarede mig, at deklarationen af d. 29.6. ville blive udstedt, og hvad der ville være dens indhold. Da han lod mig vide, at der ville ske en stor ændring i landet gennem Helligåndens stærke inspiration, forstod jeg, at tingene ville gå stærkt.

Næste dag d. 19. juni fortalte jeg kirkens medlemmer om dette i initialord, og jeg lod initialordene trykke i en ugentlige bulletin for den kommende søndag. Regeringen diskuterede i al hemmelighed, og det der skete, var noget, som var meget vanskeligt af forestille sig for den almindelige borger.

Lod på forhånd udviklingen trykke i den ugentlige bulletin for d. 21.6. 1987

I betragtning af den politiske situation med det diktatoriske styre på den tid, lod jeg initialordene trykke i omvendt rækkefølge i den kommende søndags bulletin. Vi har stadig denne ugentlige bulletin. Initialordene var i Hangul, koreanske bogstaver: "Min, Gey, Yak, Sei, Dae, Gye, Chong, Mo, Roh, Hu, Dae." Jeg forklarede initialordene i detaljer søndag d. 5. juli under gudstjenesten.

Det betød "Præsident (Dae) Chun udstedte "Beskyttelse af konstitutionen" for at støtte præsidentkandidat (Hu) Taewoo Roh (Roh). Men da en mand blev skudt (Chong) i hovedet (Mo), vil alle planer (Gye) i "Beskyttelse af konstitutionen" slå fejl. Indflydelsen (Sei) fra Præsident (Dae) Cheon blev svækket (Yak) af folkets opposition, og for at accepterer folkets krav vil han udstede Deklarationen af d. 29.6. Og dette vil blive begyndelsen på demokratiseringen (Min).

Til information er de 8 punkter i Deklarationen af d. 29.6. de følgende:

1. Fredelig overdragelse af regeringen i februar 1988 gennem konstitutionelle ændringer.
2. Retfærdig håndtering af valg gennem ændring af loven om præsidentvalg.
3. Amnesti og lovliggørelse af Hr. Daejung Kim.
4. Respekt for den menneskelige værdighed og forbedring af menneskerettigheder.
5. Talefrihed.
6. Lokal autonomi, frihed i uddannelsesinstitutionerne og autonomi i forhold til uddannelse.
7. Handlinger til beskyttelse af forskellige partier.
8. Resolutte handlinger til social renselse.

Resultatet af præsidentvalget

I december 1987 før det 13. præsidentvalg, bad jeg omkring det: "Gud, hvad er din vilje? Hvem er den mest velegnede præsident i overensstemmelse med din vilje? Og hvem vil rent faktisk blive præsident?"

Gud lod mig vide, at kandidat Taewoo Roh ville blive præsident ved valget. Så viste Gud mig kandidat Youngsam Kim i en blomstervogn på vej ind i Det Blå Hus, præsidentpaladset, efter Hr. Roh, og også kandidat Daejung Kim kørte ind i Det blå Hus i en blomstervogn.

Gud forklarede mig, at hvis Youngsam Kim og Daejung Kim sluttede sig sammen, ville Youngsam Kim blive præsident først, og derefter Daejung Kim. Da Herren viste mig denne vision, forklarede han at det var Guds vilje, at disse to kandidater skulle slutte sig sammen, men idet de ikke havde gjort det ved dette valg, ville Taewoo Roh blive præsident.

Gud lod mig også vide, at Roh ville få flere stemmer end forventet, og at Youngsam Kim ville få næstflest stemmer. Tredje kandidat ville være Deajung Kim, og den fjerde Jongpil Kim ville kun få ganske få stemmer. Han forklarede mig i detaljer, hvordan Youngsam Kim og Daejung Kim kunne slutte sig sammen, og at hvis det skete, ville Youngsam Kim blive præsident først.

Jeg skrev et brev med dette indhold, og lod et af kirkens medlemmer overdrage det til Youngsam Kim i hans bolig i Sangdo Dong. Dette kirkemedlem tog til Youngsam Kims bolig, men da han skulle videre til Busan til et valgmøde, gav han brevet til Kims kone. Hun læste brevet på stedet, og sagde, at hun ville overdrage det til sin mand. Vi har stadig en kopi af brevet i kirken. Men da de to kandidater ikke sluttede sig sammen, blev Taewoo Roh valgt til præsident.

Kapitel 6

Kirkens vækst
og prøvelser

Deprivation af retten til at tale og den brækkede hammer

Den denomination, som min kirke tilhørte, var Unionen for Den Hellige Koreanske Kirke. Siden åbningen af kirken havde jeg gjort mit bedste for at samarbejde med denne denomination, og min kirke voksede konstant.

Efter foreningen med en anden denomination

Den 13. december 1988 blev vores denomination og Den Hellige Koreanske Kirke i Anyang forenet, og vi blev inkorporeret i Anyang denominationen. På det tidspunkt var Pastor Teakgoo Sohn, min seminarielærer, præsident for Den Hellige Koreanske Kirke, og det var på hans forslag, at denominationerne blev forenet. På den tid havde min kirke en iøjnefaldende vækst. Da vores femte kirke var blevet etableret i Suwon, protesterede denominationens generalforsamling mod kirkens navn. De sagde, at det var et problem at kalde kirken "Manmin," og at vi skulle ændre navnet til "Suwon Deokwoo kirke."

I december 1989 modtog jeg et officielt brev fra generalforsamlingen om, at der ville blive foretaget en undersøgelse, så jeg skulle være tilstede kl. 11. Den 18. december ankom jeg til møderummet kl. 10.30, og jeg hørte ikke noget om ændring af tidsplanen hele formiddagen. Men først et godt stykke tid efter middag blev jeg kaldt ind i møderummet. Der sad seks pastorer, som var medlemmer af generalforsamlingen. Så snart de så mig, begyndte de at stille mig spørgsmål. Jeg havde troet, at vi skulle starte med en bøn eller taksigelse, da det var et møde for pastorer. Så jeg var skuffet over, at det ikke var sådan. De fyrede løs med spørgsmål og beskyldninger:

"Jeg har hørt, at du har sagt, at Jesus kommer tilbage efter 3 eller 4 år, er det sandt?"

"Det har jeg aldrig sagt," svarede jeg.
"Du lyver! Du er en lyvende pastor."

Jeg var lamslået over spørgsmålene. De sagde til mig, at jeg ikke behøvede forklare mig, og at jeg kun skulle svare med "ja" eller "nej."

"Du lyver vældig godt på denne måde, og det er derfor du har snydt tusindvis af får. Tror du ikke, at vi andre også kan få så mange medlemmer ved at lyve?"

"De siger, at du modtager åbenbaringer. Så har du andre ord

fra Gud end de 66 bøger i Bibelen?"

"Det er aldrig sket", svarede jeg.

"Løgner! Du forhindre menighedsmedlemmer i at tage på arbejde, og du siger til de studerende, at de ikke skal studere."

"Det har jeg aldrig gjort."

"Danser du en trolddomsdans ved alteret?"

"Det har jeg aldrig gjort."

De absurde spørgsmål fortsatte. Alle spørgsmålene var opstået af misforståelser. Men de gav mig ikke tid til at forklare beskyldningerne. En særlig pastor, som jeg vil kalde "Pastor S", udspurgte mig og gav mig ni klausuler, som var blevet forberedt på forhånd. Jeg havde slet ikke været klar over, at disse absurde spørgsmål var del af en retssag, der ville føre til en dom. De ni klausuler var blevet sendt til min kirke. Det blev sagt, at hvis jeg ikke korrigerede disse ni ting, ville der falde en dom efter det undersøgende møde. Klausulerne inkluderede: At forbyde salg af mit vidnesbyrd *En Smagsprøve på Det Evige Liv før Døden;* at forbyde salg af båndoptagelser af mine prædikener; at forbyde brugen af navnet "Manmin" i underafdelinger af kirken; og at forbyde hellige dans (dans til lovsigelsessange). Alle disse ting var uacceptable for mig.

Angående det officielle brev indleverede jeg et svar med detaljerede forklaringer. Jeg tilføjede, at jeg havde skrevet brevet, fordi jeg ikke kunne se, at jeg gjorde noget i modstrid med Guds ord, og hvis de var uenige med mig, ville jeg gerne vide det. Efter adskillige måneder sendte generalforsamlingen mig et svar, hvor der stod, at de havde besluttet sig for at afvise mine forklaringer, men de gav mig ingen årsag.

Frataget retten til at tale

Denominationen afholdt generalforsamling i to dage, fra 30. april til 1. maj. Jeg var medlem af den repræsentative bestyrelse for forsamlingen, og jeg deltog. Der var to andre bestyrelsesmedlemmer, som var blandt de ældre i min kirke. De havde pladser, men vi kunne ikke finde en plads med mit navn på. Jeg indså, at der var planer om at ekskommunicere mig. Mit navn var heller ikke på listen over bestyrelsesmedlemmer. Da jeg ikke havde nogen plads, havde jeg heller ikke taleret. Men jeg var nødt til at fortælle sandheden, så jeg fulgte med i forsamlingen fra et af de bagerste sæder.

Da forsamlingen startede d. 1. maj, blev mit navn nævnt. Pastor S, som havde ledet undersøgelseskomiteen, begyndte at sige ting, som fordømte mig. De fratog mig retten til at tale foran forsamlingen og fortsatte med deres pressede tidsplan. Alt det, de sagde om mig, var usandt. Der blev blandt andet sagt:

"Pastor Jaerock Lee siger, at han kendte datoen for Herrens tilbagekomst. Det er skrevet på den og den side i hans vidnesbyrd."

Jeg har aldrig sagt, at jeg kender datoen for Herrens tilbagekomst. Jeg kender ikke den faktiske dato, og har naturligvis ikke skrevet noget sådant i mit vidnesbyrd, men da de deltagende ikke var i stand til at slå op i min bog i det daværende øjeblik, var de nødt til at tro på det, der blev fremlagt og deltage i afstemningen på dette grundlag. "Da pastor Jaerock Lee tager meget fejl, bør vi ekskommunicere ham. Ræk hånden i vejret, hvis I er enige."

Da der skulle afstemmes om at ekskommunicere mig, forlod de fleste af de 300 bestyrelsesmedlemmer deres sæder, og kun ca. 90 medlemmer blev siddende. Blandt dem var der ca. 30, der rakte hånden i vejret, og det var de personer, som på forhånd havde indvilliget i at gøre det. Vores deltagere talte de personer, der rakte hånden i vejret. Der var 30, men bestyrelsesformanden sagde: "48 personer har rakt hånden i vejret, hvilket er mere end halvdelen. Det er dermed vedtaget." Så slog han med hammeren, og jeg var dermed ekskommuniceret selv om kun 30 af de 300 bestyrelsesmedlemmer havde stemt for.

Den brækkede hammer

Men da bestyrelsesformanden slog med hammeren, brækkede den, og hovedet faldt på gulvet. Dette var tydeligvis ikke normalt. Da vi så, at hammeren brækkede, kunne vi mærke, at beslutningen var uretfærdig i Guds øjne, fordi offeret ikke havde fået lov at tale for sig. I dette øjeblik sagde den ældre Boaz Jungho Lee, som havde fået taleret: "Det, som er blevet sagt indtil nu, er usandt. Hvordan kan I dømme ham uden at høre sagen fra ham selv? Han er tilstede i dette øjeblik, så skulle vi ikke høre på ham?"

Bestyrelsesformanden svarede: "Så vil vi give ham taleret. Gå tilbage til Deres plads."

Til trods for sit løfte gav bestyrelsesformanden mig ikke mulighed for at forsvare mig. Selv efter at den ældre Lee var vendt tilbage til sin plads, fik jeg ikke mulighed for at tale, og han begyndte at argumentere med høj stemme:

"Bestyrelsesformand, jeg er gået tilbage til min plads, fordi De sagde, at De ville give pastor Jaerock Lee taleret, så hvorfor må han nu ikke tale?"

Bestyrelsesformanden ignorerede simpelthen den ældre Lees indvendinger. Alt blev afsluttet meget hurtigt. Jeg havde siddet der i mere end 7 timer bare for at få mulighed for at tale, og jeg havde udholdt megen foragt, men i sidste ende fik jeg ikke taleret. Selv når man afsiger en dødsdom, får den anklagede mulighed for at forsvare sig. Selv i en diktaturstat eller i en retssag ved kommunistpartiet lytter man til den mistænkte. Men jeg fik ingen mulighed for at tale, selv om jeg fejlagtigt blev fordømt af denominationen.

Processen som Bibelen lærer os

Bibelen lærer os, at der skal være mindst to vidner for at kunne anklage en ældre (Første Timotheusbrev 5:19). Og da jeg er Guds tjener, en pastor, burde de åbenlyst have givet mig en chance for at forsvare mig, men de forhindrede mig fuldstændigt i at sige et eneste ord, og fordømte mig ensidigt. For at gøre ondt værre, var deres beskyldninger ikke sande, men rene fabrikationer.

Da David blev forfulgt af Kong Saul, som var jaloux på ham, fik David på et tidspunkt mulighed for at dræbe kongen, men gjorde det ikke. Han sagde: *"Herren bevare mig fra at gøre dette mod min herre, mod Herrens salvede! Jeg lægger ikke hånd på ham, for han er Herrens salvede"* (Første Samuelsbog 24:6). Selv om Saul var blevet forsaget af Gud, havde han engang været Guds salvede. Kun Gud kan håndtere sin tjener, som har været hans salvede, men denominationen ekskommunikerede mig efter deres vilje.

Jeg kunne undgå det ved at sige "ja" en gang

Nogle pastorer, som deltog i forsamlingen, havde ondt af mig, og gav mig deres råd og sagde: "Pastor, fordi din kirke vokser så hurtigt, er du blevet genstand for jalousi. Hvorfor siger du ikke bare "ja" en eneste gang til det, som seniorpastorerne siger dig? Bare sig "ja" en gang! Hvis de siger, at cola er cider, så sig "amen," og hvis de siger, at cider er cola, så sig "amen" til det også." Men jeg gik ikke på kompromis med uretfærdigheden, og fulgte kun den rette vej. Jeg huskede Daniel, da han skulle kastes for løverne, for selv da gik han ikke på kompromis med uretfærdigheden. Så tænkte jeg på den gang, hvor Daniels tre venner ikke ville gå på kompromis, selv om de blev smidt ind i den flammende ild. Da jeg tænkte over det, besluttede jeg ikke at stole på ord, men kun på Gud.

Nyheden bredte sig til vores kirke, og der var hundredvis af medlemmer som opsøgte de to pastorer, som havde stået for ekskommunikationen, for at protestere. Der var også mange pastorer, som kendte sandheden, som ringede til disse pastorer og protesterede. Så spurgte præsidenten for denominationen mig, om jeg ville mødes med ham. "Jeg vil ubemærket forbigå alt det, der er sket, men fortæl mig denne ene ting.", sagde han. "Så vil jeg restituere dit navn, og vi vil genoprette den relation, som vi havde før alt dette. Bare sig mig, at du vil sige "Ja" til de ni klausuler og anerkende dem." Men det kunne jeg ikke gå med til. Hvordan kunne jeg gå på kompromis med noget usandt af frygt for at blive ekskommuniceret? Jeg var trist og sorgfyldt hele ugen, og tabte fire kilo. Når jeg tænkte på de to pastorer, som ensidigt fordømte mig, kunne jeg ikke undgå at føle sorg og have ondt af dem. En af disse pastorer, som jeg kun vil kalde "Pastor K," og som også var en af præsidenterne for denominationen, sagde ofte: "Manmin Joong-ang kirken er bibelsk kættersk."

Jeg udgav en bog ved navn *Heaven Will Declare the Justice* og sendte den til kirker over hele Korea, uanset deres denomination. Efter at jeg havde gjort dette talte Gud til mig, mens jeg bad:

"Du kunne have valgt selv at træde ud af denominationen og dermed ikke udsætte dig for ærestabet ved ekskommunikationen. Men du valgte at blive for ikke at bedrage denominationen. Det er denne slags tjenere og børn, jeg ønsker. Du valgte den rette vej, og du vil snart blive leder af en kirkelig union."

Gud ledte os til at etablere en ny denomination, sådan at vi kunne undgå urimelige forbud og arbejde for Guds rige med al vores energi. Den 1. juli 1991 holdt vi etablerende generalforsamling for Den Hellige Forenede Koreanske Kirke, og jeg blev valgt til præsident. Efter at vi havde gennemgået denne prøve, kunne jeg mærke, at Gud havde givet mig en større kraft.

Ledte vækkelsesmøder over hele landet

Siden jeg var blevet præsteordineret i 1986, var jeg blevet inviteret til mange steder rundt omkring i landet for at tale til vækkelsesmøder. Og siden 1987 talte jeg ved interdenominelle vækkelser hver måned inklusiv i byerne Pohang og Daegu. Jeg talte mest om bønnen som et råb til Gud, og om hvorfor Jesus er vores frelser. Begge emner er dækket i *'Budskabet fra Korset.'*

På anden og tredje dag af vækkelserne modtog pastorerne nåde fra det prædikede ord, idet de forstod den spirituelle mening indeholdt i Guds ord, og i modsætning til ved begyndelsen af vækkelsen, takkede de mig med en ydmyg indstilling.

Seniordiakonisse Boonhan Cho helbredes for helvedesild

I marts 1990 blev jeg inviteret af en kirke i Daegu. Jeg fik mulighed for at besøge Seniordiakonisse Boonhan Cho i hendes hjem. Hun var 77 år gammel på det tidspunkt, og hun led meget af helvedesild. På dette tidspunkt arbejde hendes barnebarn ældre Alvin Joonha Hwang som medicinsk officer i hæren i byen Jinhae, og havde en doktorgrad i medicin fra Korea Universitet. Ældre Alvin Joonha Hwang havde oprigtig tro, og han tog flere gange orlov for at passe sin bedstemor. Hun kom i vores kirke i et stykke tid i længsel efter Guds levende ord. Seniordiakonisse Boonhan Cho havde bylder på huden, og de bristede, hvilket forårsagede en alvorlig gigt som bivirkning. Virussen havde spredt sig til de indre nerver, og dette skabte så stor en smerte, at hun skreg dag og nat. Hun kunne ikke bevæge sig, og lå ned hele tiden. Hendes lemmer var trukket sammen, og hun havde svært ved at spise og sove. Hun var skind og ben. Og hun håbede bare på, at hun ville dø hurtigt. Hendes familie, som passede hende, led naturligvis også.

Jeg lagde min hånd på hende og bad for hende, og da bønnen var overstået, råbte hun pludselig: "Djævelen er forsvundet!", og hun løftede sin højre hånd. Da helvedesilden havde sat sig i den højre side på halsen og skulderen, havde det været vanskeligt for hende at løfte højre arm. Men hun satte sig hurtigt op, og følte, at djævelen, som havde forårsaget sygdommen, var forsvundet. Hun blev fuldkommen helbredt.

Alle hendes børn ønskede at passe hende, inklusiv hendes svigersøn, som var professor ved Kyoungbook Nationale Universitet, men hun tog til Seoul, lejede et lille hus tæt ved kirken, og førte et sundt kristent liv i Helligåndens fylde endnu en tid.

På trods af hindringer af Daegu Forenede Vækkelse

Jeg blev inviteret til at tale ved et møde i Jooahm bjerg bedecenter i Daegu d. 4. maj 1990. Det blev afholdt af Missionsunionen i Kyeong Sang provinsen. Der var så mange mennesker, at de måtte side på både det nedre og det øvre alter. Og der var alligevel ikke plads til, at alle kunne komme ind i kirkerummet. Så vi tog vinduesruderne ud af hensyn til dem, der deltog udenfor kirken. Korets medlemmer havde problemer med at komme ind, og de måtte synge udenfor. Ved Guds nåde var der også mange pastorer, der deltog, og meget helbredende arbejde fandt sted.

Organisatoren af mødet afholdt et endnu større møde året efter, fordi det havde været en stor succes. De lejede gymnastikhuset i Daegu. Mange missionsorganisationer støttede dette møde med deres bønner. Men denominationen, som fordømte mig, forsøgte at hinder mødet.

En uge før mødet ved den nattelange fredagsgudstjeneste kom Guds ord til mig. Det anmodede om, at alle kirkens medlemmer fastede den kommende søndag for at uddrive Satans synagoge. Indtil da havde jeg ikke været bevidst om, hvad der foregik i Daegu, men om lørdagen modtog jeg rapport fra kirkelige medarbejdede, som havde fundet ud af, hvad der foregik.

Denominationen, som fordømte mig, sendte et officielt brev til bestyrelsesformanden for den organiserende komite, til pressen og til andre relaterede organisationer, hvor der stod, at jeg var blevet fordømt som kætter og ekskommuniceret. Dette var et forsøg på at hindre mødet. Forsamling for denominationen "J" af præster, som havde støttet mødet, sendte et officielt brev til hver af deres kirker, hvor der stod: "Da pastor Jaerock Lee er kættersk, vil vi desuden fordømme dem, som støtter dette møde, som kættere." Af den grund var mange støtteorganisationer og pastorer, som tidligere havde bedt for mødet, der ikke længere var i stand til at hjælpe. Der var mange flaske rygter, inklusiv at rygte om, at mødet var blevet aflyst.

Den 18. marts 1991 gik mødet i gang uden at jeg havde mulighed for at tale vedrørende vores kirkes position og forklare sandheden. De støttende organisationer, som troede på de breve, der var blevet sendt ud, vendte ryggen til os. Men til trods for pres fra denominationens forsamling var der alligevel mange pastorer, der deltog i mødet. Dette gav grund til taknemmelighed! Gud bevægede vores kirkemedlemmers hjerter, og de tog til Daegu for at forberede mødet. Pludselig blev det afholdt i vores kirke, og ved Guds nåde var der mange deltagere, og alt forløb godt.

Den fjendtlige djævel havde forsøgt at aflyse mødet og rejste en stor opposition, men da Gud kender menneskets sind og planer, lod han os faste og bede på forhånd. Og i sidste ende virkede det til altings bedste.

"Hvad er der mere at sige! Er Gud for os, hvem kan da være imod os? Han, som ikke sparede sin egen søn, men gav ham hen for os alle, vil han ikke med ham skænke os alt? Hvem vil anklage Guds udvalgte? Gud gør retfærdig. Hvem vil fordømme? Kristus Jesus er død, ja endnu mere, han er opstået og sidder ved Guds højre hånd og går i forbøn for os. Hvem kan skille os fra Kristi kærlighed? Nød eller angst? Forfølgelse, sult eller nøgenhed? Fare eller sværd? - som der står skrevet: På grund af dig dræbes vi dagen lang, vi regnes for slagtefår. Men i alt dette mere end sejrer vi ved ham, som har elsket os" (Romerbrevet 8:31-37).

At flytte til en ny kirke gennem troen

I marts 1987 kunne vi ikke længere få plads til det stigende antal menighedsmedlemmer i vores kirke, og vi bad for at få et nyt, større sted. I Shindaebang 2 Dong, hvor vores kirke startede, var der blevet konstrueret en ny bygning, og vi lejede anden og tredje sal.

Fra 13. til 17. april havde vi et vækkelsesmøde i anledning af, at vi var flyttet til en ny bygning. Titlen var "Ikke alle, som kalder mig Herre, vil komme ind," og jeg talte om nåde, Helligånden, tro og evigt liv. Tre måneder efter vækkelsesmødet var kirkerummet på næsten 1.340 kvadratmeter fyldt med mennesker!

Da vi kaldte ud i bøn

Ligesom i dag, bad menigheden også den gang tre timer i døgnet ved det natlige Daniel bønnemøde. Vi puttede skum i vinduesrammerne for at blokere lyden, så den ikke kom ud af bygningen, men da der ikke var nogen lydisolering, kunne vi ikke undgå, at der gik støj ud. Heldigvis var der kun en markedsplads foran kirken, og ikke nogen beboelser.

En gang var der på et beboermøde en person, som ønskede at lave et reglement for den støj, som udgik fra kirken. Men der var et medlem af en kvindeorganisation, som sagde: "De lukker vinduerne selv midt om sommeren, og de putter endda skum i vinduesrammerne. For mig er lyden af bønnerne ligesom en vuggevise." Og så talte de ikke mere om det. En anden gang var der en borger, som klagede på politistationen. Politimanden, som modtog klagen, sagde: "Du sover, og disse mennesker beder for nationen uden at få nogen søvn. Hvad er der galt med dig?" Personen, som beklagede sig, kunne ikke sige noget til det.

At overvinde en krise ved Guds nåde

Gud ønskede ikke, at vi skulle stoppe i selvtilfredshed med tingenes tilstand. Han tillod en prøve af os, som ville gøre det muligt for os at flytte til et større sted. I april 1988 var ikke bare selve kirkerummet, men også kontorerne, trapperne og selv gangene fulde af mennesker, når der var gudstjeneste. På den tid var der supermarkeder i kælderen af bygningen. Da salget ikke gik godt, lukkede de ned et efter et. Vi havde kontrakt på, at vi også kunne købe kælderen, men pludselig gjorde sælgerne på markedet og de lokale beboere modstand mod det. De udbredte falske rygter om, at kirken forsøgte at jage alle de handlende væk fra stedet.

Disse mennesker lavede shamanistiske ritualer foran kirken

om søndagen, og de spillede meget højt på traditionelle Koreanske trommer. Selv om vi tilkaldte politiet, kom de først efter, at det hele var overstået. Byrådet stod bag dette. På den tid besøgte Hr. "S," som var medlem af oppositionspartiet, vores kirke adskillige gange, og vi havde et kammeratskab. Han modtog min bøn før valget, og blev valgt. Så tænkte kandidaten fra majoritetspartiet, at siden vores kirke støttede oppositionen, ville det blive vanskeligt for ham at vinde det kommende valg. Så han brugte sin indflydelse i det lokale byrådskontor og på politistationen for at jage vores kirke væk. Det var først lang tid efter, at jeg begyndte at forstå situationen. Medarbejderne i kirken sagde, at de ikke kunne klare det længere, og at de ville gå til regeringskontoret for distriktet for at protestere. De ville også forsøge at rette anklage, men jeg talte dem fra at gøre noget. Jeg overtalte dem ved Guds ord om at tilbagebetale ondt med godt.

Kirkens medlemmer adlød mit ord. De udholdt oppositionen fra de lokale beboere og forsøgte at tjene dem. Men som tiden gik, blev forfølgelsen mere intens. Det lokale Dong-kontor (vagtkontor), regeringskontoret for distriktet, den lokale repræsentant for vagterne, præsidenten for kvindeforeningen og selv de ældre borgere begyndte at forstyrre gudstjenesterne, og brandstationen kom hver dag for at undersøge faciliteterne, alt sammen for at genere os.

Jeg knælede bare for Gud og bad. Og en dag hørte jeg, at dem, som forsøgte at jage kirken væk, ønskede at tale med mig. Da jeg tog til det lokale vagtkontor, var der mere end 10 repræsentanter for forskellige sektorer i området, som ventede på mig i mødet rummet.

"Pastor, red os! Vi lider. Vi føler, at vi falder ned i helvede", sagde de. Jeg svarede dem: "Vi ønsker også at forlade dette sted, men vi har ikke noget sted at tage hen, som er stort nok, og vi har heller ikke pengene til det." "Pastor, hvor meget har du brug for, for at flytte din kirke?"

De fortalte mig deres historie, og jeg kunne se Guds værk i dem. Blandt dem, som havde stået forrest i protesterne mod vores kirke, var der mange, som pludselig var blevet syge og havde adskillige sygdomme. Rygterne om, at dette var sket, spredte sig hurtigt. Der var mennesker, som var blevet bange efter at have hørt disse nyheder. Dem, som aktivt havde ledt bevægelsen imod os, følte, at de faldt ned i helvede. Da de ikke kunne leve med denne frygt, ønskede de at mødes med mig. De gav os 300 millioner won (1.500.000 kr.), hvilket var det beløb, som vi på daværende tidspunkt havde brug for, til at flytte over i en anden kirke. Selv havde vi kun et lille, tocifret millionbeløb, så det var mange penge.

Da kong Abimelek tog Sara i den tro at hun var Abrahams søster, kom Gud til ham i en drøm, og fortalte ham, at Sara var Abrahams kone. Gud befalede ham at sende Sara tilbage, og Abimelek gjorde ikke alene dette, men sendte også får, køer og tjenere til Abraham (Første Mosebog 20). Ved Guds arbejde overvandt Abraham krisen og blev behandlet godt. På samme måde overvandt vores kirke også sin krise ved Guds intervention.

Foran os var det land, som Gud havde forberedt

Vi bad: "Gud, giv os et stykke land med over 4800 kvadratmeter." Nær ved kirken var der en bygning på omkring 5000 kvadratmeter, og vi bad kraftigt om at flytte til denne bygning. Men en dag i 1990 proklamerede luftværnsakademiet, som var placeret i Boramae Park, at det skulle flytte, og at stedet skulle blive en park. Seoul byråd ville sælge grunden til private investorer. Jeg indså, at Gud forberedte et stykke grund til vores kirke i Boramae Park. Der ville være mange fordele ved dette. Det var derfor, Gud havde ledt mig til Shindaebang Dong for at åbne kirken. Da vi bad for at flytte til Boramae Park, sagde Herren: "Jeg har givet dig dette stykke land, så tag det. Hele menigheden må udvise tro. Efter at du har erobret det velsignede land, vil jeg tage mig af alting." Vores kirke indgav tilbud på en grund, men det var vanskeligt at købe bare 3500 kvadratmeter med den tro, som menigheden havde på daværende tidspunkt. Der var kun nogle snes af medlemmerne, som vidste deres tro.

Gud ledte Israels folk til Kanaens land, men de kunne ikke komme ind i landet, fordi de ikke adlød. Kun deres børn kunne gå ind i landet. Idet vi ikke kunne udvise den nødvendige tro, ledte Gud os til et andet sted i Guro Dong. Han havde forberedt en bygning på ca. 8500 kvadratmeter i et industriområde.

Særgudstjeneste i anledning af den nye kirke og fortsatte forstyrrelser

Guro industrikompleks var et sted, som havde banet vej for Koreas industrialisering. På den tid var der mange fabrikker der. Vores 4. kirkebygning, Guro Dong Kirken havde været en virksomhed kaldet Shin Ae Elektronik. Før denne virksomhed gik fallit, havde jeg mødt dens ejer.

Han sagde til mig: "Senior Pastor, jeg kunne godt tænke mig at bygge Manmin Joong-ang kirken på denne grund." Han havde netop mødt mig for første gang, men sagde alligevel dette. Jeg tog ham på ordet og troede på det, han sagde. Så jeg svarede: "Amen." Senere gik Shin Ae Elektronik fallit, og ejeren stak af til USA. Senior diakonisse Shin-ae Hyun blev direktør i hans sted. Men på grund af den store gæld, arbejdsstrejke og arbejdere, som bad om deres uudbetalte løn, havde hun det svært. Så hun bad om, at virksomhedens grund kunne blive brugt til Guds rige af en af de adskillige berømte pastorer. På dette tidspunkt modtog hun svar fra Gud, som sagde til hende: *"Giv grunden til Pastor Jaerock Lee, som jeg elsker."* Efter at have spurgt sig for, fandt hun mig endelig. Da jeg modtog hendes opringning, tog jeg der hen, hvor hun ledte vækkelsesmøder, for at hilse på hende rent formelt. Stedet var i Yongsan, hvor jeg havde oplevet Guds helbredelse i hendes kirke i 1974. Derefter havde jeg kun mødt hende rent formelt en gang. Og da vi ikke havde mødt hinanden siden, kunne hun ikke huske mig.

Hun forklarede mig den proces, hun havde gennemgået for at finde mig. Gud bevægede mit hjerte, og vi besluttede os for at købe grunden. Vi havde behov for 10 milliarder won (50 millioner kr.) til grunden, og for at løse det umiddelbare problem med arbejderne, havde vi brug for 2 milliarder won (10 millioner kr.).

Særgudstjeneste for den nye kirkebygning.

Den 10. februar 1991 forlod vi kirken i Shindaebang Dong for at flytte til Guro Dong, og vi holdt en særgudstjeneste. Vi havde betalt kreditorerne og de uudbetalte lønninger. Så begyndte vi at renovere bygningen og ændre den til kirkebygning.

Da vi flyttede, havde vi kun omkring 300 millioner won (1.500.000 kr.), som vi havde fået for den gamle bygning. Så udfra situationens realiteter burde vi ikke tage dette skridt, selv med vores mange medlemmer. Men da vi var sikre på, at Gud ledte os, fortsatte vi med tiltro. Et år efter at vi var flyttet ind, satte banken bygningen på auktion igen, men vi havde ikke penge til at købe den. Banken sagde: "Du og kirken har allerede løst virksomhedens vanskelige situation og problemerne med fagbevægelsen; og I har brugt mange penge på at renovere kirken. Hvem kunne dog finde på at spekulere i denne grund?" De rådede os til at købe grunden, når prisen faldt. Men realiteten var anderledes. En virksomhed købte grunden som del af deres spekulationer i fast ejendom. De bad os om at rydde bygningen. Naturligvis kunne vi ikke tage nogen steder hen, for vi havde ikke nogen ny bygning.

Den 15. februar 1992 kom den virksomhed, der havde købt grunden, med ca. 100 arbejdere, som fjernede kirkens ejendele. Nogle af kirkens medarbejdere blev endda slået, da de forsøgte at stoppe dem. Og virksomheden førte naturligvis retssag mod os med den begrundelse, at vi brød loven. Under alt dette lod Gud vores menighed elske kirken og bede endnu kraftigere. Så bevægede han hjerterne hos dem, som havde købt grunden, og de underskrev kontrakt med os. Og vi begyndte derefter at tilbagebetale prisen for grunden.

Forstyrrelser af Seouls Evangeliske Kampagne

Fra den 18. til den 21. maj 1992 blev Seouls Forkyndelses Kampagne afholdt i vores kirke af 1995 Nationens Genforening og Jubelkampagne Organisations Komite. Det blev afholdt af Nationens Genforening og Forkyndelses Bevægelse med støtte fra *Kukmin Ilbo*, Fjernøstlig Radio, Kristen Radio, Den Kristne Avis, Koreas Kirkeavis og Politipræstens kontor. Men den fjendtlige djævel rejste sig igen for at aflyse mødet.

Der var flere berømte pastorer inklusiv pastor Hyeon-gyoon Shin og Jaechul Hong, som skulle tale. De blev udsat for pres for ikke at tale ved dette møde. Og igen var der nogen, der sagde, at jeg var kætter, og at jeg havde en historie af ekskommunikation fra min denomination. Og at hvis pastorerne talte ved dette møde, ville de være nødt til at imødegå ubehagelige situationer i fremtiden. Men disse talere vidste, at jeg var en pastor, som fulgte budskabets tro med kærlighed til Herre Jesus, og de bøjede ikke efter for presset. Mødet blev afholdt med succes ved Helligåndens hjælp. Fra 14. til 17. september samme år blev Seoul Borger Forkyndelseskampagne afholdt i vores kirke af Korea Kristne Vækkelsesassociation, og otte pastorer inklusiv Jongman Lee talte ved dette møde.

Forsoning med Helligdoms sekten (Anyang)

I februar 1992 begyndte Den Hellige Kristne Kirke i Korea (Anyang) – den denomination, som havde fordømt mig – at tilnærme sig vores kirke, idet vores kirke havde dannet en uafhængig denomination og voksede meget hurtigt. Pastor "Y," som var præsident for sekten på dette tidspunkt havde spredt falske rygter mange gange til Koreas Kristendomsråd og til pressen. Siden denne type bagvaskelse fandt sted, gav det ikke kun et dårligt rygte, det forårsagede også stor skade i forhold til embedet med at prædike budskabet. Vi besluttede til sidst, at repræsentanter for kirken skulle sagsøge Pastor "Y" for bagvaskelse.

Pastor "Y" måtte nu betale en bøde, og han var også ved at blive sat i fængsel. Han blev desperat og bad os mange gange gennem min seminarielærer Pastor Taekgu Sohn om at trække sagsøgningen tilbage. Paster Taekgu Sohn bad os også som at afslutte sagen og forsone os med Pastor Y, idet han sagde, at han ville undlade at involvere sig i kirkelige associationer, og i stedet koncentrere sig om sit embede.

Pastor "Y" var en ældre herre, og jeg havde ondt af ham. Så jeg ville acceptere Pastor Taekgu Sohns forespørgsel og tilbagetrække sagen, men den advokat, som stod for sagsøgningen, var stærkt modstander af ideen. Han rådede mig: "Du skal ikke tilbagetrække sagen her og nu. Jeg har undersøgt deres tidligere handlinger, og hvis dette problem ikke løses rent fundamentalt, vil de gøre et samme igen." På trods af uenighed med advokaten underskrev jeg en overenskomst og tilbagetrak sagen.

Den 20. april 1993 mødtes vi og underskrev aftalen. Vi har stadig brevet. Pastor "Y" underskrev et brev, hvor der stod: "Jeg er ked af, at jeg har distribueret materiale og forårsaget bagvaskelse af Pastor Jaerock Lee og Manmin Joong-ang kirken. Jeg vil gøre mit bedste for at afstå fra denne slags handling i fremtiden, og jeg vil udelukkende koncentrere mig om mit præsteembede." Vi tilbagetrak sagsøgningen og tilgav ham, men som advokaten havde forudset, fortsatte han med at genere vores kirke frem for at være taknemmelig. Han gav følgende forklaring: "Jeg har ikke undskyldt som præsident for sekten, men kun på et personligt plan."

Arv ifølge Bibelen

Da vækkelsen gik så hurtigt, blev jeg velkendt, men der var også nogle mennesker, der begyndte at tænke på mig som kætter på grund af fordømmelsen fra den Hellige Kristne Kirke i Korea. De, som aldrig mødte mig, aldrig lyttede til mine budskaber og aldrig kom i vores kirke, dømte os på det, de hørte fra andre mennesker. I Bibelen fortælles det også, hvordan apostelen Paulus, som elskede Jesus højt og prædikede budskabet af hele sit hjerte, blev forfulgt og fordømt som "skør," "en pest" og "leder af nazaræernes parti" (Apostlenes Gerninger 24:5).

På dette sted bør vi se nærmere på den definition af kætteri, som findes i Bibelen. I Andet Peterbrev 2:1 står der: *"Der var dog også falske profeter i folket, ligesom der også blandt jer vil komme falske lærere, som vil indsmugle ødelæggende vranglærdomme og tilmed fornægte den Herre, som købte dem. De nedkalder en brat tilintetgørelse over sig selv."* "Den

Herre, som købte dem," refererer her til Jesus Kristus. Før Jesus blev korsfæstet, genopstod og afsluttede sin pligt som Frelseren, er der derfor ikke nogen beskrivelse af kætteri i Bibelen. Ordet "kætteri" findes ikke i det Gamle Testamente og i de fire evangelier af Matthæus, Markus, Lukas og Johannes.

I de fire evangelier bruger hverken skriverne, farisæerne, præsterne eller højstepræsterne ordet "kætteri" i deres retsforfølgelse af Jesus. Først efter at Jesus genopstod og fuldførte sin pligt som Kristus, opstod de, som fornægter "Herren, som købte dem," og kun i Andet Peterbrev advarer Bibelen om disse kætterske mennesker. Navnet "Jesus" betyder "Den som vil frelse sit folk fra deres synder" (Matthæusevangeliet 1:21), og Kristus betyder "Den Salvede". Først da Jesus var blevet korsfæstet og havde genopstået, fuldførte han sin pligt som Kristus og blev vores frelser.

Når vi afslutter vores bønner, skal vi derfor sige: "Jeg beder i Jesu Kristi navn," frem for kun at sige: "Jeg beder i Jesu navn," for det vil have en mere korrekt spirituel betydning. I Første Johannesbrev 2:22 står der: *"Hvem er en løgner, om ikke den, der benægter, at Jesus er Kristus? Antikrist er den, der fornægter Faderen og Sønnen."* At fornægte Guds treenighed (Faderen, Sønnen og Helligånden) er derfor kætteri. Det er derfor uretfærdigt i Guds øjne skødesløst at dømme eller fordømme et individ eller en kirke, som tror på Gud Fader og accepterer Jesus Kristus som Frelseren.

Bibelen advarer os om, at det ikke nogensinde kan tilgives at fordømme en kirke, hvor Helligåndens værk finder sted i Jesu Kristi navn, idet det er det samme som at fordømme eller gå imod Helligånden. Helligånden er en del af den treenige Gud, og hvis folk siger, at Helligåndens værk er djævelens værk, så siger de, at Gud er djævelen og er kættersk. Hvordan kan mennesker, som siger sådan, reddes? Fra Matthæusevangeliet 12:22 og frem, helbreder Jesus en person, som er blind og døv på grund af en dæmon. Farisæerne fordømmer Jesus og siger: *"Det kan kun være ved dæmonernes fyrste Beelzebul, at han uddriver dæmoner."* Jesus svarer: *"Derfor siger jeg jer: Al synd og bespottelse skal tilgives mennesker, men bespottelse mod ånden skal ikke tilgives. Og den, der taler et ord imod Menneskesønnen, får tilgivelse, men den, der taler imod Helligånden, får ikke tilgivelse, hverken i denne verden eller i den kommende"* (Matthæusevangeliet 12:31-32).

Da farisæerne fordømte Helligåndens værk, som det blev manifesteret af Jesus gennem Guds kraft, var det bespottelse af Helligåndens arbejde. Det er en så alvorlig synd, at den ikke kan tilgives, og de kunne ikke frelses.

Prøvelsen at bløde ihjel

I juni 1992 var der mange vanskelige sager i kirken, som jeg ikke kunne diskutere med nogen, og jeg gik i mange dage uden at hvile mig og uden at sove. Jeg var udmattet langt ud over min kontrol. Der var særligt nogle assisterende pastorer og medarbejdede, som var holdt op med at bede, og de blev ved med ikke at adlyde. Endelig tillod Gud en prøvelse. Da jeg tog store byrder på mig, var jeg næsten på grænsen af en hjerneblødning. Når menighedsmedlemmerne blev syge, kunne jeg bare bede for dem. Men hvad hvis jeg selv faldt om med hjerneblødning? Gud arbejdede på den måde, at han bristede en stor vene i min næse for at lade mig bløde, før jeg faldt om med hjerneblødning.

Det var d. 13. juni 1992, en lørdag. Da jeg skulle foretage en vielse, forberedte jeg mig til at tage af sted. Pludselig fik jeg en næseblødning og bad en anden pastor om at foretage vielsen i mit sted. Blodet løb ud gennem begge næsebor og munden. I løbet af eftermiddagen blødte jeg omkring halvanden time. Om natten blødte jeg igen mere end en time. Jeg var nødt til at sidde med hovedet nedad. Hvis jeg løftede hovedet, ville blodet straks løbe ned i halsen og kvæle mig.

Søndag morgen, da jeg skulle til at vaske mig, blødte jeg igen, og jeg kunne ikke tage i kirke. En stor mængde blod kom ud af næseborene og løb ned ad halsen. Mens jeg blødte, undrede jeg mig over, hvor en så stor mængde blod kom fra.

Mere end 100 assisterende pastorer og kirkemedarbejdere hørte nyheden fra kirken, og kom til min bolig. De forsøgte først af hjælpe mig med at tørre blodet af med lommetørklæder, og derefter med håndklæder, men da blødningen stadig fortsatte, kunne den ikke håndteres med disse ting. Jeg satte en vaskebalje foran mig. Alle vidste, at på grund af min tro havde jeg ikke tillid til verdslige metoder, så der var ingen, der talte om at tage på hospitalet.

Jeg ønskede pludselig at høre salmer, og spurgte de mennesker, der var tilstede. Der var en, der trådte frem og sang. Mens jeg lyttede, fik jeg fred i hjertet, og jeg ønskede inderligt at komme i himmelen. Jeg mistede langsomt al min energi, og begyndte at miste bevidstheden. Men jeg kunne mærke, at min ånd blev mere klar og fuld af Helligånden.

På skillevejen for valget mellem liv og død

I dette øjeblik lod Gud mig med klar inspiration vide den præcise spirituelle tilstand for nogle af de mennesker, som var tilstede. Jeg tilskyndede disse mennesker til at skille sig af med deres arrogance og den usandhed, som Gud hader, og fortalte min sidste vilje til mine familiemedlemmer. Senere fik jeg at vide, at hele kirkens menighed havde bedt for mig.

Min puls stoppede, og jeg holdt også op med at trække vejret. I dette øjeblik mistede jeg bevidstheden. Jeg kunne mærke, at min ånd forlod kroppen. Jeg hørte, at den ældre Boaz Lee og andre bad med gråd og tårer: "Gud, lad vore pastor komme til live igen!" De fortalte mig senere, at de havde rørt ved min vrist, men der var ingen puls, og mit bryst var koldt. I det øjeblik kom Herren til mig:

"Min tjener, vil du komme til mig, eller vil du tage tilbage og fuldføre din pligt?"

"Herre, jeg ønsker at være ved din side."

På den tid levede vi i et hus med månedlig husleje. Jeg havde hverken hus eller penge i banken. Men jeg var ikke bekymret for min familie, jeg ønskede bare at komme i himmelen. Men så viste Herren mig et scenarie: Efter at jeg var kommet til Herrens side, ramte den fjendtlige djævel vores kirke. Kirkerummet faldt sammen, og mange troende blev vandrende får, og tog tilbage til verden, til dødens vej. Nogle medlemmer gik frem mod himmelen med faste og bøn, men det meste af menigheden fór vild, og begyndte at gå mod verden og mod helvede. I dette øjeblik kom jeg til mig selv.

"Herre, lad mig tage tilbage. Jeg ønsker at komme til dig med kirkens medlemmer, efter at vi har bygget den store kirke."

Jeg bad med ønske om at leve. I samme øjeblik kom der lys fra oven, og en stærk kraft kom over mig. Jeg satte mig op, og bad om vand. Senere fandt jeg ud af, at det vand, jeg drak, forvandlede sig til blod i min krop. Jeg rejste mig og gik ud i stuen. Nogle medlemmer, som ikke kunne komme ind i mit værelse, bad og græd der. De blev overraskede og meget glade. Jeg gav hånd til hver af dem, og talte med dem. Mit ansigt begyndte at blive rødt. Der var ikke nogen tegn på, at jeg havde blødt ihjel. Men min bevidsthed var stadig ikke perfekt, og jeg ved kun, hvad jeg har hørt fra andre mennesker, jeg husker det ikke selv i detaljer.

Siden da drak jeg meget vand, hvis jeg blødte. Normalt drak jeg læskedrikke frem for vand, men jeg fik pludselig lyst til vand. Da jeg blødte så meget, ville jeg have været død, hvis ikke der havde været tilstrækkeligt blod. Men ligesom Herren forandrede vand til vin, havde jeg tiltro til, at vandet også ville blive forandret til blod ved Guds kraft, når som helst jeg drak vand. Da jeg vidste, at selv min blødning var foregået på Guds forsyn, ville jeg ikke bruge denne verdens medicin overhovedet. Jeg havde fuldstændig tiltro til den almægtige Gud, og jeg overlod alt i hans hænder.

Jeg havde ikke den ringeste lyst til at tage på hospitalet for at forlænge mit liv. Hvis Gud ønskede at tage min ånd, var der ingen grund til, at jeg skulle forsøge at leve. Kun hvis det var Guds vilje. Jeg ville have foretrukket at vælge døden. Jeg kender den almægtige Gud bedre end enhver anden, og jeg har helbredt mange syge mennesker med Guds kraft, så hvis jeg ikke kunne helbredes med tro, hvordan kunne jeg så lære menigheden at modtage helbredelse med tro? Det er derfor, jeg foretrækker at dø frem for at sætte min lid til hospitaler. Jeg så min død i øjnene med glæde, og overlod min sidste vilje til min familie med fred, men da det ikke var Guds vilje, at jeg skulle dø, lod Gud mig komme tilbage til livet i samme øjeblik.

Beståelse af Abrahams test

Efter at blødningen var stoppet den aften, spiste jeg aftensmad og tog til mit bedested. Men den nat blødte jeg ca. halvanden time igen, og næste morgen endnu engang. Jeg kunne hverken spise eller ligge ned. Hvis jeg lå, ville blodet i mit hjerte løbe ned, så jeg måtte sidde på siden med hovedet nedad. Om søndagen var jeg stadig på mit bedested. Jeg havde en gudstjeneste på et videobånd med prædikenen "Gud, Helbrederen.", som jeg tidligere havde prædiket. På tidspunktet for "Bøn for de syge" lagde jeg mine hænder på hovedet og modtog bønnen, og derefter stoppede blødningen fuldstændig. Gennem denne oplevelse indså jeg endnu engang med overraskelse, at bønnen for de syge er meget kraftfuld.

Jeg regnede på, hvor længe, jeg havde blødt. På 8 dage havde jeg ved 30 forskellige lejligheder blødt i alt 24 timer. Det var tid nok til at bløde alt kroppens blod ud mange gange. Når jeg blødte, drak jeg vand, og dette vand blev ændret til blod. Dette stod på i 8 dage. Gud testede mig i 8 dage, men jeg beklagede mig aldrig eller viste modstand ligesom Job. Jeg var kun taknemmelig. Selv om jeg måtte dø, var det for at komme til Herren, og jeg ville leve lykkeligt i himmelen, så der var ingen grund til, at jeg skulle være trist.

Da jeg blødte mere, når jeg lå ned, var jeg nødt til at sidde op med hovedet nedad hele tiden. Jeg tænkte over mange ting. Gud gav mig stor kraft, men jeg klarede det ikke særlig godt at lede menigheden ind i troen og at kontrollere kirkens medarbejdede, og vi havde endnu ikke bygget den nye kirkebygning. Jeg blev mere og mere trist overfor Gud, efterhånden som jeg tænkte over det. Jeg brugte 8 dage uden søvn, og med angrende hjerte overfor Gud.

Da jeg var villig til med tak at opgive mit liv, når Gud befalede det, genoplivede Gud mig på 8 dage. Gud lod mig senere vide, at ligesom Abraham havde bestået testen med at ofre sin eneste søn Isak, havde jeg også bestået testen med at opgive mit liv. Da jeg havde bestået denne test, blev Guds tillid til mig endnu større, og han velsignede mig til at vise endnu mere kraftfulde værker. Denne hændelse gav også kirkens medarbejdede og medlemmerne muligheden for at blive vækket igen, og kirken blev grundlagt på solide sten.

Selv om jeg advarede mod tidsbegrænset eskatologi

I 1984 efter at kirken var blevet åbnet, prædikede jeg om tegnene på tidens afslutning ud fra de ting, jeg havde indset med inspiration fra Gud. Jeg forklarede om forholdet mellem Syd-og Nordkorea, om nummeret 666, om foreningen af Europa til en stat og så videre. Men forholdet mellem Syd-og Nordkorea var dårligt, og selv kreditkort var ikke almindelige, så medlemmerne var noget ubekendte med en del af det, jeg sagde.

Jesus sagde beklagende: *"Når Menneskesønnen kommer, vil han da finde tro på denne jord?"* (Lukasevangeliet 18:8). Så jeg gjorde mit bedste for at skabe tro hos de troende for at gøre dem til sande hvedekorn ved tidens afslutning. Men da jeg prædikede om tegnene på tidens afslutning, blev jeg kendt som en, der havde sat en tidsgrænse for historiens afslutning. Mine artikler kom i aviser, blade, og på fjernsyn og radio, og jeg blev kendt i verden igen.

Nogle af de publicerede artikler fremførte nogle ting, som jeg ikke havde sagt, og en pastor "L," som fremhævede tidsbegrænset eskatologi sagde, at jeg også havde sagt det samme. For det meste skrev pressen fordelagtige ting om mig, men en person Hr. "T" fra et månedsmagasin fordømte, at jeg påstod at kende dagen for Herrens tilbagekomst. Men da alt ville blive åbenbaret på et passende tidspunkt, gjorde jeg ikke noget for at sagsøge eller at undskylde mig.

Alle mine prædikener bliver optaget, og de bliver solgt til offentligheden. Siden kirkens åbning har jeg lært menigheden at være vågne i deres kristne liv, ligesom de fem vise jomfruer illustrerer i det 25. kapitel af Matthæusevangeliet. Her er der uddrag fra prædikener med indikeret dato fra begyndelsen og ca. halvvejen gennem 1992. De viser eksempler på min lære desangående:

"I dag kan man læse disse ting i bøger eller høre det fra andre mennesker, men er der nogen af jer der siger eller tror, at Herren kommer d. 10. oktober, eller den 28.? Det bør I aldrig gøre! Har i nogensinde hørt mig tale om året 1992? Det har I ikke. Jeg formidler kun Guds ord, og jeg har lært jer at skille jer af med synden og leve i lyset og retfærdigheden for at efterligne Herren, og at smykke jer selv som en smuk brud for Herren med mine tårer og mine bønner. Selv om Herren kommer i morgen, siger jeg jer, at I skal plante æbletræet i dag." (Uddrag fra søndagsgudstjenesten den 19. januar 1992, "Vær Vågen")

"I Matthæusevangeliet kapitel 24 spørger disciplene Herren om hans komme, og om tegnene på tidens afslutning. Jesus lærer dem om tegnene på den tid, hvor han vil komme tilbage. Det er derfor, vi kender tegnene på tidens afslutning. Når der er mennesker, som siger, at det er i oktober 1992, er der nogen, der bliver bedraget, mens andre siger, at de er skøre. Hvad tror I? Hvis I elsker Gud og kender hans vilje, skal I ikke tage nogen notits af sådanne påstande. I behøver ikke lytte til dem. Vi kan blive reddet af troen, men ikke af at vide hvornår, hvilken dag i hvilken måned, Herren kommer igen. Jesus er vores frelser, og han forløser vores synd, så vi kan få tilgivelse for vores synder ved troen, blive Guds børn og komme ind i det himmelske rige. Men nogen siger, at vi kun kan frelses, hvis vi tror og påstår en bestemt måned og en bestemt dag, og hvis vi ikke gør det, kan vi ikke frelses. Hvor er dette tåbeligt! Dette er overhovedet ikke i overensstemmelse med Bibelen." (Uddrag fra søndagsgudstjenesten d. 31. Maj 1992, "Hvad vil tegnene være?")

Kapitel 7

Gud udbredte menighedens grænser

Døren til verdensforkyndelsen åbnede sig

Ved verdenskampagnen for forkyndelse ved Helligånden

I maj 1992 blev jeg inviteret til den årlige nationale bønne-morgenmad, hvor præsidenten og væsentlige politikere deltog, og jeg tog afsted med vores Nissi orkester. Samme år den 14. og 15. august tog jeg del i "1992 Verdens Helligåndsudbrud Kampagnen," som blev afholdt i Yoido Square. Denne kampagne blev afholdt med titlen "Verden til Helligånden" og var et enormt stort møde med mere end en million deltagere. Vores kirke deltog med et kor på 200 medlemmer, Nissi orkestret, og 400 medlemmer af kirken, som fungerede som frivillige til håndtering af trafik og sikkerhed i forbindelse med kampagnen.

Ved dette møde mødte jeg Pastor Gwangsam Rah, som var præsident for Helligåndsklubben i Washington D.C. og permanent bestyrelsesformand for Helligånds Forkyndelses kampagnen. Han var min tidligere skolekammerat, og havde præsteembede i Washington D.C. Jeg havde ikke set ham siden de afsluttende eksaminer, og vi mødte hinanden som pastorer der.

Han fortalte mig, at han havde spekuleret på, hvilken kirke, de frivillige kom fra, og han var overrasket over at finde ud af, at det var fra vores kirke. Gennem dette møde begyndte mit embede at sprede sig til det amerikanske kontinent.

Washington D.C. Forenede Forkyndelses Kampagne

I 1993 åbnede Gud døren for en verdensmission på vid gab. Jeg modtog en forespørgsel om at tale ved "Washington D.C. Forenede Forkyndelses Kampagne," som blev afhold at Washington D.C. Koreanske Kirkeforening fra 6. til 8. august 1993. Der havde været mange forespørgsler om at lede møder i andre lande, men jeg havde ikke været i stand til at tage afsted. Men siden der var tale om en væsentlig by i USA, følte jeg, at det var Guds forsyn, og jeg besluttede at tage af sted.

Organisatorerne af kampagnen sagde, at de forberedte mødet for at skabe sand tro hos koreanerne dér, og lade dem opleve forandringer i deres liv gennem Helligåndens gerning. Mødet blev holdt i gymnastiksalen i Wheaton High School og var sponsoreret af en forening af 180 kirker i nordøsten, inklusiv Washington D.C:, New York og Baltimore. Det var fyldt af Helligånden alle tre dage.

Den første dag prædikede jeg "Budskabet fra korset," den anden dag "Kødelig tro og spirituel tro," og på tredjedagen "Det evige livs velsignelse." Deltagerne længtes ydmygt efter ordet, og modtog beskeden med svaret "amen."

At tilskynde folk til at dvæle i lyset.

Efter at kampagnen i Washington var vel overstået, blev jeg igen inviteret som taler og ærespræsident ved "1993 LA Forkyndelses Kampagnen," som blev afholdt af den koreanske forening i Korea Town, for at højtideligholde den 20. Korea Town Dag den 19. september samme år. Før denne kampagne lod Gud mig forberede mig med megen bøn. Jeg brugte særlig megen tid på at bede for dette møde. Blandt andet tog jeg til bjergene for at bede i 3 uger.

Organisatorerne af "LA Forkyndelses Kampagnen" bad mig formidle et trøstende budskab til koreanerne der, men det gjorde jeg ikke. De havde ikke brug for trøst. De havde brug for at angre, at de ikke levede et ordentligt kristent liv, og de burde overholde søgnedagen og leve i lyset.

Der var en bande af afroamerikanere i LA regionen, og koreanerne levede med dybe sår og fornemmelsen af at være ofre. Det skyldtes i starten hvid-sort racisme, men banden begyndte uden skelnen at stjæle og sætte ild på de fleste forretninger, også dem, som var ejet af koreanere. Mange koreanske familier led skade materielt og mentalt.

Bibelen lærer os, at hvis vi lever ved ordet og forandrer os til at have sande hjerter og perfekt tro, så vil vores sjæle få gavn af dette, alt vil gå os godt, og vi vil være sunde. Hvis vi praktiserer Guds ord, kan vi undgå ulykker og katastrofer. Jeg læste ofte en passage fra Apostlenes Gerninger 4:11-12 med titlen: "Hvorfor er Jesus vores eneste frelser?" Og jeg prædikede budskabet fra korset og forsøgte at skabe tro i dem. Jeg tilskyndede dem til at blive sande kristne, som lever efter Guds ord frem for alt andet.

Jeg blev også inviteret til en kirke i Irvine for at formidle budskabet. Efter alle møderne besøgte jeg d. 21. september LA byråd. Byrådsmedlemmerne stoppede mødet et øjeblik, og bad mig om at bede, så jeg bad for deres velsignelse. Samme dag modtog jeg et æresborgerskab fra LA County, og jeg hørte, at det var første gang, de uddelte dette. Jeg deltog i "Blomstervogns Paraden," som var højdepunktet i Los Angeles Korea Festival, og kørte på en vogn. Min bøn og min deltagelse på vognen blev vist på netværkene KTAN, KATV, KTE og i aviser i *Hankook* og *Joong-ang*. Ved den lejlighed blev jeg kendt i hele regionen. Alt dette skete ved Guds nåde.

Prædikener udsendes

Fra marts 1990 begyndte mine prædikener at blive udsendt i et program, der hed "Det fjerne land, den gode nyhed" ved et fjernøstligt fjernsynsselskab. Det blev udsendt i Kina og i dele af Rusland. Siden da modtog jeg takkebreve fra mange koreanere i Kina, og nogle af dem besøgte vores kirke.

Fra august samme år blev mine prædikener udsendt i Washington D.C. området af Koreansk Radio. Fra december 1992 blev de udsendt af "Dette Budskab" af det Kristne Udsendelsesnetværk i Busan, i november 1993 af Iri Kristne Udsendelsesnetværk og i begyndelsen af februar 1994 begyndte Cheongju Kristne Udsendelsesnetværk at udsende mine prædikener hver uge. Hver år voksede den samlede varighed af udsendelserne af mine prædikener, og der blev på daværende tidspunkt udsendt mere en 900 minutter af prædikener hver uge. Jeg var nødt til at indtale hver prædiken, og det var ikke nogen nem opgave. Fra 20. til 22. maj 1994 formidlede jeg budskabet ved et møde for Koreanere i Washington D.C. og Baltimore, som blev afholdt af Washingstons Kristne Radio (WCRS).

Derefter bad den ældre Yeong Ho Kim, som var direktør for radioen, om jeg ville være med i bestyrelsen for radiostationen, og jeg accepterede hans forslag.

Mange af WCRS's lyttere reagerede positivt, og på den måde blev jeg velkendt i området. Direktøren, den ældre Kim, sendte mig tilbagemeldingerne fra mange af de mennesker, der sagde, at prædikenerne var det rene budskab. Han var rigtig glad for at få så mange gode reaktioner fra lytterne.

Tro er en forsikring om ønskede ting

Anerkendelse på "top 50" for kirker i verden

I februar 1991 flyttede vi til den nye kirke i Guro Dong, og vi holdt et særligt fjortendages vækkelsesmøde. På vækkelsens sidste dag kom antallet af registrerede medlemmer over 10.000 under den nattelange fredagsgudstjeneste. Gud sendte os mange forskellige mennesker fra et bredt tværsnit af kulturelle, sociale og økonomiske baggrunde. Efter 6 måneder var kirkerummet fuldt. Og efter tre år var der ikke længere plads til flere mennesker i kirken.

Den 11. Februar 1993 rapporterede Koreas største dagblade og kristne aviser, at *"Christian World Magazine"* i USA havde lavet en "Top 50" for kirker i verden, og at vores kirke var en af dem. Det var kun godt 20 år siden, vi havde åbnet kirken, og Gud havde allerede tilladt, at vores kirke havde vokset sig verdensomspændende. Det var ikke mig, men Gud, som gjorde det, og jeg kunne kun takke og lovprise Gud Fader.

Hvad vi end bad for med håb

I Ordsprogenes Bog 29:18 står der: *"Uden syner er et folk ladt i stikken, men lykkelig er den, der vogter på belæringen."* Syner er det, som Gud lader os kende gennem sine profeter. Hvis vi ikke har åbenbaringer, vil vi ikke have nogen beherskelse, og vi vil ignorere Guds love og handle i overensstemmelse med vores egen vilje, og dermed gå ødelæggelsen i møde.

Mens jeg fastede i 40 dage lige før åbningen af kirken, gav Gud mig mange drømme og visioner. Gud arbejder i os, for at vi både vil og arbejde for hans velbehag. Han gav mig drømme og ledte mig. Jeg bad meget for, at når jeg først havde åbnet kirken, så ville det blive en kirke med en verdensmission, og en kirke, som ville blive elsket af Gud.

For at fuldføre verdensmissionen måtte jeg først skaffe medarbejdere. Jeg måtte skaffe mange ledere, som var gode i Guds øjne, ikke kun til indenrigs mission, men også for at sende dem på oversøiske missioner. Jeg bad for at skaffe mange udmærkede pastorer. Da jeg gik på præsteseminariet, havde de teologistuderende ofte bare opgaver som at gøre rent på toiletterne i kirken, lave ugebrevene eller udføre alt det vanskelige arbejde for pastoren eller kirkens medlemmer. Og normalt modtog de ingen ros. Hvis de begik fejl, ville de blive skældt ud af pastoren, og i værste fald ville de blive smidt ud af kirken. Jeg var ked af at se de seminariestuderende i denne situation. Efter at jeg åbnede kirken, gav jeg støtte til undervisningsgebyr og almene udgifter for de teologistuderende i vores kirke. Jeg ønskede at støtte dem på en måde, så deres hjerter ikke ville blive stjålet af verden, og så de kunne udvikle sig til kraftfulde pastorer. Gud bevægede mit hjerte til at fremelske mange pastorer. Men da den finansielle tilstand for kirken ikke var særlig god, var det vanskeligt for os. De medarbejdere, som stod for kirkens finanser, beklagede sig til tider. Jeg overtalte dem og prøvede at lade dem forstå det og fortsætte deres arbejde i fred.

For at gennemføre verdensmissionen havde jeg behov for et godt hold af lovsangere, og jeg bad for at få denne drøm opfyldt. Da jeg fastede i 40 dage, så jeg et hold af lovsangere, som ledte lovsangen ved hvert møde. Hver gang bad jeg: "Gud, når jeg åbner en kirke, så giv mig et godt hold lovsangere." Jeg så frem til det med tro. Senere bad jeg ikke alene for at hold lovsangere, men også for et orkester til at prise Gud. I Første Krønikebog 23:5 står der: *"4000 skal lovprise Herren med de instrumenter, jeg har ladet lave til at lovprise med."* Vi kan se, at der var 4000 personer, som spillede instrumenterne i Guds tempel. Salmernes Bog 150 fortæller os, at vi skal lovprise med trompeter, citer og harpe, med strengespil og fløjter, med klingende cymbler og med rungende cymbler!

Mens jeg bad for et orkester, ventede jeg mange år på Guds vejledning. Gud kaldte mange professionelle musikere, som spillede forskellige instrumenter. Gud lod dem udvikle sig med det levende ord, og bevægede deres hjerter til at drømme. Normalt har musikere deres egen specielle karakter, og det var til tider ikke let for dem at opgive sig selv og deres viden for at hellige sig lovprisning af Gud. Men der var alligevel mange professionelle musikere, som kun ønskede at lovprise Gud med tak for Guds nåde, og de dannede et orkester. Det er Nissi orkestret. Den 1. marts 1992 afholdt vi den grundlæggende gudstjeneste, og siden da har de været meget aktive i kirkens organisationer. De spillede ved Jubelkampagnen, som blev afholdt i Yoido Square, og ved andre koncerter, som afholdes af kirker, samt velgørenhedskoncerter både i og udenfor Korea.

Gud gav os også et dejligt kor. Nu er der mere end 20 hold af lovsangere, og de lovsynger Gud med deres pris – ikke kun i Korea, men også i mange andre lande.

Pris ham med tamburiner og dans

Drømmen om at fuldføre en verdensmission medførte ikke alene dannelsen af lovsangshold, men også af dansegrupper. Jeg mediterede over Bibelen angående hvilken indstilling, som behager vores Fader, når vi priser ham. Jeg fik svaret gennem det, som David skrev. David dansede med stor glæde, da Herrens ark kom tilbage til ham (Anden Samuelsbog 6:12-23). Men hans kone Mikal foragtede ham i sit hjerte, og kritiserede ham. Så sagde David: *"Det var for Herrens ansigt, jeg gjorde det; Det var ham, der udvalgte mig frem for din far og hele hans hus og indsatte mig til fyrste over Herrens folk, over Israel; og for Herrens ansigt vil jeg danse"* (Anden Samuelsbog 6:21). Mikal, som havde foragtet kong David, som dansede for Gud, blev forbandet og forblev barnløs. Det er tydeligt, at vi skal adlyde Guds ord og behage ham, frem for at være bange for, hvad andre mennesker siger.

De danser troldomsdans

I marts 1986 blev "Den Hellige Dansetrup" dannet for at prise Gud med smuk og inspirerende danseoptræden til lovsange. De danser for at lade tilskuerne have håb om himmelen.

Navnet "Den Hellige Dansetrup" blev ændret til "Kunst Missionstruppen."

I dag er det almindeligt at danse i den kristne kultur ved hjælp af mediernes udvikling, men på daværende tidspunkt var det meget sjældent. Vores kirke etablerede "Lovsigelseskomiteen" og "Missionskomiteen for udøvende kunst." De organiserede forskellige arrangementer og opøvede professionelle sangere, dansere, og musikere. Men da vores kirke voksede meget hurtigt, var der nogle, som blev jaloux over det, og spredte falske rygter og løgne. Dermed startede rygtet om, at "de danser troldomsdans ved hver gudstjeneste!" Adskillige gange om året forbereder vi en særlig danseoptræden til specielle lejligheder eller Bibelfester, og truppen optræder for menigheden. Men der blev udspredt nogle falske rygter om, at vi blev besat at onde ånder og derfor dansede ved hver gudstjeneste.

Til trods for disse rygter blev vores dansetrup inviteret til "1991 Halleluja Kampagne i Sovjetunionen" af Pastor Hyeon-gyoon Shin. Det var deres første internationale optræden, hvor de priste Gud med deres dans. Siden da har de opnået kærlighed og gunst hos mange mennesker med deres optræden i Korea og andre lande. De passer stadig deres embede med at prise Gud.

Anerkendelse af deres talent

På nuværende tidspunkt er der mange grupper, som udøver deres kunst i kirken. De har udviklet deres talenter i Gud og er aktive i deres embede. Den 1. juni 1991 deltog en af kirkens grupper i den "10. Nationale Gospel Musik Konkurrence," som blev afholdt af det Fjernøstlige Udsendelsesnetværk, og vores gruppe vandt storprisen. Den 17. juni 1995 i den 14.

konkurrence vandt vores kor "Lyden af Lyset" storprisen. "Lyden af Lyset" bestod på daværende tidspunkt af 3 medlemmer, og et af dem var min tredje og yngste datter Soojin. Gud havde allerede kaldet hende som sin tjener, da hun blot var et barn, og hun gennemførte sit teologiske studie, og tjener nu kirken som pastor.

Den 17. april 1993 var der en kristen koncert i Hwaetbool Hallen for børn, som var overhoved i deres familie, og vores Nissi orkester blev inviteret til at deltage. Det samme år blev Nissi orkestret inviteret til at spille sammen med "Kunst Missionstruppen" og andre lovprisningstrupper. De optrådte ved "Særgudstjenesten for Missioneren blandt Anklagere," som blev afholdt i konferencerummet i kontoret for offentlige anklagere. Den 6. november 1993 deltog "Krystalsangerne" fra vores kirke i den 4 "Nationale Gospel Musik Konkurrence," som blev afholdt af det Kristne Udsendelsesnetværk, og vandt Guldprisen.

Samarbejde i kirkelige foreningens menigheder

Transition og vækst 93-94

Da medlemmerne af vores kirke deltog og udførte frivilligt arbejde ved mange kristne begivenheder, var der mange organisationer, som ønskede at give mig en høj position. Men da der var mange pastorer, som var ældre end mig, og da jeg foretrak at hjælpe i det stille fra baggrunden, tog jeg ikke imod de mange positioner, som jeg blev tilbudt. Jeg afslog mange gange, men da jeg også tænkte, at de måske ville synes, at jeg var uhøflig, bad jeg dem om at give mig en stilling på et mindre højt niveau. Ved sammenkomster og møder var jeg nødt til at sætte mig på den plads, som bar mit navn, men hvis pladserne ikke var blevet fordelt, satte jeg mig altid på bagerste række. Og selv nu ønsker jeg stadig på at koncentrere mig om Guds ord og bøn, frem for ydre aktiviteter. Så ved mange lejligheder var det de assisterende pastorer eller kirkens ældre, som deltog i arrangementer på

Ved Verdenskampagnen for Helligåndens Eksplosion 1992

Ved Forkyndelseskampagnen i Daegu

Anklagernes Forkyndelseskampagne

Koncert ved Gudstjeneste for Indsattes Opbyggelse og Forkyndelse

Prædiken ved det Fastende Bønnemøde for Nationen og dens Folk

Den Forenede Halleluja Kampagne (i Manmin Centralkirke)

Jubelkampagne for Genforening af Syd-og Nordkorea 1995 (ved Yoido)

mine vegne. Da jeg ikke socialiserer meget, og ikke deltager i mange møder, har jeg kun i begrænset udstrækning venskaber med andre pastorer, og udenforstående, som ikke kender mig særlig godt, kan måske tro, at jeg er en meget arrogant person. Men når som helst der er en forespørgsel om at samarbejde i et arrangement for en kirkelig organisation, gør jeg mit bedste for, at arrangementet skal blive en succes.

Den 21. juni 1993 sagde jeg en særlig bøn for "Hele landets Cykelkampagne og Imjingak Store Kampagne for Nationens Genforening." Nissi orkestret, vores kor og mange frivillige deltog også. Fra 18. til 21. oktober samme år blev Seoul Områdets Forkyndelses Kampagne afholdt i vores kirke som forberedelse til Nationens Genforenings Jubelkampagne. Fire meget berømte pastorer i Korea talte, og de understregede, at vi skal genforene det delte land med budskabet. Den 24. november samme år blev jeg inviteret til at tale ved et bønnemøde for Nationens Genforening, som blev afholdt ved Haneolsan bedebjerg. Jeg prædikede budskabet og bad for deltagerne, og meget helbredende arbejde fandt sted.

Jeg var også interesseret i den opbyggende mission for dem, som sad i fængsel eller som lige var blevet løsladt. Den 28. februar 1994 blev den anden kampagne for "National Opbyggelses Komite for Kristne Koreanere" afholdt ved Myung Sung prebyterianske kirke af den Nationale Opbyggelses Komite ved Kristne Foreninger med titlen "Ord, Kærlighed og Opbyggelse." Jeg var en af præsidenterne for organisationen, og jeg læste nogle bibelpassager. Vores kirkes lovsangstrup, Nissi orkestret og dansetruppen optrådte i kampagnen til Guds ære. Den 24. marts samme år blev der afholdt den 11. Festival for Missionskor i Sejong Centrum til højtideligholdelse af 40 års jubilæet for den Kristne Radiofoni (CBS). Vores kirkes kor og Nissi orkestret optrådte med denne festival. Den 20. Juni 1994 blev Imjingak Storkampagne for Nationens Genforening afholdt af det Centrale Råd for Verdensforkyndelse. Præsidenten for rådet var på daværende tidspunkt Pastor Hyeon-gyoon Shin, og jeg sagde den repræsentative bøn ved denne lejlighed.

Præsidenten Pastor Hyeon-gyoon Shin prædikede over titlen "Vejen til Nationens Genforening gennem Budskabet," og tilskyndede alle kirker til at forene sig som en, uanset deres sekt. Hundredvis af medlemmer fra vores kirke udførte frivilligt arbejde som kor, orkester, dørvogtere og trafikkontrollører. Fra 20. til 22. juni blev Verdens Forkyndelses Central Rådets Storkampagne for Seoul Området til Nationens Genforening afholdt i vores kirke, og Pastor Homun Lee var taler.

Et besøg på præsidentpaladset Cheong Wa Dae og Jubel kampagne

Den 29. juli 1995 sagde jeg en særlig bøn i det "Fastede Bønnemøde for Nationen og Folket" som permanent præsident for Nationens Genforenings-og Forkyndelses Bevægelses Association. Den 12. august 1995 blev de 10 pastorer, som var ledere af "Fredelig Genforenings Jubelkampagnen" i anledning af 50 året for Koreas uafhængighedsdag inviteret til præsidentpaladset Cheong Wa Dae. Jeg fik at vide, at vi ville have en time til at tale med præsidenten og komme med forslag. Dagen før bad jeg til Gud og spurgte ham, hvad jeg skulle sige til præsidenten. Men der var intet svar. Jeg modtog ikke et ord fra Helligånden. Det var underligt at der ikke kom noget svar. Den 12. august kl. 11 holdt vi mødet i Cheong Wa Dae, og jeg indså, hvorfor der ikke havde været noget svar på min bøn for mødet. Under mødet med Præsident Youngsam Kim fik vi ingen tid til at tale eller komme med forslag. Præsidenten talte kun selv, og pludselig var mødet overstået. Vi kunne kun bede og tage hjem.

Vi tog til Yoido Square for at deltage i "Fredelig Genforenings Jubelkampagnen," som startede kl. 14. Jeg kunne se, at vores kirkes medlemmer udførte meget frivilligt arbejde såsom at håndtere trafikken, parkere biler, kontrollere og spille i Nissi orkestret.

Hvad er hemmeligheden bag kirkelig vækst?

Pastor Hyeon-gyoon Shins håb og visioner

Den 5. december 1994 var jeg inviteret til et træningscenter for vækkelsespræster ved den Nationale Forkyndelses Bevægelses Association, og formidlede budskabet, og den 8. december blev udsendelse nr. 4500 af CBS's program "Forny os" sendt fra vores kirke i anledning af CBS's 40 års jubilæum. Jeg formidlede budskabet under titlen "Den Sande Stemme," og tilskyndede radiofonien til at gøre sin pligt som profet til at opnå retfærdighed og fred gennem udsendelse af budskabet. Pastor Hyeon-gyoon Shin elskede vores kirke. Nu er han gået bort, men han siges at have været bedstefaderen for vækkelsen i Korea og har været en stor stjerne i mere end 40 år. Han elskede mig og vores kirke højt. Han viste håb og visioner for de koreanske kirker med sine budskaber, der vægtede Helligånden og Koreas genforening. Og han havde en fremragende humoristisk sans. Han var elsket af mange, uanset deres kirkelige denomination. Idet han vidste, at jeg var offer for autoritetsmisbrug inden for denominationen, besøgte han vores kirke ved jubilæumsgudstjenesten i oktober 1992, og sagde velsignelsen. Siden da deltog han i adskillige arrangementer og møder, og opmuntrede os med sit kraftfulde budskab.

Hvad er hemmeligheder bag kirkelig vækst?

Mange pastorer, ikke kun i Korea, men også i andre lande, er meget imponerede og rørte over den elskværdige støtte fra kirkens medlemmer, og de spørger mig ofte, hvad hemmeligheden bag den kirkelige vækst er. Jeg er tit blevet spurgt: "Pastor, jeg kan ikke se nogen særlig organisation eller træning i din kirke, så hvad er din hemmelighed bag kirkens vækst? Hvordan kan medlemmerne arbejde frivilligt med så stor elskværdighed?" Jeg underviste dem faktisk ikke i noget. De udførte alting selv gennem Guds nåde.

Der kan være mange forskellige meninger om kirkelig vækst. Der er nogle pastorer, der siger: "Gud giver os kun dette antal medlemmer," eller "Dette antal er nok til min kirke." Bibelen lærer os, at i de tidligste kirker, som behagede Gud, voksede antallet af frelste dag for dag. Da det er Guds vilje, at alle skal modtage frelse (Første Timotheusbrev 2:4), voksede antallet af troende hver dag i de tidlige kirker (Apostlenes Gerninger 2:47). Når jeg hører om en kirke, der vokser, bliver jeg altid glad. Hver kirke etableres med Herrens blod, så jeg beder for kirken og for pastoren.

Den 23. februar 1995 blev den 149. Nationale Pastor Konference afholdt i vores kirke af Fællesskabet for Koreanske

Pastorers Bøn. Der var ca. 1000 deltagere. Jeg prædikede omkring hemmeligheden bad kirkelig vækst. Desuden fortalte jeg om nogle af kerneelementerne ved kirkelig vækst i 1996 ved pastor konferencerne i Hawaii og i Argentina.

For der første må pastoren og kirken modtage Guds kærlighed

I Ordsprogenes Bog 8:17 står der: *"Jeg elsker dem, der elsker mig, og de, der søger mig, finder mig."* At elske Gud er ifølge Første Johannesbrev 5:3 *"at vi holder hans bud."* Jesus sagde også: *"Den, der har mine bud og holder dem, han er den, der elsker mig; og den, der elsker mig, skal elskes af min fader; også jeg skal elske ham og give mig til kende for ham"* (Johannes-evangeliet 14:21).

For det andet må vi bede

For at få et succesfuldt præsteembede må vi skaffe Guds kraft gennem bøn. Patriarker i troen, som fuldførte Guds vilje, var alle bedende krigere. Apostlene i de tidligste kirker sagde, at de kontinuerligt ville give sig selv til bøn og til formidling af ordet. De overlod det administrative arbejde i kirken til diakonerne, og de koncentrerede sig udelukkende om Guds ord og bøn. Når vi beder, må vi kalde af hele vores styrke og vilje (Jeremias' Bog 33:3). I Første Mosebog 3:17 siger Gud til Adam, som har syndet: *"med møje skal du skaffe dig føden alle dine dage."* Ligesom mennesker kun kan høste, når de har arbejdet med møje og besvær, så kan vi også kun modtage svar i ånden, når vi beder af hele hjertet og i vores ansigts sved. I dag er der tusindvis af vores menighedsmedlemmer, som kommer i kirken og beder hver nat. Det samme foregår i massevis af lokale kirkerum, underkirker og individuelle hjem verden over.

For det tredje må vi have spiritual tro

Tro refererer her til den tro, som er givet ovenfra, og som vi i sandhed kan tro med hjertet. Det er den tro, som kan skabe ting ud fra en tilstand af intethed, og det er den tro, i hvilken intet er umuligt. Vi kan ikke få denne slags tro ved kun at kende Bibelen som viden eller kun ved at have været kristne i lang tid. Denne tro gives af Gud fra oven, og kun til dem, som praktiserer Guds verden. Bibelen siger, at tro uden handling er død tro. Kun når vi beder med denne type af spirituel tro, kan vi få svar på vores bønner, som der står i Matthæusevangeliet 21:22: *"Alt, hvad I beder om i jeres bønner, skal I få, når I tror."* Og vi kan dermed også modtage svar på bønner om kirkelig vækst.

For det fjerde må vi høre Helligåndens stemme og modtage dens vejledning

Helligånden dvæler i hjertet på de af Guds børn, som er frelste, og Helligånden leder os ind i Guds vilje. Hvis vi hører dens stemme og modtager dens vejledning klart, vil vi være i stand til at se en tydelige vej til kirkelig vækst. For at høre Helligåndens stemme, må første og fremmest pastoren selv kæmpe mod synder til blodet springer, og udskille alt ondt fra hjertet. På denne måde må han nedbryde alle kødelige tanker og alt tankespind, som er fjendtligt overfor Gud. Selv om et eller andet, som vi tænker eller tror, ikke er i overensstemmelse med Guds ord, må vi være i stand til at adlyde Gud.

For det femte må vi følge de tidlige kirkers eksempel

I Apostlenes Gerninger bevidner de tidlige kirker om budskabet fra korset. De praktiserede ordet og åbenbarede mange tegn og undere. Da mange kraftfulde gerninger fandt sted ved Gud gennem apostlene, var der mange mennesker, som tog imod budskabet ved synet af disse mirakler, og kirken voksede meget hurtigt.

Indenrigs-og oversøiske missioner i fuld skala

Påbegyndelse af mission i Afrika

I januar 1994 besøgte Pastor Charles Macom fra Tanzania Pinsekirke vores kirke. Han blev rørt af budskabet, og da han tog tilbage til sit hjemland, talte han om mig. Fra 4. til 6. juli 1994 talte jeg ved Konferencen for Afrikanske Kirkeledere, som blev afholdt af pinsekirkeforeningen i Tanzania, i Dar Es Salaam, hovedstaden i Tanzania. Det knuste mit hjerte at se, at så mange mennesker i Afrika led af fattigdom og forskellige sygdomme inklusiv AIDS, og jeg vidste, at enhver kan sættes fri fra alle slags forbandelser og leve et sundt liv både spirituelt og fysisk, hvis han lever ved Guds ord.

Under denne konference viste Gud os mange undere. Da vores hold ankom til Tanzania, sagde de lokale pastorer: "Pastor, det er meget mærkeligt. Det har regnet lige før du kom, men nu er det holdt op, himmelen er klar uden støv. Vi kan se, at

Gud også kontrollerer vejret." Fra den dag vores hold ankom til lufthavnen og indtil vi forlod landet, dækkede Gud os med skyer de varme dage med solskin, og gav os regn om natten, så det var et meget behageligt vejr. For at kirkelederne kunne have sand tro, prædikede jeg budskabet fra korset. De forstod Guds ord og mærkede livet i det, og de reagerede med deres særlige sang, klappen og dans. Jeg kunne se deres barnelignende uskyldige indstilling. Mange af den fortalte, at deres tro var blevet fornyet, og af de havde opnået sikkerhed og tro som pastorer.

Efter konferencen besøgte vi en Masai stamme i Tanzania. Høvdingen og mange af stammefolkene bød os velkommen. De serverede blod fra en ko, når der var særlige gæster. Men da de vidste, at Gud forbyder at drikke blod, og vi derfor ikke kunne drikke det, serverede de cola i stedet for.

For at skabe tro hos dem gav jeg vidnesbyrd om mit eget møde med Gud. Det blev sekventielt oversat til engelsk, swahili og Masai sprog. Pastor Dr. Myongho Cheong oversatte til engelsk. Før han var blevet pastor, havde han været professor i engelsk litteratur ved Hoseo Universitet. Senere involverede han sig i Afrikas mission, og etablerede missionscentre i Nairobi,

I landsbyen hos en Masai-stamme

Kenya. I dag prædiker han det Fem-foldede Hellige Budskab i 54 afrikanske lande for at vække de afrikanske sjæle.

Japan, et goldt land for forkyndelse

Omkring denne tid begyndte forkyndelsens port til Japan at åbne sig. Fra den 5. til den 8. november blev Goshien Vækkelsesmission afholdt på Goshien baseball stadium, hvilket er det største baseball stadium i Japan, og vores kirkes Kunst Missionstrup optrådte yndefuldt for at røre de koreanske japanere, som deltog. Kunst Missionstruppen blev inviteret af Pastor Hyeon-gyoon Shin til at optræde ved "Kina Kampagne & Baekdu Bjerg Genforenings Bønnemøde" i juli samme år.

I juli 1994 blev Pastor Seung Gil Ryu sendt til Japan som missionær, og dermed begyndte vores mission i Japan. Fra 22. til 23. november 1994 holdt vi en kampagne i Ganae Kulturcenter Ida, Japan, med omkring 1000 deltagere under titlen "Udøs Helligåndens Ild." Den blev afholdt af Ida kirke (som blev ledet af Yoshikawa Noboru) og blev støttet af flere kirker i Ida. Jeg formidlede budskabet under titlen "Historiens bevis for genopstandelse," og tilskyndede deltagerne til at føle sig sikre på Jesu genopstandelse, og dermed leve kristne liv med håb. På anden dag prædikede jeg om, hvordan man møder den levende Gud. Efter budskabet prædikede jeg for de syge, og mange tegn fandt sted ved Helligåndens fyrige arbejde. Jeg kunne kun takke Gud. Pastor Yoshikawa Noboru, som var præsident for denne kampagne, sagde: "Mange japanske troende blev rørt af det dybe spirituelle budskab fra Pastor Dr. Jaerock Lee, og dette er meget usædvanligt i Japan. Mange japanske troende forestiller sig, at helbredende gerninger kun fandt sted på Jesu tid. Ved at lytte til

Pastor Dr. Jaerock Lees budskab med guddommelig autoritet blev mange helbredt og de mødte Gud."

Jeg husker særligt en af de syge, som blev helbredt ved dette kampagne. Hans navn er Yoshizawa Motohisa. Han var blevet opereret i ryggen, mens han arbejdede som presseingeniør. Da operationen havde bivirkninger, havde han svært ved at gå, og han deltog i kampagnen i stor smerte. Den første dag fik han tro efter at have lyttet til budskabet. Næste dag kom han hen til mit hotel for at modtage bøn. Jeg bad oprigtigt for ham, og da han tog hjem, var smerten forsvundet, og hans krogede ryg var blevet rettet.

Barnløse par modtager svar på deres bøn

I februar 1991 holdt vi en særgudstjeneste, fordi vi var flyttet over i en ny kirke. Den havde titlen "Da din sjæl gavnes." Jeg holdt 15 prædikener i løbet af to uger, og jeg ledte også et særligt møde for syge mennesker.

I 1993 begyndte vi at holde et særligt to-ugers vækkelsesmøde. Det første særlige vækkelsesmøde blev holdt i maj med titlen "Synd, retfærdighed og dom." (Johannesevangeliet 16:8). Deltagerne lyttede til budskabet to gange om dagen, en om morgenen og en om aftenen, og det handlede hver gang om, hvad synd, retfærdighed og dom er. De begyndte at indse, at de havde bygget murer af synd mellem sig selv og Gud. De så tilbage på deres liv, og angrede med tårerne løbende ned ad kinderne. De nedrev murerne af synd, som skilte dem fra Gud, og oplevede overvældende helbredende arbejde.

De vidste end ikke, hvad tro var, men da de lyttede til prædikenerne, begyndte de at opleve Helligånden, forstod ordet og bad, og forsøgte at leve efter Guds ord. Der deltog mange mennesker fra kirker over hele landet, uanset denomination. De troende, som modtog nåde og blev helbredt ved vækkelserne, blev fyldt af Helligånden og tjente deres respektive kirker mere flittigt. Folk blev helbredt for livmoder – og mavekræft ved Helligåndens ild. Der var mange vidnesbyrd blandt andet folk, som genvandt evnen til at høre, og smed deres høreapparater væk; andre som genvandt deres gode syn og smed brillerne væk, og dem, som havde været barnløse, men som nu undfangede børn.

Særligt var der mange ægtepar, som ikke havde været i stand til at undfange et barn efter mere end 5 års ægteskab, og mange af dem modtog undfangelsens velsignelse. Da der var mange barnløse par, som bad mig bede for dem, gjorde jeg det ved aftensessionen d. 5. maj 1993 under vækkelsesmødets bøn for de syge: "Dem, som er barnløse, modtag undfangelsens velsignelse." Det følgende år fik jeg at vide, at mange af disse par fik børn. Lige nu har mange af de børn, som blev undfanget på daværende tidspunkt, netop afsluttet Manmin børnehave.

Var nødt til at leve et fysisk udfordrende liv

Vi holdt det andet særlige to-ugers vækkelsesmøde i maj 1994 under titlen "Jeg vil" (Johannesevangeliet 14:13). Helligåndens stærke gerning fandt sted under dette møde. Mange af deltagerne i denne vækkelse oplevede guddommelig helbredelse. Jeg vil her fortælle om Joanna Park, som på daværende tidspunkt lå på hospitalet efter en stor trafikulykke.

Joanna Park var involveret i en kollision mellem fire biler på vej hjem fra arbejde d. 27. maj 1993. Hun gik i koma, og blev bragt på hospitalet. Hendes kæbe var brækket, og ledet i hagen ligeså. Hendes indvolde havde taget skade. Hun var dækket med sår over hele kroppen. På grund af dislokation af lårbenet, var bækken og hofte brækkede og hævede. Hendes højre ben var blevet lammet, og hun kunne hverken bevæge tæer eller ankler. På grund af nervelammelse var et af hendes ben blevet 5 cm kortere end det andet. Lægerne sagde, at hun måtte leve med disse handicaps resten af sit liv.

Den 10. maj 1994 opnåede Joanna Park med nød og næppe samtykke fra hospitalet til at deltage i det særlige to-ugers vækkelsesmøde. Hun kom med krykker, med da jeg bad for hele menigheden fra alteret, fandt helbredelsen sted. Hendes krogede ben rettede sig ud. Hun havde ikke været i stand til at gabe eller åbne munden, men pludselig havde hun ingen smerte, selv om hun gabte mange gange. Da jeg bad for hende personligt, følte hun ilden fra Helligånden, og hun begyndte at gå selv uden krykker. De kirkemedlemmer, som så dette, glædede sig og lovpriste Gud med voldsomme klapsalver. To uger efter blev hun diagnosticeret på Hanyang Universitets Hospital. Hendes højre ben var blevet forlænget med 5 cm, og de to ben var nu samme længde.

Der var engang en baby, som ikke syntes at have chance for at overleve, men som på mirakuløs vis genvandt livet. Diakonisse Soonim Kim fødte før tid, og barnet vejede kun 1,2 kg. Babyen blev lagt i kuvøse, men venerne nær hjertet var gået i stykker, og hun havde hjerneblødninger og mistede synet. Lægerne sagde, at spædbarnets hjerneblødninger ikke kunne behandles. Hun ville desuden miste synet fuldstændig, hvis hun ikke blev opereret, men selv da ville hun kun have en tredjedel af den normale synsevne.

Joanna Park måtte leve med handicaps resten af livet
Joanna Park blev fuldkommen helbredt og begyndte at gå på et helbredelsesmøde
   ved Pastor Jaerock Lee
Joanna Park fungerer nu som missionær med en sund og rask krop

Den 7. maj 1994 bad lægerne forældrene om at tage babyen med hjem, for de var ikke i stand til at gøre mere. Heldigvis var vækkelsesmødet i gang på det tidspunkt, og diakonisse Soonim Kim tog babyen med i kirke. Barnets tilstand var meget alvorlig. Efter at have lidt på grund af de mange medikamenter og injektioner vejede hun ikke engang et kilo. Det virkede som om, ikke var noget håb for overlevelse. Faderen havde allerede

opgivet.

Den 8. maj begyndte Gud sit virke, da jeg indtrængende bad for babyen. Pupillerne, som havde været uklare, begyndte at få en sort farve, og hun genvandt et normalt syn. Hun fik endda styrke til at sutte på en sutteflaske. Fra da af spiste hun mere og mere, og voksede sundt op. Hendes navn er Hanna, og netop nu er hun skoleelev og vokser smukt op i Herren.

Et mennesker med cerebral apopleksi

I 1995 blev det tredje særlige to-ugers vækkelsesmøde afholdt under titlen: "Den Retfærdige vil Leve ved Troen." På vækkelsens sidste dag var der røre ved indgangen til kirkerummet mens den særlige bøn for de syge stod på, og en person blev båret ind på en båre. Det lod til, at han var kommet i ambulance. Han var i en kritisk tilstand. Senere fik jeg at vide, at det var den ældre Moonki Kim, som var blevet ramt af hjerneblødning. En blodåre var sprunget i hans hjerne.

Hans kone var pastor. Hun havde embede i en nyåbnet kirke, og hun kom ofte i vores kirke for at høre Guds ord. Da hendes mand blev bragt på hospitalet, sagde lægerne, at han kun havde lille chance for at overleve. Så da pastoren vidste, at der fandt et vækkelsesmøde sted i vores kirke, bragte hun sin ægtefælle til kirken i en ambulance, sådan at han kunne blive helbredt ved troen.

Jeg bad for denne bevidstløse patient, og så snart bønnen var overstået, satte han sig ret op. Det var ligesom i en film. Alle dem, som så det, begyndte at klappe og lovprise Gud.

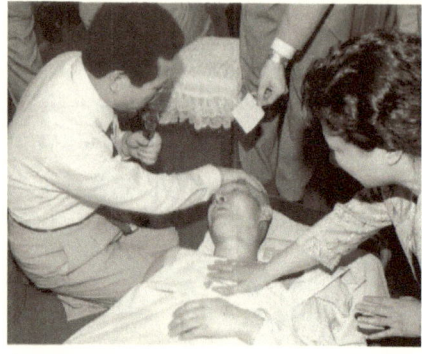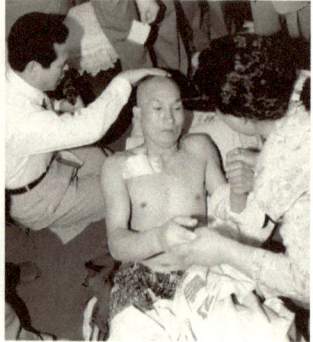

En patient med hjerneblødning rejste sig efter bønnen

Modtog helbredelse lige før hænderne skulle amputeres

I dette møde deltog også diakonisse Sang-yi Lee. Hun havde otte fingre, der havde været ved at blive ødelagt, men hun havde modtaget helbredelse året før og havde genvundet helbredet. I vinteren 1985 havde hun fået forfrysninger. Hun havde modtaget mange slags behandling inklusiv akupunktur. Intet havde virket. Hun havde også gigt i hele kroppen. I 1990 kom hun til Seoul, og hun blev ledet til at deltage i en gudstjeneste i vores kirke. Hun fortsatte med at komme gennem en tid, men så tog hun tilbage til sin hjemby. Efter at hun tog tilbage, holdt hun sig væk fra Gud, og hun var doven i sit liv i troen.

I 1993 begyndte hendes krop at skrumpe, og hendes nakke blev stiv. Hun fik diagnosen reumatisk arthritis over hele kroppen, og symptomerne begyndte af vise sig efterhånden som tilstanden forværredes. Hun blev indlagt på Korea Universitetshospital i Guro, men to måneder efter begyndte otte

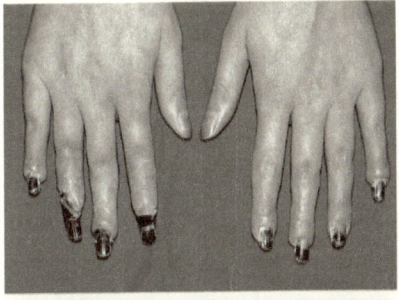

Sang-yi Lee blev helbredt for "visne" fingre

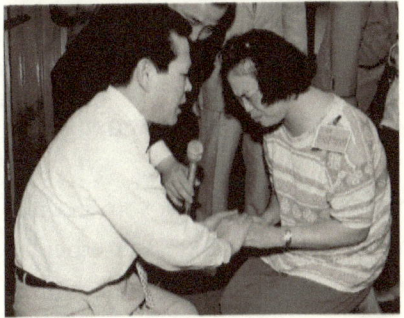

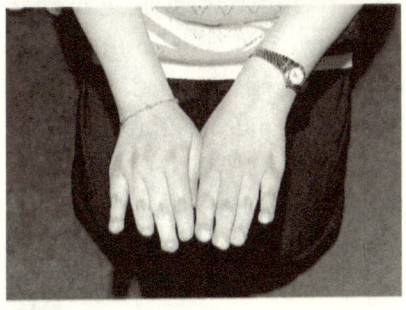

af hendes fingre at gå i forfald – alle undtaget tommelfingrene. Hendes hænder blev sorte op til håndledene. Ikke kun neglene, men også knoglerne i fingrene var i forfald. Lægen sagde, at hendes hænder måtte amputeres over vristen for at forhindre, at forrådnelsen fortsatte i armene, og der blev sat en dato. På grund af smerten måtte diakonisse Sang-yi Lee tage en stor mængde smertestillende medicin. I maj 1994 deltog hun i et vækkelsesmøde dagen før operationen. Endelig modtog hun en bøn fra mig, og hun beskrev, at hendes hænder blev varme, og at den ubærlige smerte forsvandt. Siden da blev hendes tilstand meget bedre. Lægen sagde, at hun nu ikke havde brug for operationen længere, og at hun kunne tage hjem.

Da forrådnelsen stoppede, faldt den rådne del af ligesom

barken på et gammelt træ, og der voksede nyt kød frem. Selv neglene blev gendannet. I maj 1995 deltog hun igen i vækkelsesmødet. Ved et særligt bønnemøde for de syge på vækkelsens anden dag modtog hun igen min bøn. Efter bønnen følte hun sig let over hele kroppen, og smerten fra den reumatiske arthritis var forsvundet. Hun var ren og komplet, og ikke kun hendes fingre, som havde været rådne, men hele hendes krop var fri for sygdomme og smerte.

Beskyttelse ved kollapset i storcentret i Sampoong

I vores kirke har vi en missionsorganisation, som hedder Lys og Salt Missionen, og som er for mennesker, der arbejder i restauranter eller med distribution. Siden den blev dannet i oktober 1985 har gruppen haft gudstjenester og møder i forskellige emner. De arbejder for forkyndelse inden for distributions-og restaurationsindustrien. Da medlemmerne arbejder om søndagen, deltager de i en gudstjeneste kl. 21 eller kl. 23 denne dag.

Den 29. juni 1995 ca. kl. 18 skete der en stor ulykke. Sampoong storcenter faldt sammen. Ca. 10 personer fra vores kirke arbejdede der, og Gud sørgede for, at de alle slap uskadt på forskellige måder. I denne frygtelige situation var det et mirakel, at de alle blev reddet. Søster Jinsook Hong, som arbejdede i Sampoong storcenter, blev fanget mellem betonsøjlerne på tredje kælderetage sammen med sine kolleger, og blev reddet på mirakuløs vis. Hun arbejdede i en snackbar for medarbejdere. Da hendes arbejdstid var overstået, gik hun ind på lageret for at tage et kort hvil. Bygningen faldt sammen, mens hun var der, og hun blev fanget sammen med en sygeplejerske. Sygeplejerskens hoved

Sampoong storcenter kollapser

blev skadet, og hun brækkede foden. Da de ikke kunne se noget i det fuldkomne mørke, kunne de ikke forestille sig, at de kunne finde vej ud. De kunne til tider høre andre mennesker skrige om hjælp i det fjerne.

"Jinsook, jeg bløder fra hovedet. Du har prædiket budskabet for mig, og jeg har undgået dig, for jeg kunne ikke lide det. Det er jeg ked af. Gud, jeg er ked af det, jeg vil tro på dig nu!" Sygeplejersken græd og skreg. Søster Jinsook Hong bad for hende, holdt hendes hænder og trøstede hende med Guds ord. Cementstøvet i luften satte sig i hendes hals. Søster Hong bad: "Gud, send os et redningshold ikke kun til mig, men også til alle disse mennesker, lad ikke bygningen falde mere sammen, og giv os frisk luft."

Gud besvarede bønnen. Tre timer efter at de var blevet lukket inde, ca. kl. 21, kunne de se lommelygter og høre nogen, som sagde: "Er der nogen her?" De råbte: "Her!", og to reddere fandt dem ved hjælp af lyden af deres stemmer. Lageret lå nær nødudgangen, og trapperne dér var heldigvis ikke faldet sammen. Så da redderne var kommet ned ad trappen, havde de hørt lyden af bønner og lovsang. Sygeplejersken blev kørte på hospitalet i ambulance, men søster Jinsook Hong var slet ikke skadet. Det blev rapporteret i de store dagblade dagen efter at redderne havde hørt lyden af sang, og dermed havde fundet folk.

Hvem synger i en akut livstruende situation? Lyden, de hørte, var lyden af bøn og lovprisning af Gud, og Gud bevægede reddernes hjerter til at gå til det sted, hvor hans folk var indespærret. Jinsook Hong havde altid deltaget i søndagsgudstjenesten om aftenen, og gav tiende. Når vi overholder Herrens dag, og giver gode tiender, beskytter Gud os mod ulykker og katastrofer.

L. A. 1995

Kirken lige før opbruddet

Før missionskampagnen blev afholdt den 27. til 29. april, var der en serie af forenede kampagner for mere end 40 kirker i forskellige områder, og jeg havde en kampagne i den presbyterianske kirke ved den pastor, som var bestyrelsesformand for organisationskomiteen. Før jeg tog til Los Angeles gav kirkens medlemmer mig nogle penge, som skulle bruges på denne missionsrejse. Inden jeg tog afsted, sagde jeg til nogle af vores kirkemedarbejdere: "Gud gav mig et rundhåndet beløb til missionen denne gang, og jeg tror, at det skal bruges til et bestemt formål." Den tidligere nævnte presbyterianske kirke, hvor jeg skulle deltage i en kampagne tre dage, var en lille kirke. Pastoren, som allerede var over 60, arbejdede hård alene uden at have nogen til at hjælpe sig. Det var et lille møde med omkring 100 personer forsamlet i tre dage, men jeg gjorde alligevel mit

Velsignelse ved LA City Council

Modtagelse af Æresborgerskab i LA

Ved "Korea Dag" paraden i LA

bedste med prædikenerne. Mange pastorer, som prædikede i større kirker, sagde, at de gerne ville have mig som taler, og de var kede af, at de ikke fik mig. Jeg mente, at Gud måtte have en grund til at lede mig til en kampagne i netop denne kirke.

Den 29. april under det sidste møde bad kirkens pastor for kirken, og han græd under bønnen og sagde: "Gud, løs de finansielle problemer for denne kirke, for hvis ikke de løses, vil denne kirke blive overdraget til verden." Jeg havde allerede lidt under mange ubehagelige situationer på dette tidspunkt, men da jeg hørte bønnen, var mit hjerte endnu mere ængsteligt. Da bevægede Gud mig.

"Hjælp denne kirke. Skal en rundhåndet missionsgave ikke bruges ved en lejlighed som denne? Hjælp denne kirke."

Da jeg havde hørt denne stemme, sagde jeg i min prædiken: "Jeg ved ikke, hvor megen gæld denne kirke har, men Guds kirke burde ikke lide i denne verden. Jeg vil give en lille hjælp, så lad os alle forsøge at løse problemet sammen," og jeg lovede 20.000 dollars som gave.

Jeg forstod, at Gud havde sendt mig til denne kirke, fordi jeg var i stand til at optage og absorbere ubehagelige situationer. Mit hjerte var fyldt med ønsket om at hjælpe pastoren og berolige hans hjerte. Jeg gjorde mit bedste for at pastoren ikke skulle føle noget ubehag, og at hans tid ikke skulle spildes på grund af mig. Under kampagnen ledte min kirkes lovsangstrup lovsigelsen. De gjorde også deres bedste for at give nåden og Helligåndens fylde til medlemmerne.

Den næste dag søndag d. 30 april kom pastoren til mig med dystert ansigt og sagde: "Pastor, indtil i går kom de medlemmer fra andre kirker, som kendte dig, til dette møde, men fra i dag er jeg sikker på, at alle vores medlemmer vil være taget afsted. Du behøver ikke engang gå ind i kirken for at se det." Jeg var overrasket over at høre det, han sagde, og spurgte, hvad der var sket. Han fortalte mig, at den assisterende pastor i kirken var dumpet i eksamen for at blive præsteordineret, og at han havde klager over pastoren. Han havde trukket sig fra kirken, og der var også ældre i kirken, som havde indsigelser overfor pastoren. Menigheden var delt, og kirken var i kaos. Desuden havde den finansielle problemer på grund af gæld, og kirkens medlemmer havde mistet styrken til vækkelse.

Men da vi kom ind i kirken, så vi, at medlemmerne på ingen måde havde forladt kirken. Tvært imod var kirken stopfyldt. Selv korsæderne var fyldt, og folks ansigter skinnede. Gud kendte kirkens situation, og for at redde den sendte han mig dertil for at prædike Guds ord og hjælpe pastoren rent finansielt.

'95 LA Missions Kampagne'

Den 30. april 1995 blev "1995 LA Verdens Missons Kampagne" afholdt i messecentret af Verdens Forkyndelses Komiteen og Koreansk-Amerikansk Kristen Spirituel Bevægelses Komite, og jeg blev inviteret som hovedtaler. Verdens Missionskampagnen blev en succes ved Guds nåde. Et par dage efter læste jeg en amerikansk kristen avis. Der stod:

"Den 30. april samledes ca. 50 vækkelsesprædikanter og mere end 8000 troende til et særligt vækkelsesmøde for foreningen af mange racer. Pastor Jearock Lee, som var hovedtaler, prædikede under titlen "Lad os være ét," og tilskyndede deltagerne med ordene: "Vi er alle sammen brødre i troen, uanset område, race

95 LA verden mission conference

Inviteret som æresmedlem af bestyrelsen ved den 22. Korea Dag i LA og deltagelse i kulturcentret

og kultur, og med denne forenede tro skal vi lægge fundamentet for verdensforkyndelsen." Tilhørerne råbte mottoet for kampagnen, og det genlød i hele messehallen: "Præk budskabet til verdens ende; gør denne by til englenes by; sejren er vor!"

Jeg deltog også i morgenmadsbønnen, hvor omkring 300 ledere fra storbysområdet ved Los Angeles deltog. De værdsatte den optræden, som vores lovsangere og vores dansetrup foretog, og nogle af dem græd, fordi de blev rørte over det, de så.

Korea Dag Festival

I september 1995 deltog jeg som æresmedlem af bestyrelsen i den 22. Korea Dag Festival i Korea Town i Los Angeles. Jeg sagde den repræsentative bøn for fundamentet til et monument, og jeg sagde åbningsbønnen til arrangementet "Koreansk Aften." Jeg deltog også i højdepunktet for hele arrangementet, festivalparaden med blomsterdekorerede vogne. Der var fire heste til en speciel vogn, beregnet til en helt særlig gæst. Jeg blev bedt om at køre på denne vogn, og selv om jeg ikke havde det godt med at stå frem foran så mange mennesker, gjorde jeg det med et selvbevidst hjerte. De andre køretøjer og vogne fulgte efter denne vogn i paraden.

Der var nogle forstyrrelse og hindringer, som havde til hensigt at stoppe mig fra at deltage i dette arrangement som æresmedlem af bestyrelsen. Koreanernes forening i Los Angeles holdt et møde om det, og udsendte en protest mod disse forstyrrelser, hvori der stod, at hvis nogen spredte falske rygter om mig, der var æresmedlem af bestyrelsen, så ville de sagsøge disse mennesker. Satans arbejde blev nedlagt af de mennesker, som Gud havde anbragt på et belejligt sted.

Her slutter første bog
Fortsættes i anden bog

Forfatteren:
Dr. Jaerock Lee

Dr. Jaerock Lee blev født i Muan, Jeonnam provinsen, i den koreanske republik i 1943. Da han var i tyverne, led han af en række uhelbredelige sygdomme syv år i træk, og ventede på døden uden håb om bedring. En dag i foråret 1974 tog hans søster ham dog med i kirke, og da han knælede for at bede, helbredte den Levende Gud straks alle hans sygdomme.

Fra det øjeblik, hvor Dr. Lee mødte den Levende Gud gennem denne vidunderlige oplevelse, elskede han Gud oprigtigt af hele sit hjerte, og i 1978 blev han kaldet som Guds tjener. Han bad indtrængende om klart at forstå og opfylde Guds vilje, og adlød alle Guds bud. I 1982 grundlagde han Manmin Centralkirke i Seoul, Korea, og siden da har utallige af Guds gerninger fundet sted i denne kirke, inklusiv mirakuløse helbredelser og undere.

I 1986 blev Dr. Lee ordineret som pastor ved den årlige forsamling for Jesu Sungkyul kirke i Korea, og fire år senere i 1990 begyndte hans prædikener at blive udsendt til Australien, Rusland, Filippinerne og mange andre steder gennem det Fjernøstlige Udsendelsesselskab, Asiatisk Udsendelsesstation og Washington Kristne Radio.

Tre år senere i 1993 blev Manmin Centralkirke placeret på Top 50 for kirker over hele verden af magasinet *Christian World* i USA, og Dr. Lee modtog et æresdoktorat i guddommelighed fra Fakulteter for Kristen Tro i Florida, USA, og i 1996 en Ph.D i præsteembede fra Kingsway Teologiske Seminar, Iowa, USA.

Siden 1993 har Dr. Lee været en førende person i verdensmissionen gennem mange oversøiske kampagner i USA, Tanzania, Argentina, Uganda,

Japan, Pakistan, Kenya, Filippinerne, Honduras, Indien, Rusland, Tyskland, Peru, Congo, Israel, og Estland og i 2002 blev han kaldt en "verdensomspændende pastor" af en større kristen avis i Korea på grund af hans mange oversøiske kampagner.

Siden april 2013 har Manmin Centralkirke været en menighed med mere end 120.000 medlemmer. Der er 10.000 inden og udenrigs søsterkirker over hele kloden, og der er indtil videre udsendt mere end 129 missionærer til 23 lande, inklusiv USA, Rusland, Tyskland, Canada, Japan, Kina, Frankrig, Indien, Kenya og mange flere.

Indtil nu har Dr. Lee skrevet 84 bøger, blandt andet bestsellerne *En Smagsprøve på Det Evige Liv før Døden; Mit Liv, Min Tro (I) & (II); Budskabet fra Korset; Målet af Tro; Himlen I & II; Helvede* og *Guds Kraft* og hans værker er blevet oversat til mere end 75 sprog.

Hans kristne artikler er udsendt i *Hankook Ilbo, Chosun Ilbo, JoongAng Daily, Dong-A Ilbo, Munhwa Ilbo, Seoul Shinmun, Kyunghyang Shinmun, The Korea Economic Daily, The Korea Herald, Shisa News* og *The Christian Press.*

Dr. Lee er for øjeblikket leder af mange missionsorganisationer og foreninger, blandt andet bestyrelsesformand for Korea Forenede Hellighedskirke, Grundlægger og bestyrelsesformand for det Globale Kristne Netværk (GCN), Grundlægger og Bestyrelsesformand for Verdensnetværket af Kristne Læger (WCDN) og Grundlægger og Bestyrelsesformand for Manmin Internationale Seminar (MIS).

Himlen I & II

En detaljeret skitse af det prægtige liv som de himmelske borgere vil nyde, og en beskrivelse af forskellige niveauer af himmelske riger.

Budskabet fra Korset

En stærk vækkelsesbesked til alle menneske, som sover i spirituel forstand. I denne bog vil du se årsagen til, at Jesus er den eneste Frelser, og fornemme Guds sande kærlighed.

Helvede

En indtrængende besked til hele menneskeheden fra Gud, som ikke ønsker at en eneste sjæl skal falde i helvedes dyb! Du vil opdage en redegørelse, som aldrig før er blevet offentliggjort, over de barske realiteter i Hades og helvede.

Mit Liv, Min Tro (II)

En rørende redegørelse for den sande tro, som overvinder enhver form for prøvelse, og en fortælling om Helligåndens flammende gerning, som den ses i en kirke med sand tro.

Målet af Tro

Hvilken slags himmelsk bolig og hvilken slags krans og belønninger er blevet gjort klar i himlen? Denne bog giver visdom og vejledning til at måle sin tro, og kultivere den bedste og mest modne tro.